西安财经大学学术著作出版资助

教育部人文社会科学研究青年基金项目（18YJC630046）
陕西省社会科学基金项目（2018S21）　　　　　　资助
陕西省创新能力支撑计划项目（2020KRM132）

创业企业控制权配置及其对风险投资退出方式影响研究

CHUANGYE QIYE KONGZHIQUAN PEIZHI JIQI
DUI FENGXIANTOUZI TUICHUFANGSHI YINGXIANG YANJIU

韩　瑾/著

中国财经出版传媒集团

经济科学出版社
Economic Science Press

图书在版编目（CIP）数据

创业企业控制权配置及其对风险投资退出方式影响研究／韩瑾著. —北京：经济科学出版社，2020.5
ISBN 978 - 7 - 5218 - 1545 - 0

Ⅰ. ①创… Ⅱ. ①韩… Ⅲ. ①企业管理－风险投资－研究 Ⅳ. ①F275.1

中国版本图书馆 CIP 数据核字（2020）第 074670 号

责任编辑：杜　鹏　常家凤
责任校对：刘　昕
责任印制：邱　天

创业企业控制权配置及其对风险投资退出方式影响研究
韩　瑾/著
经济科学出版社出版、发行　新华书店经销
社址：北京市海淀区阜成路甲 28 号　邮编：100142
编辑部电话：010 - 88191441　发行部电话：010 - 88191522
网址：www.esp.com.cn
电子邮箱：esp_bj@163.com
天猫网店：经济科学出版社旗舰店
网址：http://jjkxcbs.tmall.com
固安华明印业有限公司印装
710×1000　16 开　14.5 印张　230000 字
2020 年 9 月第 1 版　2020 年 9 月第 1 次印刷
ISBN 978 - 7 - 5218 - 1545 - 0　定价：68.00 元
（图书出现印装问题，本社负责调换。电话：010 - 88191510）
（版权所有　侵权必究　打击盗版　举报热线：010 - 88191661
QQ：2242791300　营销中心电话：010 - 88191537
电子邮箱：dbts@esp.com.cn）

前　言

随着以创新和创业为主要特征的经济增长模式的确立[1]，创业企业的成长在经济发展中的作用越来越重要。风险投资作为一种对创业企业进行投资的方式，通过优化资源配置、科技与金融的有机结合，促进了创业企业的良性发展。创业资本的进入会对创业企业的治理结构产生影响，由于创业企业成立时间较短、资产专用化程度较高、前景不明朗，投资双方之间存在很大的信息不对称，使得双方很难签订一份完备的契约。为了保护各自的利益，创业企业控制权的配置便成为创业企业家与风险投资家共同关注的焦点。控制权作为一种"状态依存权"，在创业企业的成长过程中不断变化，企业中的控制权往往按比例分配给风险投资家与企业家，因而产生了不同的企业控制权配置。然而，在不同的企业控制权配置下，企业家与投资家各自的利益以及目标函数存在明显的差异，特别是在风险投资退出过程中，企业控制权的不同配置，会使得投资双方在风险投资机构退出方式的选择方面存在巨大的利益冲突。因此，为了避免投资双方之间的利益冲突，提升创业企业绩效、促进风险投资机构成功退出，创业企业控制权的合理配置及其对风险投资机构退出方式的影响就变得十分重要，这构成了本书研究的主要问题。

本书从我国风险投资运作与创业企业治理的现实出发，基于不完全契约与金融契约理论的视角，从以下几个方面展开论述：首先，在文献梳理过程中，对创业企业控制权配置的内涵、影响因素以及风险投资机构退出方式的影响因素进行分析，在此基础上，构建理论模型，研究创业企业控制权的配置机理，并通过实证研究的方法对理论模型得到的结论进行验证。其次，在研究企业控制权配置的过程中，发现不同类型的风险投资机构存在异质性，这些投资机构在机构属性、投资规模、提供的增值服务等方面存在较大差异。基于此，本书构建理论模型，对不同类型风险投资机构投资情况下的创业企业控制权配置机理进行研究，并采用数据模拟的方法，对理论模型得到的结论进一步解释说明。最后，通过理论研究发现，风险投资机构退出过程中的控制权配置会对投资机构的退出方式产生影响，在此基础上，通过理论模型与实证检验，研究创业企业控制权配置影响风险投资机构退出方式的选择机理。

本书是本人在博士学位论文的基础上进一步拓展、修改而完成的一部专著。纵观整部著作，本书的主要工作和创新点如下。

第一，基于不完全契约与套牢理论，从缓解相互套牢问题的视角，构建创业企业控制权动态配置模型。首先在引入企业家与投资家讨价还价能力、企业中期绩效信号等变量的基础上，比较企业家控制、相机控制、反相机控制配置下能够使得双方收益最大的控制权配置，确定两种可能的最优控制权配置；然后确定在各种因素影响下哪种控制权配置可以实现企业价值的最大化。研究发现，创业企业存在两种最优控制权配置，即投资家控制与相机控制。两种控制权配置根据企业家相对投资家的讨价还价能力、企业中期绩效信号、投资家投资额、管理监督成本、企业清算价值的变化交替实现最优。从缓解投资双方之间存在的相互套牢问题的视角来研究创业企业控制权配置，对于分析风险投资契约中的权利配置问题有重要的价值，对于金融契约、公司治理和不完全契约理论的发展也是重要的补充。

第二，以不完全契约为基础，在控制权配置理论的框架内，在阶段化投资的条件下，构建两阶段控制权配置模型，考虑到不同类型的风险投资机构在投资目标、投资金额、提供增值服务等方面存在较大的差异，将风险投资机构划分为独立的风险投资机构，以及附属银行、公司的风险投资机构，研究如何设计两种类型投资家下的风险投资契约，以确定创业企业最优控制权配置。研究发现，当企业家选择附属的风险投资家进行投资，不论企业家或投资家谁拥有控制权，均可以产生相同的契约参数和决策行为，实现控制权相对较优配置；当企业家选择独立的投资家进行投资，由企业家拥有控制权可以实现控制权相对较优配置。从两类风险投资机构存在的异质性角度出发，研究创业企业控制权配置，为提升企业绩效，完善公司治理和风险投资契约理论提供一个新的研究视角。

第三，基于不完全契约、委托代理理论，从缓解企业家与投资家之间存在的双边道德风险的视角，通过引入投资家投资额、投资家付出的管理监督成本、投资家与企业家付出的努力水平和努力成本等变量，构建了企业控制权配置影响风险投资机构退出方式的理论模型，比较企业家控制、投资家控制、相机控制配置下的投资双方收益和企业价值，确定不同企业控制权配置下的风险投资最优退出策略。研究发现：（1）如果企业家拥有控制权，当企业绩效较高时，企业家会迫使风险投资家以 IPO 方式退出。（2）如果风险投资家拥有控制权则：a. 当企业绩效较高时，投资家会选择以 IPO 方式退出；b. 当企业绩效较低时，投资家会选择以并购方式退出；c. 当企业绩效处于上述范围之间，投资家会选择以并购方式退出。否则，企业家同意投资家以 IPO 方式退出。

研究风险投资机构退出过程中企业控制权的配置对退出方式的影响，对于风险投资选择最优的退出方式，实现成功退出，获得较高投资收益，以及提升创业企业绩效意义重大。

第四，在理论研究的基础上，本书通过使用中国风险投资机构、创业企业数据进行实证研究，揭示了创业企业控制权配置及其对风险投资机构退出方式影响的作用机理，对于完善创业企业控制权配置，促进风险投资成功退出具有重要的实践意义。

综上所述，本书是在参考了大量国内外相关文献的基础上，紧跟理论前沿，紧密结合我国风险投资与创业管理实践，精心研究完成的。本书力图揭示创业企业控制权配置及其影响风险投资机构退出方式的作用机理，探索提高创业企业绩效、风险投资机构投资绩效的重要途径。本书为风险投资与创业管理的研究领域增添了一本有分量的知识库；同时，还对中国风险投资业和创业企业的实践发展具有很强的指导作用。

本书是在西安财经大学学术著作出版的资助，以及教育部人文社会科学研究青年基金项目（18YJC630046）、陕西省社会科学基金项目（2018S21）、陕西省创新能力支撑计划项目（2020KRM132）、陕西省教育厅专项科研计划项目（18JK0288）的资助下完成的。

韩瑾

西安财经大学商学院

2019 年 9 月 6 日

目　　录

第 1 章

绪　　论

1.1 研究背景

1.1.1　实践背景

（1）创业企业的发展对科技创新与就业具有重要的促进作用。2014 年，中央经济工作会议做出了我国经济发展进入新常态发展阶段的判断，新的经济增长模式也逐渐得到确立[1]，以创新和创业而著称的创业企业的成长对于经济发展的作用愈发重要。中国作为影响世界经济的重要发展中国家，在经济转型的特殊背景下，科学技术迅猛发展、GDP 持续快速增长，创业企业的创新活动在这一过程中发挥了重要推动作用。根据《全球创业观察 2015/2016 中国报告》的调查分析结果，中国早期创业活动指数（12.84%）高于美国（11.88%）、英国（6.93%）、德国（4.70%）、日本（3.83%）等发达国家，中国已被公认为是全球范围内创业活动较活跃的区域。

党的十九大报告指出："加强国家创新体系建设，深化科技体制改革，建立以企业为主体、市场为导向、产学研深度融合的技术创新体系，加强对

— 1 —

中小企业创新的支持，促进科技成果转化。"在这一背景下，创业企业成为技术创新和自主创新能力提升的重要载体，科技与金融的结合能够带动整个国家的经济发展，而风险投资由于向创业企业提供资金和增值服务，能够有效地促进创业企业的发展。根据创业风险投资统计分析报告，截至 2016 年底，我国风险投资机构投资于高新技术企业的项目数为 8490 项，占 44%，企业从中获得资金，得到了很好的发展。

风险投资作为一项金融制度安排，是与科技创新最为匹配的一种资本形态（陈治、张所地，2010）[2]，其不仅能够提供资金，还能够提供非资本增值和监督服务，在支持创新、促进创新成果转化、培育新兴产业和推动经济转型升级过程中发挥着不可替代的作用，已成为实现经济持续稳定发展的重要驱动力量。在 20 世纪 90 年代，由于美国实行的自主创新战略，高新技术企业得到了快速的发展，而凭借向创新创业项目、活动提供支持，风险投资有效地促进了企业的技术创新和发展。根据创业风险投资发展报告，2016 年全国创业风险投资管理资本总量达 8277.1 亿元，较 2015 年增加了 1623.8 亿元；截至 2016 年底，全国创业风险投资机构累计投资项目总数达 19296 项，其中投资高新技术企业项目总数 8490 项，占比 44%；累计投资金额 3765.2 亿元，其中投资高新技术企业金额 1566.8 亿元，占比 41.6%，详见表 1 - 1。

表 1 - 1　　　　　　　　　　中国风险投资累计投资情况

年度	累计投资项目总数（个）	投资科技企业/项目总数（个）	累计投资金额（亿元）	投资科技企业/项目金额（亿元）
2013	12149	6779	2634.1	1302.1
2014	14118	7330	2933.6	1401.9
2015	17376	8047	3361.2	1493.1
2016	19296	8490	3765.2	1566.8

资料来源：《中国创业风险投资发展报告 2017》，经济管理出版社 2017 年版。

由此可见，创业企业在风险投资的支持下通过对资源的优化配置，拓展了高新技术的应用，促进了产品的商业化和规模化，创造了更多的就业机会，进而促进了经济的增长。

（2）完善创业企业内部治理机制是创业企业发展的关键和核心。创业企业的发展得益于风险投资的支持，自2005年后，为了有效帮助风险投资的快速发展，中央和各地方政府制定了多项政策措施、法律法规，在此背景下，风险投资和其支持的创业企业呈现出飞速增长的趋势，风险投资机构的数量和投资规模均大幅增长。但是，创业企业绩效并不理想，在退出数量和金额、退出方式等方面都表现出不同程度的问题，例如，实现以IPO方式成功退出的项目较少、退出收益较低。根据清科研究中心的调查数据，2016年第一季度共发生573笔退出事件，比2015年同期上升87.35%，其中495笔为新三板挂牌退出，IPO退出不到2015年同期的六成，并购、股权转让退出市场也并不乐观。

创业企业绩效不佳的原因是多方面的。例如，受到宏观环境、市场体制等多种因素的影响，但最为根本的是风险投资下创业企业自身治理机制的缺乏或不完善，这必然降低了风险投资的预期收益，加大了投资风险，造成风险投资基金的供求脱节。许多有项目的创业者找不到资金，而握有创业资本的人又苦于找不到好项目，再加上其他一些客观原因，大量创业资本投向房地产、甚至股市，而非急需资本的高新技术企业。

因此，创业企业通过建立事前甄别机制，形成有效的信息共享网络，分担投资风险；并进行审慎调查选择有良好前景的投资项目与高能力的创业企业家。与此同时，通过建立激励约束机制，合理设置投资契约条款，优化现金流和控制权配置，以实现对创业企业家和风险投资家的激励约束，最终实现完善创业企业治理机制的目的，促进创业企业的快速发展。

（3）合理配置企业控制权是创业企业治理的重要内容。创业企业的治理能够影响企业的发展方向和绩效，创业企业治理主要包括股东、董事会、经理层的关系，而治理的重点是企业家和投资家之间关于控制权的配置，企业家和投资家之间关于规则、关系和制度等方面的约定和安排成为公司治理的重要内容。

在后金融危机背景下和中国创业板推出情景下，合理配置控制权进而提高创业企业绩效是创业企业治理的必然要求。创业板于2009年10月30日推出，这对于风险投资而言，是最大的政策性利好，必将为我国风险投资业带来一次历史性发展机遇。创业板的推出，能够为风险投资的退出提供便利的途径。有利于促进风险投资的成功。与此同时，风险投资的良好发展，又会支持创业企业的成长，将优秀的创业企业推向创业板，实现创业企业的成功上市。

创业板十分重视公司治理机制和内部控制制度在防范各类风险和规范公司运作方面的作用，对在创业板上市的公司，要求建立健全公司治理结构和内部控制机制。因此，成功实现 IPO，前提是规范与优化创业企业治理结构。其一，完善创业企业治理，提高创业企业绩效，创造上市条件；其二，通过完善治理结构，规范企业法人治理，进而实现成功上市。控制权配置是创业企业治理结构的重要组成部分，只有完善控制权配置才能实现对创业企业的有效治理，为成功实现创业板上市提供有利基础与条件。

在金融危机的背景下，各国的金融体系和资本市场遇到了各种各样的问题，公司治理过程中的风险问题尤其需要引起各方关注。随着资本市场的调整，全球金融危机对风险投资行业包括的几个关键环节：筹集资金、项目选择、投资、退出等方面的影响也逐渐显现，同时也将促使国际、国内的风险投资机构为应对投资与管理的现状与未来做出策略调整。在金融危机背景下，如果风险投资需要发展，就必须完善风险投资的治理机制。

风险投资通过对资源的优化配置、技术与金融的有机结合，扶持了高新技术的应用和创业企业的良性发展。以风险资本为支撑的创业企业应通过规范以控制权配置为核心的内部治理机制，形成有效实施监督控制风险的控制权结构，提高企业治理效率和抗风险能力，以便蓄势待发，其将更有可能在经济恢复后重获生机，在后金融危机时代率先走出困境，迎来更有前景的下一轮发展。

1.1.2 理论背景

（1）不完全契约理论（GHM 理论）在控制权配置中的应用。不完全契约理论是由格罗斯曼和哈特（Grossman & Hart，1986）[3]、哈特和穆尔（Hart & Moore，1990）[4]提出并在此基础之上发展起来的理论。GHM 理论以契约的不完全为基础，以最优配置企业剩余控制权为目标，是研究企业治理机制中的控制权配置的重要手段。

由于企业发展过程中存在的不确定性和信息不对称性，使得交易双方无法签订完备的契约，一旦将来出现契约中未约定的事项时，谁拥有企业的控制权，可以对企业重要决策产生影响？GHM 理论根据权利是否在契约中明确规定，将企业控制权划分为剩余控制权和特定控制权。

随着不完全契约理论的发展，该理论在很多领域得到了广泛的应用，例如金融契约设计、公司治理、产权理论等。阿洪和博尔顿（Aghion & Bolton，1992）[5] 较早在企业融资中运用到不完全契约理论，他们以不完全契约为基础，研究了受到财富约束的企业家与不受财富约束的投资家如何配置企业控制权的问题。由于投资双方之间存在较大的利益冲突，并且关于企业绩效的信号无法被外界所证实，所以无法在契约中对企业决策进行事先的最优安排，只能对企业的控制权进行适当的配置。因此，阿洪和博尔顿（1992）比较了企业的各类控制权配置（投资家控制、企业家控制、相机控制配置），然后根据相关因素的影响，确定最优的企业控制权配置。阿洪和博尔顿（1992）[5] 以研究企业控制权的最优配置为核心，为丰富不完全契约理论、完善金融契约理论、改进企业治理机制提供了理论依据。

在此基础上，学者们在不完全契约的背景下，研究了由于契约的不完全，在企业控制权配置过程中可能会出现专用性投资不足、套牢等问题（杨瑞龙、聂辉华，2006[6]；刘清海，2014[7]），并研究如何通过引入再谈判机制解决这些问题。还有学者使用演化博弈的方法，在不完全契约的基础上，对企业控制权的配置机理进行研究（石琳、党兴华等，2016）[8]。还有学者（孙慧、叶秀贤，2013）[9] 将不完全契约应用到公私合作模式中的剩余控制权配置的研究当中，研究公私合作模式下企业剩余控制权的配置如何影响公共部门与私人部门之间的投入。还有学者拓展了不完全契约理论，从行为经济学的方向提出了参照点契约理论（徐细雄，2012）[10]。不完全契约理论在企业控制权配置及其相关领域的研究，为不完全契约理论的完善、企业控制权的合理配置提供了重要的理论依据。

（2）以控制权为核心的治理机制研究完善了风险投资及创业管理理论。创业企业的发展与风险投资的运作密不可分，以控制权为核心的创业企业的微观治理机制与风险投资的运作特征密不可分。风险投资的重要特征之一就是投资家通过向创业企业提供增值服务、进行阶段化投资以及使用可转换证券等金融工具来降低投资风险，缓解投资双方之间的信息不对称。然而，风险投资过程中的这些内容均与控制权的配置有着千丝万缕的联系，所以风险投资契约的设计主要通过投资家与企业家之间控制权的配置来降低双方之间存在的信息不对称。

由于社会、经济、文化等方面的差异，目前我国还未建立起有效的风险投资治理机制。风险投资机构管理水平不高成为导致企业经营不善的重要原因，同时，由于控制权配置是风险投资治理机制中的重要内容，使得创业企业控制权配置的不合理也会导致风险投资治理机制的不完善。

我国学者研究发现，创业企业控制权配置呈现出一些特点：风险投资家拥有较多的企业控制权；同时，控制权根据企业绩效的高低，在企业家与投资家之间相机配置，当企业绩效较低时，投资家掌握控制权；当企业绩效较高，企业家掌握企业控制权。但是，风险投资家如何才能获得较多的企业控制权，又该如何实施？这些问题还未得以清晰界定。

创业企业控制权配置是当代风险投资理论及创业管理理论研究的前沿问题，国内在该领域的研究目前尚处于起步阶段，研究文献较少，研究成果仍需要进一步发展。另外，国内学者在风险投资及创业管理领域的研究大部分集中在借鉴国外风险投资的成功经验，以及分析风险投资的运作机制方面，很少涉及创业企业控制权配置。如何结合当今国际创业企业控制权配置理论的最新成果，分析影响控制权配置的因素及其影响过程和结果，建立有效的风险投资治理机制，以推动我国风险投资及创业管理理论研究是一个值得深入探讨的问题。

（3）创业企业治理为公司治理理论提供了新的情景。一般的公司治理理论主要的研究对象是成熟的上市公司，而与成熟的公司相比，由于创业企业成立时间较短、实物资产较少、创业企业家缺乏资金和经验，所以关于创业企业的治理与一般的公司治理理论有所区别。

在成熟的公司治理当中，如何配置公司的所有权和控制权是其重点研究的问题。目前，在关于公司治理的各类研究中，许多学者认为这两者应该匹配在一起，即如果拥有企业的控股权就应拥有企业控制权。在创业企业中，由于创业企业家拥有的创意、创新项目、专用性资产对于企业发展十分重要；同时，企业家负责企业日常经营，熟悉企业技术核心、业务优势等信息，所以，应给予企业家较多的企业控制权。但是，由于创业企业成立时间较短、企业发展过程中面临较多的不确定性、缺乏以往经营绩效的信息，使得风险投资家与企业家之间存在很大的信息不对称，风险投资家在投资时也承担了较大的风险，为了控制投资风险，保护投资的安全，他们会要求获得企业控制权，而企业家为了获得风险投资的资金，会选择放弃一部分控制权，所以投资家与企业家针对企业控制权的博弈结果为：企业家获得相对较多的企业股权，而投资家获得相比股权更多的企业控制权。

总之，针对创业企业治理的研究与成熟公司的治理研究有所不同，目前，关于创业企业治理的研究较少，通过深入研究创业企业治理机制中的控制权配置问题可以为现有公司治理理论提供重要的补充，为其研究提供新的情景。

（4）创业企业控制权的配置是风险投资机构有效退出的保证，是实现双方退出利益最大化的重要因素。在风险投资过程中，风险投资机构的退出处于关键环节，是其实现较高投资收益的重要方式，也是下一轮投资的起点，风险投资能否顺利退出以及退出结果如何，将影响整个风险投资活动的成败。从 2015 年和 2016 年我国的风险投资退出交易来看，风险投资退出数量变化较大，退出情况非常不理想，这说明近年来风险投资顺利退出的难度有所增加。

风险投资理论的发展和创业资本市场的完善使得风险投资退出机制的创新成为必然趋势，从而为风险投资的退出提供了更多的路径选择。风险投资退出选择机制是近 20 年国内外学者关注的焦点，退出方式的选择是风险投资退出时需要考虑的问题。目前，风险投资机构的退出方式主要包括 IPO、并购、回购和清算等，其中，IPO 在所有的退出方式中居于主导地位，但是，近些年，IPO 在国内外资本市场表现不太理想，与之相对应，通过并购方式退出越来越多，同时，回购等方式也成为重要的退出方式。

由于风险投资机构与企业家目标函数的不一致，使得双方在投资机构退出方式的选择方面存在着巨大的利益冲突，双方均会选择能够使得自身利益最大化的退出方式。与此同时，由于投资契约的不完全和创业企业内外部环境存在的不确定性，导致投资双方不能根据事后的企业经营状态决定风险投资机构的退出方式，只能在事前对投资契约中的控制权配置进行约定。所以，为了避免双方冲突，保证投资机构成功退出，在风险投资机构退出过程中，如何最优配置创业企业的控制权变得越来越重要，合理配置控制权可以有效保证风险投资机构的成功退出，也是实现双方退出利益最大化的重要因素。

1.2
研究问题与研究内容

从研究背景可知，风险投资作为向快速增长的创业企业进行投资的一种方式，通过促进科技与金融的结合、资源的优化配置，很大程度上帮助了创业企业飞速发展。随着创业资本的进入，风险投资影响了创业企业的治理结构。由于创业企业存在成立时间短、资产专用性程度高、前景不明朗的特点，导致风险投资无法获得关于企业经营状态、经营绩效的信息，投资双方之间存在严重的信息不对称。因此，为了能够有效提高投资双方的收益，针对创业企业控制权的配置便成为学者们研究的焦点问题。

由于创业企业家与风险投资家之间存在着高度的信息不对称，而且双方投入创业企业的专用性投资较多，导致进入和退出企业的壁垒均较高，从而出现"套牢"彼此的问题。作为风险投资契约的重要内容，创业企业可以通过控制权的配置来缓解企业家与投资家之间存在的相互套牢问题。与此同时，在企业控制权配置的过程中，由于不同的风险投资机构之间存在异质性，不同的投资机构在机构属性、投资规模、投资经验、阶段化投资、专业性等方面存在较大差异，而这些差异会进一步影响他们的投资目标，风险偏好，期望报酬，投资策略等，最终会对创业企业控制权的配置产生不同的影响。

除此之外，创业企业控制权的不同配置会对投资家和企业家各自的收益以及企业绩效产生不同的影响，特别是风险投资退出过程中的控制权配置，它是影响风险投资成功退出、实现双方退出利益最大化的重要因素。因此，创业企业控制权的配置会对风险投资机构退出方式的选择产生显著的影响。结合理论研究与实践发展的需要，本书研究创业企业控制权配置及其对风险投资机构退出方式的影响。本书的研究内容可以概括为三个问题：第一，研究在各种因素的影响下，创业企业的哪种控制权配置可以缓解企业家与投资家之间存在的相互套牢问题，并实现最优？第二，考虑到不同类型的风险投资机构存在异质性，进一步研究如何根据不同类型的投资机构在投资金额、增值服务等方面的差异设计风险投资契约，并研究在各种因素的影响下，创业企业的哪种控制权配置可以实现最优？第三，创业企业控制权的不同配置在影响投资双方利益的同时，如何影响风险投资机构退出方式的选择？为了回答上述三个问题，本书将从以下五个方面展开研究。

第一，在界定创业企业控制权、创业企业控制权配置的概念，探讨创业企业控制权配置及其影响因素、风险投资退出方式及其影响因素的基础上，构建创业企业控制权配置及其对风险投资机构退出方式影响的理论分析框架。首先，从套牢的视角分析创业企业控制权配置在激励企业家、缓解企业家与投资家之间存在的相互套牢问题等方面发挥的作用；同时，考虑到不同类型的风险投资机构存在异质性，它们在资金约束、投资期限以及为创业企业提供的增值服务等方面具有较大差异，进一步研究不同类型风险投资机构各自具有的特征以及这些特征如何影响创业企业控制权的配置。其次，针对创业企业控制权配置对风险投资机构退出方式的影响展开研究。

第二，考虑到套牢是金融契约中普遍存在的问题，从缓解相互套牢风险的视角来研究创业企业控制权配置。在金融契约和控制权配置理论的框架内，运用博弈分析的方法，从缓解企业家与投资家相互套牢问题的角度，在扩展企业家风险偏好、假设企业状态变量不可证实的基础上，通过引入企业家事前努力水平、企业家与投资家的讨价还价能力、企业中期绩效信号、投资家投资额、管理监督成本、企业清算价值等变量，建立创业企业控制权动态配置模型。首先，比较企业家控制、相机控制、反相机控制配置下的投资家与企业家收益；其次，比较投资家控制与相机控制配置下投资家、企业家收益与企业价值；最后，确定哪种控制权配置可以缓解企业家与投资家相互套牢问题、实现最优控制权配置。

第三，考虑到不同类型的风险投资机构存在异质性，研究两类投资家下的创业企业控制权配置。以不完全契约为基础，在控制权配置理论的框架内，考虑对企业家进行事前激励，并引入企业家努力水平、投资家投资额和管理监督成本、企业清算价值等变量，在阶段化投资的条件下，构建两阶段控制权配置模型，根据投资家的投资金额、投资期限和提供的增值服务的不同，研究如何设计两种类型投资家下的风险投资契约，以确定可能的企业控制权最优配置。首先，假定投资家拥有控制权，分别比较企业家和两类投资家合作时的契约参数；其次，假定企业家拥有控制权，比较企业家和两类投资家合作时的契约参数；最后，通过比较企业家控制与投资家控制下的契约，研究创业企业的哪种控制权配置可以实现最优。

第四，风险投资机构退出过程中创业企业控制权的不同配置会影响投资双方的利益，进而会对风险投资机构退出方式的选择产生影响。基于不完全契约、委托代理理论，通过引入投资家的投资额和管理监督成本、投资家与企业家各自付出的努力水平和努力成本等变量，构建创业企业控制权配置影响风险投资机构退出方式的理论模型，研究创业企业控制权的不同配置对风险投资机构退出方式影响的作用机理。通过比较分析企业家控制、投资家控制、相机控制配置下的企业价值、企业家和投资家各自的收益，研究在结合可转换证券以后，风险投资机构如何根据企业控制权的配置做出退出决策。

第五，基于理论研究得到的结论，使用中国风险投资机构、创业企业数据，运用多元回归分析方法进行研究。首先，进行实证研究，验证在关键因素的影响下创业企业控制权如何实现最优配置；其次，在此基础上，运用Matlab R2016a 软件，采用数据模拟的方法，分别对两类投资家下的创业企业控制权配置的研究结论进一步分析说明；最后，针对创业企业控制权配置对风险投资机构退出方式的影响进行大样本的实证研究。

1.3

相关概念界定

（1）风险投资家（venture capitalists）。在风险投资运行的过程中，风险投资机构是负责具体运行的核心组织，也是将风险投资者和创业企业家连接在一起的金融中介。而风险投资家是对风险投资机构进行管理并对具体项目进行投资的经营者，可以代表风险投资机构。风险投资家是创业企业家与投资者之间的桥梁，其参与创业企业的日常经营，对企业家进行监督和咨询，通过帮助创业企业快速发展，最终实现成功退出。

本书在对创业企业和风险投资的关系进行研究时，把风险投资家与风险投资机构是作为一个整体来看待，所以，如果没有特别指出，在本书中风险投资家和风险投资机构是通用的。

（2）创业企业家（entrepreneurs）。创业企业是指风险较高、成长性较好的创新型企业，这类企业，一般成立时间比较短，规模不大，未来前景不明朗，发展存在很多的不确定性，但是，创业企业往往具有好的创意、项目和商机，一旦获得成功，企业的收益会更高，这也是其能够吸引来风险投资的原因。创业企业家则是创业企业的创始人（团队），具有好的创意、先进的技术和发明，负责企业的经营管理，在企业发展中发挥重要的作用。

在本书中，如果没有特别指出，创业企业家和创业企业是通用的。

1.4
研 究 方 法 与 框 架

（1）研究方法。本书运用理论、实证研究与数据模拟相结合；定性与定量研究相结合的方法。在构建理论模型进行研究时，主要采用博弈论及信息经济学的相关方法与思路；在进行实证研究时，运用多变量回归的方法。将理论分析与定量分析结合在一起，有利于对创业企业控制权配置及其对风险投资退出方式影响机理进行深入研究。

①首先通过国内外文献收集。风险投资机构、创业企业数据收集、数据分析，提炼出所要研究的问题，然后进一步明确本书的研究目标、研究内容和主攻方向，分解工作安排，建立研究项目的具体方案。

②在文献梳理的基础上，归纳出创业企业控制权配置、风险投资机构退出方式的关键影响因素。

③在卡萨马塔（Casamatta，2003）[11]、赫尔曼（Hellmann，2006）[12]、耶拉米利（Yerramilli，2006）[13]、安德里乌（Andrieu，2011）[14]模型的基础上，基于扩展的不完全契约分析框架，以风险投资家与企业家为博弈主体，构建创

业企业控制权动态配置模型，比较企业家控制、相机控制、反相机控制、投资家控制配置下的双方收益与企业价值，确定创业企业最优控制权配置。

④以不完全契约为基础，在控制权配置理论的框架内，基于温顿和耶拉米利（Winton & Yerramilli，2008）[15]以及赫希和瓦尔兹（Hirsch & Walz，2013）[16]等学者的研究，在阶段化投资的条件下，构建创业企业控制权两阶段动态配置模型，以创业企业家与独立的风险投资家、附属公司和银行的风险投资家为博弈主体，研究如何设计两种类型投资家下的风险投资契约，以确定创业企业控制权的最优配置。

⑤基于不完全契约、委托代理理论，从缓解创业企业家与投资家之间存在的双边道德风险的视角，借鉴巴亚尔和切姆马努尔（Bayar & Chemmanur，2011）[17]，耶拉米利（2006）[13]，王雷、党兴华等（2009）[18]，赫尔曼等（2002）[19]的研究，建立理论模型，以风险投资家与创业企业家为博弈主体，研究创业企业控制权配置如何对风险投资机构退出方式产生影响，确定不同控制权配置下的风险投资最优退出策略。

⑥实证研究中，首先运用多元回归模型，研究各因素对创业企业控制权配置影响的作用机理。由于数据可获得性的问题，在研究两种类型投资家下的创业企业控制权配置的问题时，运用 Matlab R2016a 软件，采用数据模拟的方法，分别对关于两类投资家下的创业企业控制权配置的研究结论，进一步的分析说明。其次，运用多元回归模型，实证研究创业企业控制权配置对风险投资机构退出方式影响的作用机理。

（2）研究框架。根据研究问题和研究内容，本书总共分为七章。

第 1 章是绪论，对本书研究的实践背景和理论背景进行分析，在对已有研究不足进行分析的基础上引出本书的研究主题，并简要介绍研究的内容和方法。

第 2 章是文献综述，梳理和总结本书所参考的相关文献，主要对创业企业控制权及其配置的内涵与分类、创业企业控制权的配置及其影响因素、风险投资机构的退出方式及其影响因素等相关内容进行研究，为本书其后的理论模型构建与实证研究奠定基础。

第 3 章是理论分析，构建了创业企业控制权配置及其对风险投资机构退出方式影响的理论分析框架。首先，从套牢的视角分析创业企业控制权配置在激励企业家、缓解企业家与投资家之间存在的相互套牢问题等方面发挥的作用，并对相关理论模型进行比较分析；其次，从不同类型的风险投资机构存在异质性的角度进一步研究不同类型风险投资机构的特征及其对创业企业控制权配置产生的影响，并对借鉴到的相关理论模型进行分析；再次，分别对创业企业控制权的不同配置对于风险投资机构退出方式产生的影响进行研究；最后，建立创业企业控制权配置及其对风险投资机构退出方式影响的研究框架。

第4章是本书的重点章节，以不完全契约为基础，在金融契约和控制权配置理论的框架内，从缓解企业家与投资家相互套牢问题的角度，通过引入企业家事前努力水平、企业家与投资家讨价还价能力、企业中期绩效信号、投资家投资额、管理监督成本、企业清算价值等变量，建立创业企业控制权动态配置模型。通过比较不同控制权配置下的双方收益与企业价值，确定创业企业控制权最优配置。并通过使用中国风险投资机构、创业企业数据进行实证研究，对理论模型研究得出的命题进行验证。

第5章是本书的重点，考虑到不同类型的风险投资机构存在异质性，在风险投资契约和控制权配置理论的框架内，引入企业家努力水平、投资家投资额和管理监督成本、企业清算价值等变量，在阶段化投资的条件下，构建两阶段创业企业控制权配置模型。研究如何根据两种类型的投资家在投资额、增值服务等方面的差异，设计风险投资契约，在此基础上研究在各变量的影响下，哪种控制权配置可以实现相对占优，并运用 Matlab 软件，分别对关于两类投资家下的企业控制权配置的研究结论采用数据模拟的方法进一步说明。

第6章是本书的重点，基于不完全契约、委托代理理论，在金融契约的框架内，通过引入投资家的投资额、投资家付出的管理监督成本、投资家与企业家付出的努力水平和努力成本等变量，构建创业企业控制权配置影响风险投资机构退出方式的理论模型。研究企业控制权的不同配置对风险投资机构退出方式影响的作用机理，并通过使用风险投资机构、创业企业数据进行实证研究，对理论模型研究得出的命题进行验证。

第7章，概括本书的主要研究结论与创新点，探讨研究不足与未来可拓展的研究方向。

本书的框架结构安排如图 1 - 1 所示。

结构安排

第1章 ⟶ **绪论**

研究方法

| 实践背景与理论背景 | 研究问题与研究内容 | 相关概念界定 | 研究方法与框架 |

第2章 ⟶ **文献综述**

文献梳理方法分析

| 创业企业控制权与控制权配置内涵 | 创业企业控制权配置及其影响因素研究 | 风险投资退出方式及其影响因素研究 | 文献述评与启示 |

第3章 ⟶ **理论分析**

理论分析方法

| 套牢视角下的创业企业控制权配置研究 | 不同类型风险投资机构对创业企业控制权配置的影响研究 | 创业企业控制权配置影响风险投资机构退出方式的理论研究 | 研究框架的建立 |

第4章 ⟶ **单一投资家下的创业企业控制权配置研究**

博弈分析方法
统计分析方法

| 基本模型 | 模型分析 | 创业企业最优控制权配置分析 | 实证研究 |

本章小结

第5章 ⟶ **两种类型投资家下的创业企业控制权配置研究**

博弈分析方法
Matlab仿真分析方法

| 模型构建 | 投资家控制权配置分析 | 企业家控制权配置分析 | 数据模拟 |

本章小结

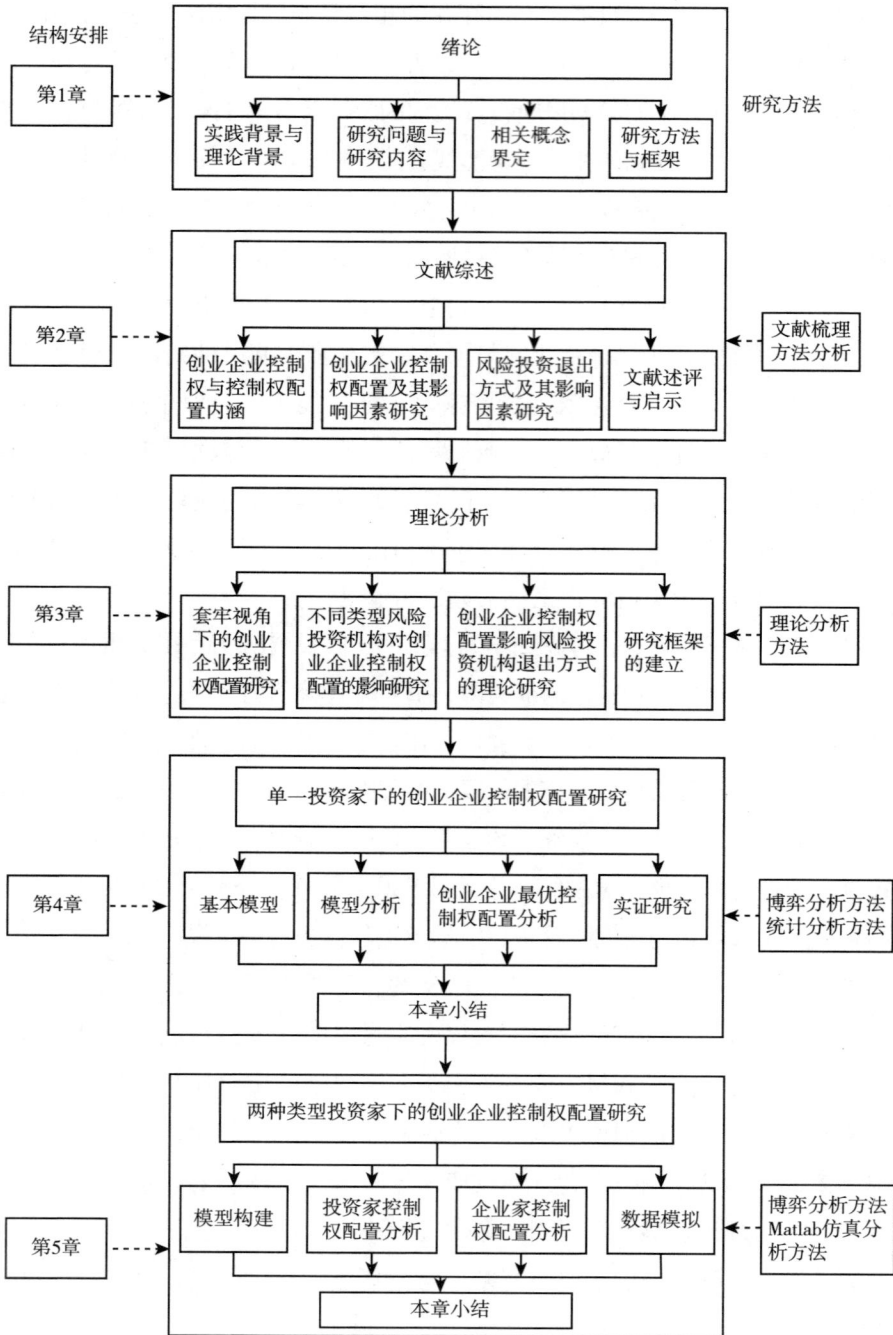

图1-1　研究技术路线

— 14 —

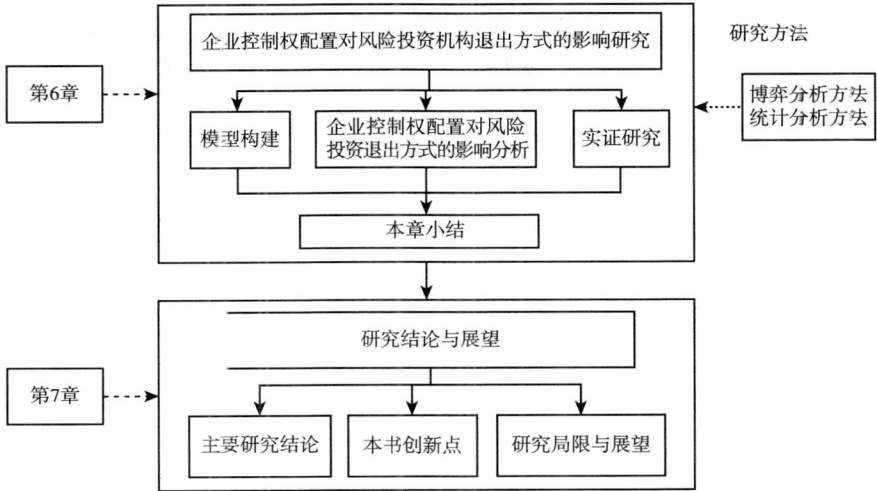

第6章 ⟶ 企业控制权配置对风险投资机构退出方式的影响研究 ⟵ 研究方法

博弈分析方法
统计分析方法

模型构建 | 企业控制权配置对风险投资退出方式的影响分析 | 实证研究

本章小结

第7章 ⟶ 研究结论与展望

主要研究结论 | 本书创新点 | 研究局限与展望

图 1 – 1 续图

第 2 章

文献综述

创业资本市场充满机遇和挑战，信息的不对称和环境的不确定是创业资本市场显著的特征。在风险投资过程中，如何缓解信息的不对称和环境的不确定所带来的风险是风险投资家需要解决的问题。因此，投资家需要对项目进行评估和考察，与企业家签订契约。但是，由于创业企业的前途不明朗，伴随有大量的或有事项，这导致了投资家与企业家签订的契约是不完全的，即不能准确描述未来的每一可能状态，从而难以提供每一可能状态下契约双方责任和义务的完备描述，这就决定了创业企业治理的关键是根据或有事项动态地配置控制权。

与此同时，在风险投资的过程中，风险投资机构的退出处于关键环节，是其实现较高投资收益的重要途径，也是下一轮投资的起点。[20] 然而，一方面，由于投资机构与企业家之间的目标函数不一致，导致双方在投资机构退出方式的选择方面存在着巨大的利益冲突[21]，投资双方均会选择能够使得自身利益最大化的退出方式。另一方面，由于投资契约的不完全和创业企业内外部环境存在的不确定性，导致投资双方不能根据事后的企业经营状态决定投资机构的退出方式，只能在事前对投资契约中的控制权配置进行约定，约定在关于企业经营状态的信号揭示出来以后，由拥有控制权的一方决定投资机构的退出方式。所以，为了避免双方冲突，保证投资机构成功退出，投资机构退出过程中的控制权配置则十分重要。[22]

因此，本章主要从不完全契约理论下的创业企业控制权与控制权配置内涵、影响创业企业控制权配置的因素、风险投资机构退出方式及其影响因素等方面，对国内外的研究现状进行梳理，在此基础上找出现有研究的问题与不足，并提出相应的研究启示。

2.1
创业企业控制权与控制权配置内涵

目前，虽然国内外关于企业控制权内涵的研究有很多，但是对于创业企业控制权的内涵却没有进行清晰、准确的界定，学者们只是将企业控制权的概念直接引入创业企业中使用，对其并未加以区分。而对于创业企业控制权配置内涵的研究主要集中于控制权在创业企业的不同权力机构或参与主体之间的配置，以及根据控制权是离散或者连续变量的假设，研究控制权的配置方式，也缺乏被大家一致认可的内涵。因此，本节对创业企业控制权的内涵、分类以及控制权配置的内涵进行界定，在此基础上找出现有研究的问题和不足。

2.1.1　创业企业控制权内涵的界定和分类

作为公司治理中的重要问题，关于创业企业控制权内涵以及分类的研究，对风险投资家、企业家明确各自权利，促进创业企业的快速发展有着重要的意义。本书对相关学者的研究发现，企业控制权的概念十分抽象，既有剩余控制权，也有特定控制权，还有实际控制权等高度相关的概念，但是，由于各个学者研究视角的不同，他们更多地是从特定的角度来对控制权的内涵进行界定，而未对控制权形成一致、被广泛接受的定义。那么，应该如何理解创业企业控制权的内涵？如何对创业企业的各类控制权进行划分？创业企业控制权的各项权利如何在风险投资家与企业家之间进行配置？本书从这几个视角入手，对创业企业控制权的内涵进行深入研究。

2.1.1.1　创业企业控制权的内涵

控制权（control rights）是公司治理理论中的核心概念，控制权的为涵十分丰富，并在企业发展过程中不断变化，目前学术界还未形成统一的概念界定。伯利和米恩斯（Berlin & Means, 1932）[23]很早就研究了企业控制权，他们认为企业的控制权与企业的所有权相对应，并将企业的控制权定义为：在行使法律规定的权力或是施加相应的压力时，可以选择进入董事会的人员以及政策制定的能力。接下来，学者们从企业的重要决策权以及决策制定权等方面对控制权进行界定。例如，法玛和詹森（Fama & Jensen, 1983）[24]探讨了决策控制权在公司治理结构中的重要作用。张维迎（1996）[25]研究发现，控制权是指在关于企业的信号被揭示出来后可以决定如何行动的权力。高建明（2004）[26]指出，企业的实际控制权是通过一定的手段，对企业的重要决策产生影响的能力。除此之外，学者们还从影响权利各方收益、企业业绩的角度来定义企业控制权。颜光华等（2005）[27]认为，企业控制权是使企业产生符合权力拥有者收益最大化的能力。胡晓阳（2006）[28]认为，企业控制权是对企业总体资源的控制权，是影响企业市场表现的关键因素，可以影响企业绩效。胡继立（2011）[29]认为，企业控制权是指对企业投资、经营等具有的主导权。李益娟（2016）[30]认为，相对于所有权而言，控制权是对资源的支配权，并不一定拥有资产的所有权，例如掌握了董事会的多数席位，就能够实际控制企业，拥有企业控制权。易阳、宋顺林、谢新敏、谭劲松（2016）[31]发现，由于对公司重要决策的投票权是股权的基本特征（Shleifer & Vishny, 1997）[32]，股东持股比例就直接体现为对公司的控制权。

在对一般企业控制权内涵界定的基础之上，有学者开始研究创业企业控制权的内涵，但是由于研究视角和目的不同，学者们主要从控制权的表现形式入手，从某个视角界定创业企业控制权的内涵，因此，对于创业企业控制权的内涵也缺乏一致的结论。

有学者认为创业企业控制权是指能对企业重大事项做出决策的权力。例如，卡普兰等（Kaplan et al., 2003）[33]指出，创业企业控制权是指可以决定企业重大经营事项的权力。杰里米和魏森瑞德（Jeremy & Weichenrieder, 2009）[34]认为，控制权是指所有权人影响企业运行方式的能力。付雷鸣、万迪昉等（2009）[22]发现，控制权是指在关于企业的信号揭示出来后可以决定如何行动的权力，也是在契约双方存在分歧时可以决定如何解决的权力。此外，有学者认为，创业企业控制权主要是指在企业经营不利时，替换企业家或清算企业的权力；以及决定风险投资退出方式、退出时机的权力等。例如，赫尔曼（1998）[35]认为，创业企业控制权是指可以聘用职业经理人替换企业家的权力。赫尔曼（2006）[12]将创业企业控制权看作企业退出决策权，即决定风险投资通过 IPO 或者并购方式退出企业的权力。弗洛克（Fluck，2010）[36]将创业企业控制权看作替换企业家或者清算企业的权利。安德里乌和彼得·格罗（Andrieu & Peter Groh，2013）[37]从清算权的角度研究创业企业控制权如何在企业家和投资家之间进行配置。布鲁格曼（Broughman，2012）[38]将创业企业控制权看作是一系列需要董事会决定的重要决策权，例如，何时出售企业，是否聘请新的 CEO，给新技术投入多少资金等。王声凑、曾勇（2012）[39]指出，控制权是可以决定企业经营、管理层聘用等方面决策的权利，主要包括董事会席位权、投票权等。史玉伟和丕禅（2003）[40]从现实出发把控制权定义为对企业所拥有资源的决策支配权，包括监督权、投票权、经营管理权等。

2.1.1.2　创业企业控制权的分类

许多学者在研究企业控制权的类型时，往往会根据各自研究目的的不同，从不同角度对控制权进行划分，因此，有了"剩余控制权""管理决策权""特定控制权""实际控制权"和"经营控制权"等与控制权相关的概念。

有学者根据企业决策程序的步骤，将控制权划分为管理决策权和决策控制权，例如，法玛和詹森（1983）[24]将控制权划分为管理决策权和决策控制权，管理决策权是提出资源利用和执行已认可的决策权；决策控制权是对所需贯彻的提议作决策选择及考核决策代理人的绩效并给予奖励。董秀良（2002）[41]将控制权划分为企业的重要决策权和决策制定以及执行的监督权。也有学者从财产控制权入手，将企业控制权划分为剩余控制权和特定控制权，例如，哈特、穆尔（1990）[4]认为，剩余控制权是事前没有在契约中明确规定的权力，是规定用途之外的权力；而特定控制权是在契约中约定好的权力。哈特（1995）[42]指出，剩余控制权是指"可以按不与先前的契约或法律相违背的方式决定资产用途的权力"。格罗斯曼、哈特（1986）[3]认为，企业的剩余控制权是指可以决定契约规定的用途之外的权力。万迪昉等（2004）[43]将企业中的剩余控制权划分为一般和核心控制权。一般控制权受到核心控制权的影响；而核心控制权则能够影响其他控制权。除此之外，还有学者将企业的控制权划分为正式和实际控制权，例如，阿洪和梯若尔（Aghion & Tirole，1997）[44]指出，企业的实际控制权通常由具有信息优势和专业知识的管理层拥有，但是实际控制权会受到正式控制权的限制。德胜（Dessein，2005）[45]认为，企业家通过实际控制权获得私人收益，通过将正式控制权转移给投资家获得信任。安维东（2016）[46]认为，企业控制权具有两方面的内涵：一是股权上的控制权，即控股权；二是对企业重大决策方面的控制权，以对企业董事会和管理层的控制为核心。控股权是法律赋予的控制权力，代表"名义控制权"，而能够影响企业重大决策，掌握企业剩余控制权的权力才是企业的"真实控制权"。

除了对一般企业控制权进行分类以外，有少数学者结合创业企业风险高、企业家与投资家之间存在高度的信息不对称等特点，以及风险投资的实际情况，对创业企业控制权进行划分，例如，李金龙等（2009）[47]将控制权划分为名义控制权和实际控制权，研究如何在风险投资家和企业家之间进行控制权转移。也有学者将创业企业控制权划分为日常经营决策权和重大事项决策权，例如，陈森发等（2006）[48]通过研究创业企业控制权的分配发现，企业控制权的内容主要包括两个方面，一方面是影响企业重大事项的决策权、决定风险投资机构退出方式与时机的退出选择权等；另一方面是影响企业日常经营的控制权。还有学者进一步从公司经营决议、战略决策等方面，将控制权划分为投票权、董事会席位权、清算权、退出决策权等。例如，吉恩·艾蒂安德贝蒂涅斯（Jean Etienne de Bettignies，2008）[49]将创业企业控制权划分为董事会权、投票权和否决权等。卡斯滕和瓦尔兹（Carsten & Walz，2010）[50]在研究创业企业的经营决策与控制权结构时发现，创业企业的控制权主要包括经营管理权、投票权、董事会席位权、清算权、退出权等一系列权力。

因此，本书将创业企业控制权界定为能够影响企业经营决策中重要事项的权力，是风险投资家或者企业家运用自身拥有的资源对企业的权力构成、决策制定、企业经营效果产生影响的能力。控制权表现形式为：影响企业重大事项和决策的投票权、参与到企业董事会的席位权、企业的清算权、退出控制权等。

2.1.2　创业企业控制权配置内涵的界定

控制权配置理论源自对科斯（R. Coase）创立的企业契约理论的发展。自从伯利和米恩斯（1932）[23] 提出"企业所有权与控制权相分离"的理论以来，企业控制权配置就成为学术界研究的焦点。而控制权配置的内涵则成为学者们首要研究的问题。法玛（1983）[24] 从经济学视角出发，认为控制权配置是指一系列有关公司经营、财务决策权的制度安排。有学者认为，企业的控制权是在公司权力机关（例如股东大会、董事会等）的配置（董秀良，2002[41]），企业控制权配置是由股东大会、董事会、经理层等组成的控制权配置体系。例如王季（2009）[51] 在对股东大会、董事会和经理层三方利益相关者的控制权配置进行分类时，分析了十八种企业控制权配置的类型，并对其治理效率进行研究。朱海英（2014）[52] 指出，在企业的董事会、股东、经理之间，对企业的经营管理权和决策管理权进行配置的过程，构成了企业控制权配置的基础。安维东（2016）[46] 认为，公司控制权配置包括内部控制权和外部控制权两个范畴，内部控制权是股东大会、董事会、经理三个层面之间的控制权配置体系；外部控制权则是控制权市场，外部控制权市场本质上还是通过内部控制权发挥治理机制。因此，其认为企业控制权配置主要是指企业内部控制权的配置情况，应该从股东大会控制权、董事会控制权和经营层控制权三个维度来了解企业控制权配置的内涵。窦炜、马莉莉、刘星（2016）[53] 发现，世界上大多数国家的公司法都是通过设立股东大会、董事会和监事会，以形成三权鼎立的结构来实现控制权在不同权力机关之间的配置。他们认为企业控制权配置是包括股东大会构成与议事规则、董事会构成与决议机制、管理层权力配置及其相互关系的一整套复杂权利配置与分享系统。

此外，还有学者认为，控制权的不同权项是在参与主体间的配置，例如哈特（1995）[42] 认为，剩余控制权对于资产的所有者更有价值，通过优化配置资产所有权或剩余控制权，可以在满足次优条件下实现企业总剩余最大。而且，把控制权配置给那些资产更有价值或者资产的边际产出效率更高的主体时可以形成最优的控制权结构。角雪岭（2007）[54]发现，企业控制权是在企业的不同权利主体之间分配各项权利而形成的控制权配置。蒋哲昕（2010）[55]指出，将企业控制权的不同权项与各权利主体进行匹配的过程就是企业控制权的配置，从而形成八种企业控制权配置类型。傅瑜等（2013）[56]根据最终控制性家族与上市公司核心业务、经营行为的关系，将家族上市公司区分为企业家控制和投资家控制两类。

由于创业企业存在的不确定性、风险投资家与企业家之间存在高度的信息不对称性，投资双方很难签订一份完备的契约。因此，创业企业控制权的配置显得尤为重要，成为企业有效治理的关键，它决定了未被初始契约规定的或有事项出现时谁有权做出相应决策。由于它能够降低风险投资过程中的不确定性和信息不对称性，缓解投资双方因目标不同而出现的利益冲突，学者们开始关注创业企业控制权配置问题。早期的研究主要是基于委托代理的框架展开，随着研究的深入，一些学者开始结合不完全契约理论研究创业企业业控制权配置[57]。

从国内外学者对创业企业控制权配置的研究来看，以陈（Chan，1990）[58]、卡普兰等（2003）[33]、赫尔曼（2006）[12]、格布哈德和施密特（Gebhard & Schmidt，2006）[59]和耶拉米利（2011）[60]等为代表的学者认为，在投资家与企业家之间进行控制权的安排便是创业企业控制权的配置。与一般企业的控制权配置存在差异，创业企业控制权的配置具有"相机"的特征，相机（或状态依存）是指创业企业控制权配置与企业绩效相关[53]，随着企业绩效信号的揭示，企业控制权在企业家与投资家之间动态配置，当企业经营状态或绩效较高时，由企业家拥有控制权；当企业绩效变差时，由投资家拥有控制权。如卡普兰和斯特伦贝格（Kaplan & Strömberg，2003[33]、2004[61]）在研究控制权的配置时发现，创业企业控制权配置状态依存于企业绩效。即如果企业经营状况良好，由企业家掌握企业的控制权，随着企业经营状况变差，控制权会转移到投资家手中。耶拉米利（2011）[60]研究在存在企业家道德风险的情况下，如何进行企业控制权的最优配置。研究发现，仅存在两种最优控制权配置：一个是投资家控制，另一个是相机控制。在相机控制配置下，允许企业家在企业绩效高时保留控制权，但在绩效差时将控制权转移给投资家。陈森发等（2006）[48]发现，随着创业企业的成功，投资家拥有的控制权会逐渐变少，也就是说企业控制权呈现动态配置的特征。李益娟（2016）[30]认为，最优控制权配置是指既能够激励管理者，又能够满足投资者的参与约束。

学者们在对创业企业控制权动态配置进行研究的过程中发现，控制权的相机配置能够发挥对企业家和投资家的激励作用。一方面，控制权相机配置为企业家提供了一种隐性激励机制（付玉秀等，2003[62]），可以有效保护企业家。例如，斯基伊（Skeie，2004）[63]采用理论模型，发现控制权相机配置可以防止企业家被投资家套牢。燕志雄、费方域（2007）[64]认为，相机控制可以防止彼此被对方套牢，即当企业绩效差时，投资家掌握企业的控制权；当企业绩效逐渐变好时，由企业家掌握企业的控制权。

另一方面，控制权相机配置可以保护投资家的利益，避免在企业绩效差时，被企业家套牢。例如，劳剑东、李湛（2004）[65]研究通过控制权的配置和金融工具的使用对避免投资家被企业家套牢等有积极的作用。布鲁格曼等（2008）[66]比较投资家控制配置、企业家控制配置以及独立董事控制配置时发现，由独立董事拥有控制权可以减少企业家套牢问题，有效实现公司治理。张波等（2016）[67]通过构建控制权动态配置模型，并采用数值分析，确定能够使投资家和企业家达到次优努力水平的控制权配置方式及其激励机制。研究表明，通常情况下以企业绩效为信号的相机控制是最优的，当且仅当投资家和企业家之间讨价还价能力悬殊时，由讨价还价能力弱的一方拥有控制权是最优的，研究结论验证了风险投资中广泛采用相机控制的合理性。

除了对创业企业控制权配置的内涵、特性进行研究，有学者也研究了在创业企业控制权配置的过程中，控制权应如何取值，对此，存在两种截然不同的观点：一种认为，创业企业的控制权是"0-1"的离散变量，不可分割，控制权的配置具有单边控制的特性（陈等，1990[58]；Berglöf，1994[68]；Aghion & Bolton[5]，1992；Aghion & Tirole，1997[44]；Hellmann，2006[12]；Yerramilli，2011[60]），控制权由企业家或投资家拥有。另一种观点则认为，创业企业的控制权是一个连续变量，由投资双方共同拥有，具有联合控制的特性，例如卡普兰和斯特伦贝格（2003[33]、2004[61]）、基里连科（Kirilen-ko，2001）[69]、乌赫科宁（Vauhkonen，2002）[70]、吉恩·艾蒂安德贝蒂涅斯（Jean Etienne de Bettignies，2008）[49]、切斯托内（Cestone，2014）[71]等的观点，认为从企业控制权是离散变量的角度，控制权的配置由投资家控制、企业家控制和相机控制构成；而从企业控制权是连续变量的角度，可以用持股比例、股权离散度（党兴华等，2008[72]；侯剑平，2012[73]）等变量来衡量创业企业控制权配置。吉恩·艾蒂安（2008）[49]通过比较企业家控制、投资家控制与联合控制等三种企业控制权配置，研究了普通股、债券、可转换优先股等金融工具在控制权配置契约中的作用[74]。

基于上述学者的研究成果，本书将创业企业控制权配置界定为：在风险投资家与企业家之间配置控制权的过程。考虑到联合控制配置有可能会出现事后套牢问题（Aghion & Bolton，1992[5]），联合控制配置下，无法在满足企业家和投资家激励约束、参与约束的同时，实现企业价值最大化，实现创业企业控制权配置的最优。因此，本书基于控制权是"0-1"的离散变量的假设，从企业家控制配置、投资家控制配置和相机控制配置的视角，研究创业企业控制权配置。相机控制配置是指哪一方拥有控制权取决于未来关于企业经营状态或绩效信号的揭示，先由企业家或投资家中的任意一方掌握企业控制权，然后依据企业经营状态或者经营绩效而对企业控制权进行再配置（Vauhkonen，2002[70]；George & Schmidt，2006[59]）。有关控制权配置的分类及来源见表2-1。

表2-1　　　　　　　　　创业企业控制配置分类及其来源

控制配置类型	主要研究者（来源）
企业家控制	Thomas Hellman，1998[35]；Jukka Vauhkonen，2002[70]；Jean Etienne，2008[49]；Vijay Yerramilli，2011[60]；Sridhar Arcot，2014[75]
投资家控制	
相机控制	Jukka Vauhkonen，2002[70]；Gebhard & Schmidt，2006[59]；朱心来，2007[76]，2008[77]；燕志雄、费方域，2007[64]；Vijay Yerramilli，2011[60]；Sridhar Arcot，2014[75]
联合控制	Jukka Vauhkonen，2002[70]；Giacinta Cestone，2014[71]；Vijay Yerramilli，2011[60]；Jean Etienne，2008[49]

2.2
创业企业控制权配置及其影响因素研究

由于创业企业内外部环境存在很多的不确定性，以及创业企业家与投资家之间存在高度的信息不对称，企业家与投资家不可能签订一份完备的契约，这就使得创业企业的控制权随着企业的发展以及受各种因素的影响，在投资家与企业家之间进行转移与配置。因此，本节首先对创业企业家与投资家在投资过程中的控制权配置理论模型进行研究，然后对企业控制权配置过程中受到的影响因素进行分析，为进一步研究创业企业控制权配置的机理奠定良好的基础。

2.2.1 创业企业控制权配置的相关研究

目前，国内外学者对创业企业控制权配置进行的研究形成了许多有价值的研究成果，综合起来，主要集中在两个方面：通过构建理论模型和使用经验数据进行研究。研究在什么条件、哪些因素的影响下，哪种控制权配置可以实现最优，即哪一方拥有控制权可以实现企业家与投资家收益的最大化。

2.2.1.1 创业企业控制权配置理论研究

目前，国内外学者通过构建理论模型，研究创业企业控制权配置如何实现最优。在创业企业空制权配置方面，主要存在两种截然不同的观点：一种认为创业企业的控制权是"0-1"的离散变量，控制权由企业家或投资家拥有，具有单边控制的特性。另一种以基里连科[69]、德贝蒂涅斯[49]等为代表，认为创业企业的控制权是一个连续变量，由投资双方共同拥有，具有联合控制的特性。

在控制权是离散变量的假设前提下，学者们通过比较企业家控制、投资家控制、相机控制等控制权配置方式，研究在什么条件下，哪种控制权配置可以实现最优。研究发现，相机控制配置与可转换证券等金融工具的结合有可能会实现创业企业控制权配置最优。例如，阿洪和博尔顿（1992）[5]研究在受到财富约束的企业家和仅关心货币收益的投资家之间如何针对企业控制权进行合理的配置时发现，如果投资双方之间存在很大的利益冲突，那么相机控制配置可以实现最优。赫尔曼（1998）[35]对投资家用职业经理人替代企业家的情况进行分析，发现投资家具有的谈判能力越强，就越有可能掌握企业的控制权，替换企业家的可能性就越大。格布哈德等（2006）[59]通过构建模型证明可转换证券和相机控制配置的结合能够实现企业家与投资家的有效投资。赫尔曼（2006）[12]在研究如何缓解投资双方存在的双边道德问题时发现，企业控制权的相机配置会对投资机构的退出方式产生影响。乌赫科宁（2002）[70]通过建立三阶段、三信号的控制权模型来研究企业控制权的动态配置，并证明相机控制权配置优于其他配置。耶拉米利（2011）[60]研究在存在企业家道德风险的情况下企业家与投资家之间的控制权配置如何实现最优，发现仅存在两种最优控制权配置，即投资家控制和相机控制，在企业绩效增高或者投资家谈判能力增强时，相机控制配置是最优的，即在企业业绩较高时，由企业家拥有企业控制权，反之，由投资家拥有企业控制权。布鲁格曼（2012）[38]建立了企业家和风险投资家之间的融资契约模型，由于契约是不完备的，不能完全协调企业家和投资家之间的利益。因此，企业董事会席位的分配变得特别重要。与公正的独立董事分享董事会席位可以防止投资双方的机会主义行为。张波等（2016）[67]通过构建控制权动态配置模型，并采用数值分析，确定能够使得投资家和企业家达到次优努力水平的控制权配置方式及其激励机制。研究表明，通常情况下以企业绩效为信号的相机控制是最优的，当且仅当投资家和企业家之间讨价还价能力悬殊时由讨价还价能力弱的一方拥有控制权是最优的。研究结论验证了风险投资中广泛采用相机控制的合理性。赫尔穆特·贝斯特和丹尼尔·克拉默（Helmut Bester & Daniel Krähmer, 2017）[78]研究如何在不具有信息的委托方和拥有信息的代理方之间进行权力的分配，在不完全契约和信息不对称的环境中引入退出选择权。研究表明，将项目决策的权力分配给知情的一方，而不是不知情的一方，无疑是最优的，这为"权力应该属于知情方"的观点提供了一个新的解释：而退出权应该属于不知情的一方，不知情的一方可以受到退出选择权的保护。安德里乌和彼得·格罗（2018）[79]通过构建一个两阶段模型，比较了有财务约束（积极、专业）的投资家与没有财务约束（消极、一般）的投资家在对创业企业投资时的企业控制权配置。他发现，如果投资家没有受到财务约束，那么创业企业的控制权应由投资家拥有；如果投资家受到财务约束，那么企业的控制权应由企业家拥有。

在假设控制权是连续变量的基础上，学者们在研究联合控制权配置方面，通过比较企业家控制、投资家控制、相机控制、联合控制等控制权配置方式，研究在什么情况下，哪种控制权配置可以实现最优。研究发现，在企业受到财富约束、风险投资家具有较强的谈判能力的情况下，联合控制有可能优于单边控制，实现控制权最优配置。例如基里连科（2001）[69]将控制权看作［0，1］的连续变量，认为控制权配置是双方博弈的结果。他构建了投资家与企业家之间的两阶段不完全信息动态博弈模型，通过模型证明最优控制权借助控制权竞争市场或双边谈判程序能被执行。王雷、党兴华等（2010）[80]通过比较联合控制与相机控制配置发现，在投资家投入的资金较多、实施干预的成本较高、再谈判中的谈判能力较强、拥有控制权带给企业家的私人收益较高时，联合控制严格优于相机控制。耶拉米利（2006）[13]在研究投资家控制、企业家控制、相机控制以及联合控制配置时发现，对于财务宽松的企业来说，企业家控制是可行的和最优的；对于财务紧缩企业来说，投资家控制是有效的；对于财务紧缩和存在较大利益冲突的企业来说，联合控制优于投资家控制和企业家控制；在满足投资家讨价还价能力较强等条件时，联合控制严格优于相机控制。吉恩·艾蒂安（2008）[49]研究了普通股、债券、可转换优先股等金融工具如何影响创业企业控制权的配置。

2.2.1.2 创业企业控制权配置经验研究

目前，国内外学者大多通过构建理论模型来研究企业控制权配置，然而还有少数学者使用数据进行经验研究，对理论研究的结论进行检验。例如，卡普兰和斯特伦贝格收集了 119 个风险投资契约的数据，检验如何设计风险投资契约条款，配置创业企业的控制权等。其中，卡普兰和斯特伦贝格

(2003)[33] 用企业的投票权与董事会席位权来衡量企业的控制权，发现创业企业控制权配置状态依存于企业绩效。卡普兰和斯特伦贝格（2004）[61] 进一步选取 67 家风险投资契约的样本数据，研究企业的风险类型如何影响控制权的配置，发现企业内外部风险的变化均显著地增加了风险投资家在董事会中的控制权。比安和瓦尔兹（Bienz & Walz，2007）[81] 运用德国 464 家风险投资数据，在研究企业日常经营决策权和控制权如何配置的问题时发现，企业的控制权和经营决策权会随着时间的变化进行演化和配置。投资家将日常经营决策权转移给企业家，其获得有价值的退出决策权；风险投资家参与企业的时间越短，其拥有的控制权会越多。

综上所述，国内外学者通过理论研究与经验研究，对创业企业控制权配置进行了深入研究。但是，由于各个学者研究视角、构建的模型以及选取的样本不同，使得研究结果存在差异，没有哪一种控制权配置绝对占优，在不同的条件、不同因素的影响下最优控制权配置会随之发生转变。同时，学者们也认为，由于有限理性的假设以及交易存在可观察但不可描述的问题，在不完全契约条件下，很难实现企业控制权最优配置，正如哈特等认为的那样，能够获得最大盈余的控制权配置就是相对较优的配置，尽管它不是最优的。

2.2.2　创业企业控制权配置的影响因素分析

创业企业控制权如何配置是学者一直关注的问题。他们发现，很多的因素均会对控制权配置产生或大或小的影响，例如风险投资投入的资金、具备的管理经验和技能、提供的增值服务质量、创业企业家拥有的创意和关键技术以及投资过程中金融工具的选择等。本节分别从创业企业（家）特征、风险投资家特征以及风险投资契约条款设计等方面研究这些因素如何影响创业企业控制权的配置。

2.2.2.1　创业企业（家）特征层面

创业企业（家）层面的特征主要包括企业家声誉、能力，以及企业家与投资家在投资过程中付出的努力水平，还有企业家在与投资家进行再谈判过程中所具有的讨价还价能力等方面因素。除此之外，创业企业的绩效、企业的清算价值也会对控制权配置产生影响。企业家声誉的高低、能力的大小、付出的努力水平的高低、再谈判过程中讨价还价能力的强弱以及企业绩效的高低、清算价值的大小会对企业家产生不同的激励约束效应，进而影响企业家能否获得控制权以及获得多大比例的控制权。

（1）企业家声誉对企业控制权配置的影响。创业企业家的声誉是其长期积累的结果，也是企业家拥有创新能力、开拓精神和管理能力的一种重要证明。企业家声誉能够对企业绩效和企业家行为产生重要的影响，作为激励企业家的声誉机制，能够给企业家带来有效的隐性激励。同时，企业家的声誉对创业企业中的控制权配置产生重要的影响。学者们通过研究发现，如果企业家声誉越高，那么企业家拥有的控制权越多，越有可能实现企业家控制；否则投资家拥有的控制权越多，则实现投资家控制。例如德克·德等（Dirk De et al.，2008）[82]在研究公司风险投资机构在向创业企业投资时发现，声誉和参与企业的程度能够对风险投资机构控制企业的方式产生影响。李金龙、费方域（2006）[33]在分析影响创业企业控制权配置的因素时发现，如果企业家声誉越差、企业家通过控制权获得的私人收益越多、企业成功率越低等，那么投资家获得的控制权会越多。张岚等（2003）[84]研究发现，创业管理团队声誉好坏等因素影响着创业企业控制权的配置。吴斌等（2010）[85]在研究企业管理层自身的特征如何影响企业控制权的配置时发现，企业高管受教育程度、年龄会显著影响投资家拥有的控制权。王雷、党兴华等（2010）[80]建立了企业控制权配置的两阶段模型，研究企业家的自有资金、经营企业获得的非货币收益、企业家和投资家的专用化投资等因素影响企业控制权的配置，发现在初始阶段，企业家的声誉越高、能力越强，投资家获得的控制权越少。

（2）企业家能力、经验对企业控制权配置的影响。创业企业的发展主要依赖拥有专业知识的人力资本，企业需要各类管理和专业技术人才，他们对企业发展产生的作用愈发重要。因此，风险投资通常通过投资契约条款的设计来激励和约束创业企业的管理和技术人员，促使他们加大对企业的贡献。与此同时，与发展成熟的企业有所区别的是，创业企业建立在人力资本的基础之上，企业家才能作为一种生产要素具有专用性和专有性的特点。因此，对于整合企业资源的企业家，需要赋予其相应的控制权。

在向创业企业家分配企业的控制权时，企业家对企业的创新性和自身的能力自信心越强，其向投资家转移的控制权会越少，越有可能实现企业家控制。此外，创业企业在进行融资时，企业家人力资本的数量等因素也会对企业控制权的配置产生影响。例如，陈等（1990）[58]发现，企业家的专业技术水平越高，其拥有的企业控制权就越多；反之，投资家会拥有更多的企业控制权。赫尔曼（1998）[35]分析，当外部职业经理人的生产效率高于创业企业家时，投资家具有的谈判能力会较强，其拥有的控制权发生转移的可能性就越大。史蒂芬等（Steffen et al.，2006）[86]以 IT 行业为例，发现企业家的智力资本会影响企业家与投资家之间的控制权配置。陈森发等（2006）[48]在建立关于企业控制权的模型时发现，创业企业家和投资家的能力会影响企业控制权的配置，投资家能力越强，其拥有的企业控制权会越多，反之，企业家拥有的控制权会越多。马西莫等（Massimo et al.，2009）[87]在研究企业家和风险投资各自特征影响意大利的 439 家创业企业的成长时发现，企业家的能力会影响到企业控制权的配置。李云飞、周宗方（Yunfei Li & Zongfang Zhou，2012）[88]在研究影响企业控制权配置的因素时发现，企业家自有资金越多、创新能力越强，企业家拥有的控制权会越多。王春艳等（2016）[89]研究发现，创始人获得或保持控制权的最重要来源是：基于财务性资源的股权带来的投票权，由其他非股东的利益相关者的权力分享，以及由于专用性知识投资形成的对公司竞争优势具有重要影响作用的专家权力。王雷（2016）[90]以公司风险投资支持的 110 家不同行业上市企业 3 年数据为样本，运用面板数据混合回归模型，实证检验控制权收益、企业家人力资本及其交互项对中国经济背景下公司风险投资支持企业两类控制权配置的影响。高闯、张清（2017）[91]研究发现，控制权初始配置受到创业企业家的资金、创意、自身能力以及企业家风险偏好和风险投资家投资偏好的影响。创业企业家可以在创业时拥有实际控制权，也可以在企业成长过程中丧失实际控制权，需要根据其所拥有的自有资金、创意、关键技术和能力等来决定其是否拥有企业实际控制权。

（3）企业家努力水平对企业控制权配置的影响。从激励约束的角度来分析，控制权配置就像报酬激励机制，可以作为创业企业吸引企业家和风险投资家的一种激励因素，即把企业的控制权是否进行分配、分配后如何进行约束，作为保障投资家的投资安全、回馈企业家付出高努力水平的一种重要的方式。

在风险投资过程中，企业家的努力水平会影响企业成功和风险投资收益的安全（吴萌、颜绍永，2013[92]）。因此，企业家与投资家签约之后，为了提升企业绩效，获得更多控制权，享有更高的控制权收益，会选择提高自身的努力水平。陈等（1990）[58]发现，企业经营状态的好坏直接受到企业家努力水平的影响，如果企业家付出的努力水平能够有效提升企业绩效，那么，企业家拥有的控制权会更多。赫尔曼（2006）[12]在研究可转换证券如何影响创业企业退出决策权时发现，企业家付出的努力水平能够影响企业的成功。给予企业家激励和通过董事会进行监督，可以保障投资家的利益免于被企业家损害（Hermalin & Weisbach，2003[93]；Murphy，1999[94]；施莱弗和维什尼，1997[32]）。燕志雄、费方域（2007）[64]通过引入企业家的事前努力水平这一变量，分析了为什么控制权在企业自然状态差时转移给投资家。德贝蒂涅斯（2008）[49]构建模型研究了风险投资家和企业家联合控制企业的情形，并发现当企业家和投资家的努力水平高度互补时，联合控制配置较优。钟田丽等（2010）[95]构建创业企业最优融资契约模型，发现企业家转移给投资家的剩余控制权受到企业家付出的努力水平、投资家的控制权实施成本和实现度等因素的影响，投资家的最优控制权是企业家努力水平的增函数，否则是企业家努力水平的减函数。王雷、党兴华等（2010）[80]建立了两阶段企业控制权配置模型，发现在中期信号显示阶段，企业家付出的努力水平越高，其获得的企业控制权会越多。高闯、张清（2017）[91]研究发现，控制权是影响创业企业成长的关键因素，主要通过影响企业家努力水平、自身能力和投资家监督水平等发挥作用，在这一过程中，通过双方力量的变化来调整控制权的配置。马尔科斯·维加拉等（Marcos Vergara et al.，2016）[96]在研究风险投资和企业家的关系时发现，当投资家和企业家的努力水平可以相互替代时，随着风险投资获得的股份的增加，企业家的努力水平会降低；而随着风险投资获得的现金流的增加其付出的努力水平也会提高；而当双方的努力水平互补时，提高互补的努力水平，风险投资获得的股份会随之增加。安德里乌和彼得·格罗（2018）[79]通过构建两阶段模型，发现控制权的配置受到企业家与投资家努力水平、投资家财务约束、项目成功率、项目清算价值等的影响。

（4）企业家具有的讨价还价能力对企业控制权配置的影响。企业家与投资家在合作过程中，会根据各自进行的专用性投资与专有性投资，以及各自付出的努力水平等，在谈判过程中处于不同的地位，拥有不同的讨价还价能力，从而决定各自获得多大比例的创业企业控制权。企业未来前景越好，企业家讨价还价能力越强（Stefano Caselli et al.，2013）[97]，其拥有的控制权会越多，就越有可能实现企业家控制。马修·希金斯（Matthew J. Higgins，2007）[98]在研究生物技术企业与医药企业联盟中的控制权配置时发现，生物技术企业与医药企业各自具有的谈判能力会影响企业控制权的配置。施密茨（Schmitz，2008）[99]发现，由于投资双方签订的投资契约是不完全的，再谈判过程中企业家谈判能力的高低以及其私有信息的存在均会导致出现套牢风险，最终会影响企业家与投资家之间控制权的配置。耶拉米利（2011）[60]在研究存在企业家道德风险的情况下，企业控制权如何实现最优配置。研究发现，当企业家相对投资家的谈判能力较强时，投资家控制配置会优于控制权的相机配置；当企业家谈判能力相对较弱时，相机控制严格优于投资家控制。崔鼎昌、曾楚宏（2014）[100]认为，按照产权理论的观点，企业控制权配置的目标是节约交易成本，影响企业控制权配置的直接因素是各个要素所有者基于其拥有的生产要素的相对重要程度所形成的讨价还价能力。张波、王倩茹、张根明（2016）[67]通过构建控制权动态配置模型，并采用数值分析，确定能够使得投资家和企业家达到次优努力水平的控制权配置方式及其激励机制。研究表明，通常情况下以企业绩效为信号的相机控制是最优的，当且仅当投资家和企业家之间讨价还价能力悬殊时由讨价还价能力弱的一方拥有控制权是最优的。乌米特·奥兹梅尔等（Umit Ozmel et al.，2017）[101]发现，企业在联盟网络中的地位，影响着联盟伙伴的地位，是企业与现有联盟伙伴讨价还价能力的重要来源。这会影响高新技术联盟契约价值获取权的事前分配，显著的网络地位可以为企业增加替代合作伙伴的可能性，从而提高企业的讨价还价能力，使企业相对于其合作伙伴获得更多的价值获取权。

（5）企业绩效对企业控制权配置的影响。创业企业的控制权通常是伴随着企业的经营状态、企业业绩等的变化在投资家与企业家之间动态地转移与配置，即企业家与投资家根据企业发展到一定时期时，企业经营状态的好坏、企业绩效的高低以及项目成功概率的高低进行再谈判，双方再谈判的结果主要是根据揭示出来的企业自然状态而产生，而企业的自然状态能够用财务指标（例如企业的利润、净收益、企业成功的概率等），也可以用非财务指标（例如专利、新产品投放市场等企业发展过程中的一些重要成果）来反映。学者们研究发现，当企业绩效较高时，企业家会拥有较多的控制权，实现企业家控制；当企业绩效较低时，投资家会拥有较多的控制权，实现投资家控制。

冈帕斯（Gompers，1997）[102]发现，有38%的创业企业会在契约目标实现之后将控制权由投资家转移给企业家。乌赫科宁（2002）[70]研究发现，如果将企业的绩效与企业控制权结合起来，可以动态配置企业控制权。当关于企业绩效的信号被揭示为"差"时，投资家拥有企业控制权；如果关于企业绩效的信号被揭示为"中"，那么投资双方联合控制企业；如果关于企业绩效的信号被揭示为"好"，那么企业家拥有企业控制权。卡普兰和斯特伦贝格（2003[33]，2004[61]）在研究风险投资契约设计过程中的控制权配置时发现，企业控制权的配置严格状态依存于企业绩效。当企业绩效相对较低时，由投资家掌握着企业控制权；随着企业绩效逐渐变好，企业控制权会转移给企业家。尹哲（2008）[103]建立了控制权配置模型，发现企业成功率与投资家拥有的控制权比例呈反向相关性，即企业成功率越高，企业家拥有的控制权越多，投资家拥有的控制权越少。特里安蒂斯等（Triantis et al.，2007）[104]发现，如果从企业获得的投资回报较高，那么投资家会减少持有企业控制权；而当企业的投资回报率较低时，投资家会要求获得更多的企业控制权。王雷、党兴华等（2010）[80]研究发现，在中期信号显示阶段，企业成功率越高，企业中期绩效越高，投资家获得的控制权越少。耶拉米利（2011）[60]研究了存在企业家道德风险的情况下，企业控制权如何进行最优配置。研究发现，在相机控制配置方式下，允许企业家在企业绩效高时保留控制权，但在绩效差时将控制权转移给投资家。王声凑、曾勇（2011）[105]在阶段化融资的情形下，发现当企业未来发展良好时，企业家控制配置能够实现最优；而当企业未来发展前景不太乐观时，投资家控制配置能够实现最优。伊戈尔·萨利茨基（Igor Salitskiy, 2014）[106]研究创业企业融资过程中如何配置控制权和现金流权，发现当企业绩效较高时，企业家获得较多的现金流权和控制权，反之，投资家获得较多的现金流权和控制权。詹斯伯查特等（Jens Bur-chardt et al., 2014）[107]发现，如果创业企业实现预期绩效，企业家保留控制权，并获得与绩效相关的收益；如果企业绩效不好，则需要根据企业财务或非财务绩效，分配控制权给风险投资家可以增强其对企业的影响。高闯、张清（2017）[91]通过构建企业实际控制权争夺的理论模型，发现在不确定因素的影响下，创业企业家的风险偏好和投资家的投资偏好会影响企业控制权的初始配置。控制权的配置是由企业成长过程中绩效的高低程度决定的，即当企业绩效较高时，企业家控制较优；当企业绩效较低时，投资家控制较优。

（6）企业清算价值对企业控制权配置的影响。企业清算价值主要是通过影响投资家与企业家在清算过程中所分配的清算收益，从而影响企业家与投资家的各自期望收益与企业绩效，进而影响双方的决策，最终影响创业企业控制权配置。目前，国内外学者针对企业清算价值影响创业企业控制权配置的研究相对较少，并且由于学者们使用的研究方法以及构建的理论模型不同，研究结果存在一些差异。

耶拉米利（2011）[60]研究了存在企业家道德风险的情况下，企业控制权如何进行最优配置。发现当企业清算价值较高时，相机控制配置可能实现最优。纪尧姆和亚历山大（Guillaume & Alexander, 2013）[37]通过构建两阶段模型，比较了有财务约束与没有财务约束的投资家对创业企业控制权配置的影响，发现随着企业清算价值的增加，投资家拥有的控制权会增多。王雷、党兴华等（2009）[18]在比较相机控制与联合控制配置的适用范围与影响因素时发现，创业企业清算价值较高时联合控制配置优于相机控制配置。

2.2.2.2 风险投资家特征层面

在风险投资过程中，风险投资家不仅向企业提供创业企业经营所需的资金，还会提供诸如监督、咨询、管理支持等有价值的增值服务。风险投资家的这些特征，例如投资额、提供的管理监督等增值服务、再谈判过程中的讨价还价能力以及声誉等，不仅可以影响企业的业绩，也能够改变企业家与投资家之间控制权的配置。此外，有少数学者发现风险投资家由于向创业企业投入的资金、提供的增值服务，以及与企业家签订的契约条款和期限的不同，往往会呈现不同的类型，而不同类型的风险投资家又会对创业企业控制权配置产生不同的影响。

（1）风险投资家的投资额对企业控制权配置的影响。创业资金的投入不仅可以缓解企业的融资压力，同时风险投资的介入与控制权在企业不同的成长阶段产生不同的变化，也使得企业治理机制变得更加完善。因此，投资家投资额的大小会对其是否拥有控制权与拥有多大比例的控制权产生影响，并且最终会影响企业控制权的配置。随着投资家投入创业企业资金的增多，企业控制权的配置会由企业家控制转向相机控制和投资家控制。例如，燕志雄、费方域（2007）[64] 研究发现，风险投资家投资金额的多少能够影响企业控制权的安排，应根据企业经营状态来决定均衡的控制权配置是企业家控制，还是投资家控制，或是相机控制。赫尔曼（2006）[12] 发现，投资家投资金额的多少会影响企业控制权的配置：如果投资额较少，无论投资家和企业家谁拥有控制权，均可实现最优契约；如果投资额较多，相机控制配置可以实现最优。卡明和约翰（Cumming & Johan，2008）[108] 使用 11 个欧洲国家的223 个风险投资的数据进行研究时发现，投资家的投资额等因素会影响投资家拥有的控制权。王培宏等（2008）[109] 构建了多阶段风险投资时序模型，对控制权转移进行研究，发现投资家投资金额越高，由企业家向投资家转移的控制权越少。王雷、党兴华等（2010）[80] 建立了两阶段企业控制权配置模型，发现在中期信号显示阶段，投资家投入的资金越多，其获得的控制权会越多。斯特凡诺·博尼尼等（Stefano Bonini et al.，2012）[110] 对来自 5 个国家和 2 个地区（欧洲和美国）的 164 家公司进行调查，发现风险投资投入的资金与高管薪酬、董事会决策和任命等因素之间存在着很强的正向关系。高闯、张清（2017）[91]研究发现，控制权初始配置受到风险投资家的风险资金、制度环境，以及创业企业家风险偏好和风险投资家投资偏好的影响。

（2）风险投资家提供的增值服务对企业控制权配置的影响。与传统金融中介相比，风险投资进入创业企业之后，除了会向企业提供资金，还会向创业企业提供增值服务与监督控制。增值服务和监督控制是风险投资机构对创业企业提供价值增值的两种途径。一方面，风险投资会凭借自身的行业专长、经验和自身的资源禀赋在市场开拓、公司治理以及经营战略制定等方面提供增值服务给创业企业，向创业企业推荐高级管理人员，甚至直接派驻高管，通过积极参与创业企业的经营管理活动为企业创造价值（Rosenstein et al.，1993[111]；Tian et al.，2016[112]），从而提高创业企业的价值。另一方面，为了降低代理风险和减少不确定性，风险投资家还会对创业企业实施监督控制，通过设置各种控制权（投票权、未来融资权、退出选择权）进行投资后的监控，并识别各种风险；也会强化其在创业企业董事会中的地位和作用，实施对企业的监督；还会对创业企业进行尽职调查，引入第三方机构进行风险评估（例如律师事务所）（董静、汪江平、翟海燕、汪立，2017）[113]；还会基于自身经验和分散投资风险的考虑，联合其他风险投资机构共同投资；等等。

由于提供了上述增值服务，为了从企业获得更高的收益，投资家需要获得更多的企业控制权，所以风险投资家带来的增值服务会影响企业控制权的配置。随着投资家提供的增值服务的增多，创业企业有可能为了避免被投资家过多干预，而给予企业家较多的控制权。卡萨马塔（2003）[11]发现，创业企业往往希望从风险投资获得资金，因为他们可以在获得资金的同时获得增值服务。邢斐（2005）[114]发现随着投资家监督能力的增强，其会转移给企业家更多控制权。达万－方谢乌等（Dwan-Fang Sheu et al.，2007）[115]等研究发现，风险投资家提供的监督服务质量会对企业董事会的构成和企业所有权的结构产生影响。埃尔德里奇（Eldridge，2007）[116]发现，风险投资给企业带来的增值服务能够决定企业控制权的配置，如果投资家与企业家能够保持良好的关系，投资家会将企业重要的决策权分配给企业家。博塔齐等（Bottazzi et al.，2008）[117]在研究影响投资家更好地发挥咨询作用的因素时发现，经验丰富的投资家在聘用高管层经理和提供咨询服务方面的作用更大。敕市（Dessí，2005）[118]分析投资家的多重角色——资金供给者、监督者和咨询服务者，研究如何配置企业家和投资家之间的现金流权和控制权。本特松和申索伊（Bengtsson & Sensoy，2011）[119]研究契约设计如何与投资家提供监督和增值服务的能力相关，发现越有经验的投资家，越有能力参与到创业企业的董事会中，获得较少现金流权。切斯托内（2014）[71]在分析投资家向创业企业提供增值服务的过程中，分别研究投资家提供的咨询、支持服务以及对企业家的干预可能给企业控制权、现金流权配置带来哪些影响，发现如果投资家提供的增值服务较多，企业家应该拥有较多的控制权，这样可以避免被投资家过度干预。玛丽亚·罗萨里奥·科雷亚和拉克尔·F. 梅内塞斯（Maria Rosario Correia & Raquel F Ch Meneses，2017）[120]研究了 15 家葡萄牙风险投资机构可转换证券和控制权契约的使用情况。发现小型、私营和经验丰富的风险投资更有可能使用控制权契约，使企业家与风险投资家的利益相一致。

（3）风险投资家具有的讨价还价能力对企业控制权配置的影响。在配置创业企业的控制权时，企业家与投资家针对控制权配置进行博弈的结果取决于双方的谈判能力，这是一个动态的博弈过程。控制权的配置是平衡人力资本特性变化所引起事后谈判能力的重要治理工具，对消除创业企业发展过程存在的双边道德风险、套牢问题发挥着重要的作用。随着投资家讨价还价能力的增强，为了避免企业家被投资家套牢，企业家会要求获得更多的控制权。赫尔曼（1998）[35]发现，当外部职业经理人的生产效率高于创业企业家时，投资家具有的谈判能力会较强，其拥有的控制权发生转移的可能性较大。施密茨（2008）[99]发现，由于投资双方签订的契约是不完全的，再谈判过程中企业家相对于投资家的谈判能力的高低以及其私有信息的存在均会导致出现套牢风险，最终会影响企业家与投资家之间控制权的配置。卡明和约翰（2008）[108]使用 11 个欧洲国家的 223 个风险投资的数据进行研究，发现国家的法律、投资家具有的讨价还价能力、投资额等均会影响投资家获得的企业控制权。王声凑、曾勇（2012）[39]发现企业家与投资家的再谈判过程中的讨价还价能力将影响控制权的配置，如果投资家的讨价还价能力较强，企业家获得的企业控制权会越多。王雷、党兴华等（2009）[18]比较分析相机控制与联合控制配置结构的适用范围和影响因素，发现如果再谈判过程中投资家具有较强的讨价还价能力，则联合控制配置优于相机控制配置。耶拉米利（2011）[60]研究存在企业家道德风险的情况下，企业控制权如何进行最优配置。研究发现，当投资家讨价还价能力较弱时，投资家控制严格优于相机控制；当投资家讨价还价能力较强时，相机控制严格优于投资家控制。崔鼎昌、曾楚宏（2014）[100]认为，按照产权理论的观点，企业控制权配置的目标是节约交易成本。影响企业控制权配置的直接因素是各个要素所有者基于其拥有的生产要素的相对重要程度所形成的讨价还价能力。张波、王倩茹、张根明（2016）[67]通过构建控制权动态配置模型，并采用数值分析，确定能够使投资家和企业家达到次优努力水平的控制权配置方式及其激励机制。研究表明，通常情况下以企业绩效为信号的相机控制是最优的，当且仅当投资家和企业家之间讨价还价能力悬殊时由讨价还价能力弱的一方拥有控制权是最优的。王雷等（Wang L et al.，2017）[121]研究发现，风险投资家的讨价还价能力和监督成本，企业家的融资需求和私人利益影响企业的控制权结构。

（4）风险投资家声誉对企业控制权配置的影响。风险投资家声誉是在长期的市场交易和反复博弈中形成的，是缓解信息不对称问题的重要机制（Hsu，2004[122]）。同时，投资家的声誉也是其讨价还价能力的重要来源，高声誉将使得投资家在投资契约签订过程中更容易从创业企业获得相对更多的控制权，从而更有可能实现投资家控制。纳哈塔（Nahata，2008）[123]发现，声誉高的风险投资家除了能够向创业企业提供质量较高的增值服务，也可以在企业上市过程中发挥认证的功能；声誉高的投资家还可以选择与其他声誉较高的投资家进行联合，通过联合投资分散投资风险，从而对未来的项目流起关键作用（Kaplan，2005[124]）；声誉高的投资家也可以进入董事会，预防道德风险，提高增值服务的质量（Lerner，1994[125]）；声誉高的投资家还能帮助创业企业成功退出，提高成功退出率（Sirmon et al.，2011[126]）。伊夫特哈尔·哈桑等（Iftekhar et al.，2018）[127]从筹资和投资绩效两个方面研究风险投资是否从成熟上市公司的董事会中获益，发现与其他投资机构相比，声誉高、成熟的风险投资更有可能参与到 S & P 1500 家公司的董事会。因此，声誉对投资家的资源获取、管理监督等会产生积极影响，进而会对投资家具有的讨价还价能力产生影响，最终影响投资家与企业家之间的控制权配置。

（5）风险投资机构类型对企业控制权配置的影响。风险投资机构之间存在异质性。风险投资机构之间的异质性最重要的维度之一是所有权和治理的类型，因为其会影响风险投资机构的投资目标和投资行为，以及提供给创业企业的增值服务。由于投入的资金、提供的增值服务不同，以及与企业家签订契约的条款和期限不同，风险投资机构往往会呈现不同的类型。典型的投资机构是独立的风险投资机构（IVC），其在有限合伙协议下形成。同时，还存在附属于银行、公司等的风险投资机构。目前，学者们主要对不同投资机构的特征进行比较，很少有学者注意到不同投资机构会对创业企业控制权配置产生不同的影响。在比较不同类型的风险投资机构的特征时，有学者发现，独立的投资机构与附属的投资机构向创业企业提供的资金、增值服务以及在契约设计、公司治理等方面存在很大的差异，多数学者认为独立的投资机构能够向企业提供更多的资金和增值服务。例如，赫希和瓦尔兹（2013）[16]发现，独立的投资机构相比附属于大公司的投资机构使用更多的契约机制，使得投资机构能够积极地参与，拥有更多的投票权。博塔齐和赫尔曼等（2008）[117]发现独立的投资机构相比附属的投资机构更积极参与到创业企业中。德贝蒂涅斯和尚拉（de Bettignies & Chemla，2008）[128]研究显示，相比独立投资机构，公司风险投资对于企业的控制不强。切姆马努尔等（Chemmanur et al.，2013）[129]等发现公司风险投资在培育创业企业的创新方面与独立的风险投资存在较大的差异。切斯托内（2014）[71]研究股票类金融工具与控制权的关系时，发现公司风险投资机构比独立的投资机构获得更少的控制权。安德里乌和斯塔利亚诺（Andrieu & Stagliano，2016）[130]通过使用法国风险投资机构的数据，研究企业如何在独立的风险投资机构与附属银行的投资机构之间进行选择。结果显示，投资机构提供的增值服务质量、清算偏好以及风险因素会影响创业企业的选择。萨缪尔·穆尔蒂努和卡明（Samuele

Murtinu & Douglas Cumming，2017）[131]利用 1991~2010 年间 7 个西欧国家的数据进行分析，研究表明，附属银行的投资机构更有可能与独立风险投资机构进行联合投资，涉及附属银行的投资机构的联合投资对 IPO 和并购退出有很大的积极影响。

2.2.2.3 风险投资契约条款设计层面

合理设置风险投资契约中的相关条款，能够有效控制风险投资家在投资过程中面临的风险，其中影响创业企业控制权配置的契约条款主要包括两个方面：一方面是金融工具的选择；另一方面是阶段化投资。

（1）金融工具对企业控制权配置的影响。在风险投资过程中，使用的金融工具主要包括债券、普通股及可转换证券等。国内外学者通过对比普通股、债券和可转换证券等金融工具，研究在使用各种金融工具的情况下如何配置企业控制权，以及将金融工具与控制权结合起来，解决创业企业存在的诸如道德风险、套牢风险、信息不对称等问题，从而对控制权的有效配置产生影响。

早期的研究显示有较低的预期回报的创业企业因为放弃所有权的机会成本较低，所以容易受到普通股的吸引（DeMeza & Webb，1987[132]、1992[133]）；有着较高变动报酬（有巨大价值上升潜力）的创业企业因为放弃所有权的机会成本相对较高，往往受到债券和优先股的吸引（Stiglitz & Weiss，1981[134]）；可转换证券吸引有着较低的变动报酬的企业（Brennan & Kraus，1987[135]）。

已有研究表明，债务融资和股权融资很难解决风险投资过程中存在的委托代理与激励约束问题，这使得可转换证券的作用逐渐凸显。可转换证券具有债券、普通股、优先股的多重特性，能给投资家提供灵活的转换期权。投资家可以在一定条件下将债券或优先股转化成普通股，使得其在投资过程中相机而动，这样一方面可以减少投资失误带来的损失，另一方面可以通过金融工具的转换，分享企业增长收益，从而达到控制风险的目的。

相关研究发现，可转换证券与相机控制权配置相结合能够缓解企业面临的道德风险和套牢风险，对双方形成有效的激励约束，并对创业企业控制权的有效配置产生影响。

切斯托内和怀特（Cestone & White，2003）[136] 指出，企业控制权应该由使用可转换优先股的投资家拥有，而不是由使用普通股的企业家拥有。马克斯（Marx，1998）[137] 认为，通过债权和股权的混合或者通过可转换优先股，投资家可以实现有效的干预，即在企业经营差时实施控制进行干预。敕市（2001）[138] 认为可转换证券以及所附带的控制权条款能够使投资家积极地参与企业管理监督以防止企业家的机会主义行为。阿洪和博尔顿（1992）[5] 发现，相机控制相比企业家控制或投资家控制，能够更好地促使投资双方采取有效的行动，并且，将可转换证券与相机控制有效结合可以实现控制权的最优配置。赫尔曼（2006）[12] 在研究风险投资如何选择最佳的退出方式时发现，在使用可转换证券的情况下，相机控制配置可以实现风险投资的有效退出，并且，如果风险投资家投入企业的资金较少，使用可转换优先股较优；如果投资家投入企业的资金较多，使用参与式可转换优先股最优。格布哈德和施密特（2006）[59] 对风险投资的条件控制权配置进行了研究，发现可转化证券和相机控制权的结合可用来解决冲突。吉恩·艾蒂安（2008）[49] 研究了普通股、优先股、可转换优先股等金融工具在控制权配置契约中的应用。罗慧英（2009）[139] 将可转换证券和相机控制权结合，以解决风险投资中的双边道德风险问题。王声凑、曾勇（2010）[140] 证明了可转换证券和清算权、替换权的相机配置能够解决双方的利益冲突。玛丽亚·罗萨里奥·科雷亚和拉克尔·F. 梅内塞斯（2017）[120] 调查了 15 家葡萄牙风险投资公司的可转换证券和控制权契约的使用情况，结果表明，可转换证券的使用受到预期的双边道德风险问题严重程度的影响。可转换证券不同于控制权契约，是解决风险投资关系中双边激励问题最合适的工具。

此外，学者们发现，在使用可转换证券时，投资家拥有的转换期权使得其在特定条件下可以将债券或优先股转化成普通股，转换条件是上市公司发行的股票价格或者创业企业绩效，两者的区别主要在于创业企业是否上市。对于未上市的创业企业来说，企业家与投资家签订的契约中包括了自动转换条款，该条款剔除了与 IPO 时股票价格的联系。例如，卡普兰和斯特伦贝格发现，研究中使用的 50 个样本中仅一个样本的转换条件与股票价格相联系[28]。勒纳等[141]发现，在创业企业上市之前，投资家使用的可转换证券已转换成普通股。自动转换条款规定可转换证券的转换条件，转换条件通常建立在企业绩效的基础之上，投资家根据企业绩效的高低来决定是否将可转换证券进行转换。例如，郭文新、曾勇（2010）[142]发现，投资家往往根据企业价值的大小来判断可转换证券是否可以转换。

（2）阶段化投资对企业控制权配置的影响。投资家通常不会一次性向企业投资，其会依据企业发展的需要分阶段投入资金。对于企业家来说，因为进行专用性投资，其退出的可能性较小（Neher，1999）[143]，分阶段投资增加了企业家获得未来投资的可能性。此外，分阶段投资作为一种减少代理成本和投资风险的互补机制，可以确保创业企业获得资金。对于投资家来说，阶段化投资能够降低投资风险和委托代理的成本，帮助解决逆向选择和双边道德风险问题，通过影响投资双方的努力水平、信号揭示，配置企业现金流权和控制权，因此使得交易双方传递真实信息，提供最优的努力水平。阿洪和博尔顿（1992）[5]通过构建两阶段控制权配置模型，研究企业家和投资家之间如何进行控制权配置，发现随着企业绩效信号的变化，企业控制权会随之发生改变。乌赫科宁（2002）[70]建立了"三状态、三信号、三行动"的信号依存相机控制权配置模型，发现相机控制权配置优于其他控制权配置。安德里乌（2011）[14]建立了两阶段动态模型，研究两类投资家与企业家之间的控制权配置。王声凑、曾勇（2010）[140]构建理论模型，研究如何根据信号进行控制权的配置，解释了控制权阶段转移的特征。

国内外学者关于企业控制权配置影响因素的汇总见表2-2。

表2-2　　　　　国内外学者关于企业控制权配置影响因素汇总

序号	影响因素	来源
1	信息不对称的非对称性	Grossman & Hart, 1988[144]；郝宇，2005[145]；朱心来等，2003[146]；朱心来，2006[147]
2	创业企业家/创业团队努力水平	Chan, Siegel & Thakor, 1990[58]；Zender, 1991[148]；张维迎，1999[149]；张勇、吴传文，2005[150]；李金龙，2006[83]；郝宇等，2005[145]；燕志雄、费方域，2007[64]

续表

序号	影响因素	来源
3	创业企业家能力、技能水平	Chan，Siegel & Thakor，1990[58]；郝宇等，2005[145]；邢斐，2005[114]；欧阳凌、欧阳令南、周红霞，2005[151]
4	讨价还价能力、决策能力	Berglöf，1994[68]；郝宇等，2005[145]；陈森发、刘瑞翔，2006[48]；Cumming & Atiqah，2008[108]；Matthew，2007[98]；Patrick W. Schmitz，2008[99]；Stefano Caselli et al.，2013[97]；Igor Salitskiy，2014[106]
5	证券设计、金融工具的选择	Harris & Raviv，1988[152]；Gompers，1997[102]；Bergemann & Hege，1998[153]；Bascha & Walz，2001[154]；Dessí，2001[138]；燕志雄、费方域，2007[64]；Jean Etienne，2008[49]；Cinthia，2007[155]；Sridhar Arcot，2014[75]
6	公司治理结构、治理机制	张维迎，1999[149]；李心合，2003[156]；张兆国，2004[157]
7	创业企业经营业绩	Andrei Kirilenko，2001[69]；Kaplan & Stromberg，2003[33]；Jukka Vauhkonen，2002[70]
8	风险投资家提供的增值服务、投资战略与战略收益	Clement & Bee，2004[158]；Dwan-Fang Sheu & Hui-Shan Lin，2007[115]；Derek Eldridge，2007[116]；Laura Lindsey，2008[159]；Nahata，2008[123]；Masulis & Rajarishi，2009[160]
9	环境不确定性	李金龙等，2005[161]；Yong Li，2008[162]
10	创业企业家、管理团队声誉	李金龙等，2006[83]；Dirk，Sapienza & Zaheer，2008[82]
11	投资家的监督能力	邢斐，2005[114]
12	投资家类型	Andrieu & Staglianò，2016[130]；Julia & Walz，2013[16]；Cestone，2014[71]；de Bettignies & Chemla，2008[128]
13	企业家融资时所拥有的非人力资产数量	张帏等，2003[163]；欧阳凌、欧阳令南、周红霞，2005[151]
14	企业家运营企业时的非货币收益大小	张帏等，2003[163]；欧阳凌、欧阳令南、周红霞，2005[151]
15	现金流优先权、剩余索取权	Kaplan & Stromberg，2003[33]；燕志雄、费方域，2007[64]；Cumming & Atiqah，2008[108]；Salomons & Elmer，2009[164]；Greg，Smith & Sufi，2009[165]
16	企业家财富约束	燕志雄、费方域，2007[64]

序号	影响因素	来源
17	企业家人力资本特征	Kaplan & Stromberg, 2004[61]；Steffen, Kort & Dockner, 2006[86]；Massimo, Colombo & Grilli, 2009[87]
18	参与者风险态度	Holmstrom & Milgrom, 1994[166]；张维迎, 1994[167]；杨瑞龙、周业安, 1998[168]；韩洪云、赵连阁, 2004[169]；王浣尘等, 2005[170]

2.3

风险投资机构退出方式及其影响因素研究

风险投资的运行主要由融资、投资和退出三个部分组成。其中，退出对于风险投资机构来说，是非常重要的环节，它居于风险投资运作体系的关键环节与核心地位，是风险投资机构实现其投资收益的重要途径，也是风险投资机构进行下一轮投资的起点。一般来说，风险投资机构的投资对象是处于初创期或者专业化程度比较高的创业企业，其价值和成长性很难用财务指标进行衡量。因此，风险投资退出收益的实现情况是反映其是否成功的主要依据，而风险投资收益的实现又要依靠创业资本的退出（孙淑伟、俞春玲，2018）[171]。因此，作为风险投资机构运行的关键环节，风险投资机构的退出成为理论界与实务界重点研究的内容。与风险投资的快速发展相比，国内外学者研究风险投资机构的退出相对较滞后。本节将对风险投资机构退出方式及其影响因素进行研究，分析各因素对风险投资退出方式的影响，从中发现创业企业控制权可能对风险投资退出方式产生的影响，为风险投资机构选择最佳的退出方式，实现成功退出提供理论依据。

2.3.1 风险投资机构的退出方式

国内外学者较早对风险投资退出方式进行了比较，对比公开上市（IPO）、并购、回购、清算等几种退出方式的退出收益与成本，研究中，学者通常将 IPO 和并购这两种退出方式看作成功退出方式（Nahata，2008[123]；Ball E.，Ball et al.，2011[172]；党兴华等，2011[173]），而把回购和清算退出当作失败。虽然 IPO 和并购都是风险投资愿意选择的退出方式，但是两者也存在显著差别。学者们认为，IPO 与风险投资的净利润关系最为紧密，是获利最多的退出方式（万俊毅等，2004[174]；金永红，2007[175]），也是风险投资优先选择的退出方式。例如拜格雷夫和蒂蒙斯（Bygrave & Timmons，1992）[176] 发现，在控制其他条件的影响下，IPO 是退出收益最高的方式，该观点与法利普和戈特沙尔格（Phalippou & Gottschalg，2009）[177]、阿米特等（Amit et al.，1998）[178] 的观点是相同的。但是，与 IPO 方式比较，通过并购方式进行退出，退出费用相对较低，退出的流程也十分简便，并且可以实现风险投资的立即退出。因此，并购也是一种重要的退出方式。例如王维周（2001）[179] 发现，从我国现实出发，通过并购方式退出，操作便捷、成本较低。雷兰德等（Relander et al.，1994）[180] 研究发现，多数时候，由于创业企业不具备上市的条件，并购便成为企业重点选择的退出方式。莱斯利·A. 詹格和菲利普·C. 威尔斯（Jeng & Wells，2000）[181] 发现，虽然 IPO 对于创业企业来说，诱惑力很大，但是，并购是创业企业选择最多的退出方式。

除了比较各种退出方式，国内外学者也对影响风险投资退出方式的因素进行了研究。由于数据可获得性的问题，目前学术界还缺乏深入细致的研究（Barry et al.，1990）[182]。风险投资选择何种退出方式会受到其内外部环境的影响，主要的影响因素包括风险投资特征、创业企业（家）特征以及投资双方之间契约条款的设计等。因此，为了缓解企业家和投资机构之间存在的信息不对称问题，促进风险投资成功退出，本节从风险投资家特征、创业企业（家）特征、风险投资契约条款设计三个方面出发，研究影响风险投资退出方式的因素及其影响作用。

2.3.2　风险投资机构退出方式的影响因素分析

2.3.2.1　风险投资家特征层面

学者们主要集中于风险投资家的声誉、提供的增值服务质量、投资额、风险投资机构的类型等方面，研究这些因素如何影响风险投资退出方式的选择。

（1）风险投资家声誉对风险投资机构退出方式的影响。自冈帕斯（1996）[183] 提出风险投资行业中的逐名理论以来，风险投资的声誉引起了学术界的关注。在风险投资声誉对其退出方式的影响方面，学者们研究发现，风险投资声誉越高，其越有可能实现成功退出，进而选择 IPO 或并购方式退出。例如，叶小杰（2014）[184] 从风险投资机构能否实现有效退出，以及如何选择退出方式等方面，研究风险投资机构的声誉如何影响其退出方式的选择，发现风险投资声誉越高，投资机构越有可能实现成功退出，越有可能选择 IPO 而非并购退出。纳哈塔（2008）[123] 发现，声誉较高的风险投资机构具有丰富的投资经验和辅导企业上市的经历，能够更好地发挥"认证功能"，从而使创业企业更好地被市场认可，最终提高其成功退出的可能性（纳哈塔，2008[123]；叶小杰等，2013[185]）；另外，声誉高的风险投资机构具有更广泛的关系网络，有利于形成"合力"，提高投资机构成功退出的可能性（Lindsey，2008[159]）；最后，声誉高的风险投资机构具有较强的讨价还价能力（David H. Hsu.，2004[122]），能够选择经营较好的企业投资，从而提高其成功退出的可能性（刘萍萍，2003[186]）。因此，声誉高的风险投资机构会实现快速和成功地退出。

（2）风险投资家提供的增值服务对风险投资机构退出方式的影响。与普通的投资者不同，风险投资家不仅给创业企业投资，而且向企业提供增值服务，利用丰富的投资经验和管理经验帮助企业成长，提高企业绩效（Kaplan & strömberg，2003[33]）。在向创业企业提供增值服务时，风险投资能够帮助创业企业的管理层制定企业的经营战略（Gompers，1995[187]），加快创新项目商业化的过程（Popov & Roosenboom，2012[188]）；还有利于增强企业技术创新的能力（焦跃华等，2014[189]），增强创业企业的营销的能力（Puri & Zarutskie，2012[190]；Paglia & Harjoto，2014[191]），最终有利于创业企业实现公开上市（Hochberg，2011[192]），进而促使风险投资通过 IPO 方式退出。因此，风险投资向创业企业提供增值服务质量的高低会对企业绩效，以及风险投资的退出方式产生影响。郑秀田、许永斌（2015）[193] 发现，提供增值服务有利于促使创业企业成功实现 IPO，也有利于提高风险投资机构的声誉。声誉较高的风险投资可以提升企业创新能力和经营绩效，也可以发挥鉴证的作用来消除新股东对企业发展的担忧，使得新股更容易受到欢迎（张学勇等，2014[194]）。罗伯托和丹恩（Roberto & Dane P.，2016）[195]在研究风险投资的参与如何影响创业企业 IPO 或并购的可能性时发现，风险投资参与创业企业不仅可以提供资金，而且可以积极参与企业的决策制定，贡献其关系网络，帮助雇用员工等，最终有利于促使其成功退出。本特松和伯恩哈特（Bengts-son & Bernhardt，2014）[196]在研究风险投资契约时发现，经验丰富的风险投资会更加熟悉契约，凭借相关契约条款可以缓解信息不对称和代理问题，也可以将企业收益从企业家转移给投资家，最终提高风险投资通过 IPO 或并购成功退出的可能性。因此，风险投资机构提供的增值服务有利于提升企业绩效，促进风险投资机构成功退出。

（3）风险投资机构的类型对风险投资机构退出方式的影响。目前，学者们在对风险投资机构的特征进行研究时发现，由于在资金的来源、具有的专业知识、投资经验、享有的声誉、处于网络的位置，以及组织形式、投资目标、投资策略等方面存在显著的差异，投资机构之间存在异质性，并且，有学者进一步研究投资机构的异质性如何影响企业进行技术创新、提高企业经营绩效和公开上市时的首日表现（Smith，2009[197]；Luukkonen et al.，2013[198]；Bertoni & Tykvová，2015[199]；陈伟，2013[200]）以及如何影响风险投资在退出决策方面发挥的作用。学者们发现，独立的风险投资机构作为一种专业化的资本运作机构，被看作极为有效的管理资本的组织，其能够给予企业家更多的自治权，而有限合伙人无权对企业的日常经营决策进行干预。所以，该类投资机构被证明能够对企业家形成有效的激励，能够积极影响企业经营绩效。因此，独立的投资机构可以帮助创业企业实现成功上市，避免被清算，从而有利于投资机构成功退出。例如卡明和约翰（2008）[108]发现：独立的风险投资机构比附属于母公司或政府的风险投资机构能够更好地帮助企业上市，避免被清算。于博（2013）[201]发现，如果风险投资机构的自主权更高，其获得的回报与企业绩效高度相关，其会更加愿意通过 IPO 方式退出；而附属母公司、银行、政府的风险投资机构，由于对投资家缺乏恰当的激励，同时，其上级部门通常是企业未来的并购方，因此，附属的投资机构不愿选择 IPO 方式退出，而愿意通过并购方式退出。卡明等（Cumming et al.，2017）[202]使用来自 VICO 数据库的 7 个欧洲国家的数据，研究政府和独立风险投资的支持对于创业企业退出绩效的影响，结果显示，独立的风险投资相比研究政府主导的风险投资能够更有效地促进企业增长，独立风险投资支持的企业相比政府支持的企业拥有更好的退出绩效。王雷、周方召（2017）[203]研究发现，由于公司风险投资与独立风险投资机构在激励上的差异，在短期独立风险投资机构对创业企业的成长比公司风险投资更有利，甚至独立风险投资机构更能促进创业企业 IPO 的进程。但是，另一些学者通过研究却得到不同的结论。他们发现，附属公司的风险投资机构（CVC）或附属银行的投资机构（Captive VC），往往可以凭借行业背景和成功的投资经验，投资与自身高度相关的企业。通过投资，可以实现未来的战略目标，有利于今后进入新兴增长的领域，所以，这类投资机构往往会选择 IPO 或并购等方式成功退出，例如，谈毅（2015）[204]发现，附属于公司的投资机构凭借具有的行业背景，投资与自身高度相关的企业，并通过 IPO 或并购方式退出。施维恩巴赫（Schwienbacher et al.，2006）[205]通过对 1991～1997 年美国创业企业的融资进行分析，发现以战略为目标的公司风险投资使得创业企业选择 IPO 的频率高于并购、清算等。马西莫 G. 科伦坡和萨缪尔·穆尔蒂努（Massimo G. Colombo & Samuele Murtinu，2016）[206]使用 VICO 数据库，研究独立的风险投资和附属于公司的风险投资对于 1992～2010 年期间欧洲高技术企业绩效的影响，结果显示独立的风险投资和附属于公司的风险投资均提高了创业企业绩效。

（4）风险投资家的投资额对风险投资机构退出方式的影响。风险投资机构投资于创业企业资金的多少可以给潜在投资者提供重要的信号。因为，风险投资机构在投资时会伴随着机会成本，投资大量的资金给特定的企业会限制其投资其他有前途企业的机会。因此，当风险投资机构选择投资大量资金给创业企业时，其会精心选择投资的企业，即投资金额越多，风险投资支持企业的信号越强。此外，当风险投资机构投入创业企业的资金较多时，为了最大化成功退出的可能性，风险投资进行潜在的"窗饰"效应的动力会降低，因为风险投资的声誉会随着参与企业的程度而提高。因此，学者们研究发现，投入创业企业的资金越多，风险投资通过 IPO 或并购的方式成功退出的可能性越大。例如，侯建仁等（2009）[207]对风险投资家的股权结构与企业绩效的关系进行分析时发现，风险投资家相对创业企业家的持股比例的增高、对企业的控制权的掌握，将使得风险投资家通过提升企业投资回报和预期收益以尽早包装企业上市成为可能。尼尔（Knill，2010）[208]在研究风险投资介入创业企业的程度如何影响其退出方式时发现，投入企业资金的多少与企业绩效和投资机构成功退出之间存在显著的倒 U 型关系，即随着投资额的增加，投资机构成功退出的可能性先上升后下降，也即过多或过少的投资额均不利于风险投资成功退出。詹斯伯查特等（2014）[107]发现，风险投资机构作为积极的投资家，投资给企业资金越多，参与企业的程度越高，那么创业企业成功的可能性越大，从而有助于风险投资实现成功退出。罗伯托和丹恩（2016）[195]在研究风险投资的参与如何影响创业企业 IPO 或并购的可能性时发现，投资给企业的资金越多，风险投资支持创业企业的信号越强，因此，风险投资机构越容易通过 IPO 方式退出。

2.3.2.2 创业企业（家）特征层面

在创业企业（企业家）特征方面，学者们主要集中于从企业质量、创新能力、经营状况、发展阶段等方面入手，研究这些因素如何影响风险投资机构退出方式的选择。

（1）创业企业质量、创新能力对风险投资机构退出方式的影响。创业企业质量的高低、创新能力的强弱会影响投资家和企业家谈判过程中的讨价还价能力，因而会对风险投资退出方式的选择产生影响。投资于质量较高、创新能力较强的企业，风险投资有可能通过 IPO 方式成功退出；否则，有可能选择并购或其他方式退出。例如刘萍萍（2003）[186]发现，对于质量较高的企业来说，IPO 是风险投资机构最理想的退出方式。卡明（2003）[209]指出，创新能力较强，发展前景良好的创业企业往往会通过 IPO 方式退出。施维恩巴赫等（Schwienbacher et al.，2006）[205]发现，如果企业的创新能力比较差，风险投资家会选择通过并购或出售的方式退出；而如果企业的创新能力比较强，投资家会选择以 IPO 的方式退出。他指出，企业创新能力与风险投资退出方式存在相关性，如果企业的创新能力和盈利能力很强，企业面临的外部竞争威胁较小，风险投资很大程度上会通过 IPO 方式退出；反之，则可能通过并购方式退出。

（2）企业经营绩效对风险投资机构退出方式的影响。创业企业经营状态的好坏、经营绩效的高低会影响企业家和投资家的收益，最终可能对风险投资机构的退出方式产生影响。马克斯（1998）[137]指出，应当根据企业的经营状态、经营绩效，选择最佳的方式退出，这样有利于对投资家和企业家形成激励，使得双方的专用性投资能够帮助创业企业实现价值增值。勒纳和乔希（Lerner & Josh，1995）[211]发现，创业企业往往在企业的市场价格达到波峰时选择进行 IPO，选择该种退出方式能够实现投资家和创业企业的"双赢"。张青（2008）[212]发现，当风险投资经营状况不佳、急需资金时，会选择尽快退出，回收资金，对于退出方式的选择考虑较少。

（3）创业企业发展阶段对风险投资机构退出方式的影响。创业企业所处的发展阶段不同，风险投资拥有的关于企业经营状况、控制权的信息有所不同，从而导致风险投资选择不同的方式退出。通常情况，如果投资于企业早期阶段，风险投资会为了回收资金、降低投资风险而选择并购方式退出；反之，风险投资选择 IPO 方式退出。卡明和约翰（2008）[108]指出，对于处于早期发展阶段的创业企业来说，由于未来的发展包含许多的不确定性，使得风险投资机构在进行投资时需要付出较高的调查成本，从而其倾向于通过并购方式退出；而对于处于后期发展阶段的企业来说，由于其进行 IPO 的路径较清晰，因此，风险投资倾向于通过 IPO 方式退出。于博（2013）[201]发现，当创业企业处在成熟期、融资需求较高，或投资契约中包含阶段化投资和联合投资条款时，将有利于缓解投资家与企业家之间的信息不对称问题，从而增大风险投资通过 IPO 退出的可能性。马苏利斯和纳哈塔（Masulis & Nahata，2011）[213]发现，当风险投资支持的企业处于种子期或早期阶段，那么企业的并购导致以更高的溢价收购目标企业。张青（2008）[212]发现，在创业企业发展的早期阶段，风险投资影响企业退出的能力受到制约；而在企业发展的后期阶段，风险投资通过获得企业董事会权和控制权对创业实施控制，如果企业经营良好，风险投资通过 IPO 或并购方式退出，如果企业经营不善，则风险投资通过回购或清算方式退出。罗伯托和丹恩（2016）[195] 发现，由于创业企业前景存在高度不确定性，风险投资机构投资企业的阶段越早，越有可能释放关于企业有价值的信号，那么，风险投资会为了尽早回收投资，选择并购方式退出。

2.3.2.3　风险投资契约条款设置层面

合理地设置风险投资契约中的相关条款，能够有效控制风险投资机构在投资过程中面临的风险，其中影响到风险投资机构退出方式的契约条款主要包括三个方面，一个是联合投资，一个是金融工具的选择，还有一个就是企业控制权的安排等。通过设置契约条款，可以约定风险投资机构所投资金由最初的股权的形式转换为资金的形式，并收回资金的相关制度安排。因此，风险投资契约的具体条款会对风险投资与创业企业家之间存在的信息不对称及各自收益等产生影响，进而会影响风险投资机构退出方式的选择。

（1）联合投资对风险投资机构退出方式的影响。风险投资往往具有很高的不确定性和专业性，单个风险投资机构难以掌握项目筛选、评估、监督以及增值服务等过程所需全部知识和技能，因而投资中越来越多地依赖风险投资网络中跨组织的网络联结，借助联合投资的形式，来改善信息不对称与规避风险（罗吉、党兴华，2017）[214]。联合投资是风险投资运作的一个重要特征，由于进行的是高风险投资，在退出企业之前，风险投资承担着较大的风险。此时风险投资会寻找其他有经验的投资机构给予支持，共同分担风险，并对创业企业进行再次评估、检查和监督治理（Lerner，1994[215]）。学者们研究发现，联合投资有利于风险投资通过 IPO 或并购方式成功退出。徐欣等（2015）[216] 发现，在选择公开上市之前，风险投资会选择联合投资"抱团"，分享信息和经验、共同监督、治理企业。汪炜、于博（2013）[217] 发现，联合投资可以通过转移企业的控制权来降低投资机构的调查成本，实现风险投资机构之间的优势互补，联合投资的机构数量与 IPO 退出成正比。霍奇伯格等（2004）[218] 发现，联合投资有利于形成投资关系网络，在网络中处于中心位置的风险投资通过 IPO 或者并购方式成功退出的可能性较大。乌米特·奥兹梅尔等（Umit Ozmel et al.，2013）[219] 发现，居于联合风险投资网络中心位置的风险投资机构拥有广泛的信息渠道，可以给创业企业提供较多的增值服务，更有可能实现 IPO 成功退出。罗伯托和丹恩（2016）[195] 发现，投资于创业企业的投资机构数量与并购退出存在正相关关系，随着投资机构数量的增加，并购退出的概率为 3%。

（2）金融工具对风险投资机构退出方式的影响。因为风险投资家和企业家追求的目标不同，所以，他们在风险投资机构应该选择什么方式退出这一问题上存在着巨大的利益冲突，为了协调双方之间的利益冲突，金融工具的选择就显得十分重要。学者在研究金融工具如何影响风险投资机构的退出方式时，重点研究了可转换证券对其产生的影响。巴沙和瓦尔兹（Bascha & Walz，2001）[154] 认为，如果投资家持有可转换证券，双方可以在事前契约中共同制定最优退出策略，从而避免双方在选择退出方式时出现不一致。布莱克和吉尔森（Black & Gilson，1998）[220] 发现，可转换优先股可以给企业家提供隐性激励，使得投资家通过 IPO 方式退出时，企业家可以获得较多的控制权。赫尔曼（2002）[19] 证明了可转换证券可以解决投资家和企业家在退出选择上的冲突，在其他条件相同的情况下，投资家会偏好选择并购方式退出，而企业家会偏好于选择 IPO 方式退出。张新立（2008）[221] 建立了基于共享型可转换优先股的风险投资退出决策模型，发现：在一定条件下，使用共享型可转换优先股可以实现风险投资的最优退出。晏文隽、郭菊娥（2008）[222] 基于不同退出方式针对参加分配可转换证券构建了混合实物期权模型，得出了参加分配可转换证券的使用使得风险投资在 IPO 和并购这两种退出方式中更倾向于选择后者的结论。斯里德哈·阿尔科特（2014）[75] 发现，在风险投资退出时，参与分配可转换优先股的使用可以有效降低企业家与投资家之间的信息不对称程度，同时可以缓解企业家努力水平不足的问题。

（3）企业控制权对风险投资机构退出方式的影响。在风险投资过程中，投资家和企业家为了追求各自的潜在利益，会要求拥有企业控制权；而在风险投资退出时，投资家和企业家对控制权的追求是为了实现各自的收益。目前，有关风险投资退出方式的研究为数不多，而将控制权配置与风险投资退出方式联系起来的研究就更少。只有少数学者发现，风险投资退出过程中的企业控制权的配置有可能会影响到投资机构退出决策的选择，但是对创业企业控制权的配置如何影响风险投资退出方式缺乏深入研究。在创业企业控制权配置影响投资机构退出决策选择方面，有学者发现，不同退出方式下投资双方存在巨大的利益冲突，企业家为了获得私人收益（赫尔曼，1998）[35]，会反对风险投资机构做出的退出决策，特别是在企业并购情况下会出现（Black & Gilsno，1998）[220]。此外，与企业家相比，风险投资家在多数情况下会选择以并购方式退出，因为其必须在约定的期间内向投资者返回现金流（Gompers & Lerner，1998）[223]。鉴于此，有学者开始研究企业控制权的合理配置能否缓解投资双方之间的利益冲突，并帮助风险投资实现有效退出。如付雷鸣、万迪昉等（2009）[22]在对风险投资退出过程中的控制权配置进行研究时发现，创业企业绩效会因为风险投资退出方式的不同而不同，从而导致投资双方在退出方式的选择方面存在巨大的差异，而合理配置创业企业控制权能够有效促进风险投资成功退出。除此之外，有学者发现，可转换证券与控制权的结合可以实现风险投资最优退出决策。姚佐文（2005）[224]发现，在使用可转换优先股时，结合企业控制权的配置以及转换时机的恰当选择，有助于风险投资选择最优的策略实现退出。赫尔曼（2006）[12]指出，将可转换证券与企业控制权结合起来有利于实现风险投资机构的成功退出。鹿山和刘西林（2008）[225]通过构建模型证明了投资家和企业家之间的利益冲突会导致退出决策无效，因此需要结合相机控制对退出决策进行修正，最终实现最优退出。侯建仁等（2009）[207]对风险投资家的股权结构与企业绩效的关系进行分析。研究结果表明，风险投资家相对创业企业家持股比例的增加，对企业控制权的掌握将使得风险投资家通过提升企业投资回报和预期收益以尽早包装企业上市成为可能。于博等（2014）[226]发现，可转换证券可以实现不同收益情形下的企业控制权相机转移，从而在兼顾企业家和投资家各自利益的情况下实现风险投资有效退出。詹斯伯查特、乌尔里希·霍梅尔，塞缪尔·卡穆里沃和卡罗莱纳·比利特里（2014）[107]归纳发现，风险投资家拥有的控制权越多（比如强卖权，董事会控制权，取代创业企业家成为 CEO 的权力），增加了企业选择并购而不是 IPO 或注销退出的可能性。伊夫特哈尔·哈桑、阿里夫·库希、阿卜杜勒·卡迪尔·穆罕默德和王凡（2018）[127]收集 VentureXpert 的风险投资融资、投资和退出数据，研究结果表明，风险投资机构从拥有的成熟上市公司的董事席位中获益，因为，他们在进入成熟上市公司的董事会后，成功退出的可能性更大。卡明、米歇尔梅奥利和西尔维奥·维斯马拉（Douglas Cumming，Michele Meoli & Silvio Vismara，2019）[227]将双层股权众筹作为一种数字所有权模式进行研究，通过对英国 Crowdcube 平台 2011～2015 年 491 个 IPO 案例进行分析，研究发现，所有权和控制权的高度分离降低了以 IPO 方式成功退出的可能性。

2.4

文献述评与启示

综上所述，针对本书的研究问题，国内外学者已经从不同视角，运用多种理论和方法进行了大量的研究，这些研究成果为本书的研究思路和研究方法奠定了坚实的基础，但是还存在一些不足。

（1）学术界对于创业企业控制权与控制权配置还没有形成一个统一的、被广泛接受的论述，对于创业企业控制权的分类和表现形式、控制权配置的界定与计量还比较模糊。通过对创业企业控制权、控制权配置内涵的文献回顾，可以看出，国内外学者对企业控制权及其配置等相关问题进行了大量的研究，主要对控制权相关的概念，例如剩余控制权、特定控制权、正式控制权、实际控制权、名义控制权等分别进行了研究，但是，学者们大多是从某个角度对企业控制权进行界定，并未形成清晰、系统的定义，此外，学者们对创业企业控制权配置内涵的研究主要集中于控制权在企业的不同权力机构或参与主体之间的配置，以及根据控制权是离散或者连续变量的假设研究控制权配置。

基于已有学者的研究，本书从不完全契约理论、金融契约理论等视角，将创业企业控制权界定为："对企业经营决策等重大事项的控制权"，是风险投资家或者企业家运用自身拥有的资源对企业的组织构成、企业决策制定、企业经营效果评价和影响的能力，控制企业资源的权利。控制权表现形式为对企业的监督权、投票权、董事席位、清算权、退出控制权等。

本书认为创业企业控制权配置是指控制权在创业企业家和风险投资家之间的配置，考虑到联合控制配置可能会导致出现事后套牢问题，无法在满足企业家和投资家激励约束的前提下，实现企业价值的最大化，企业控制权配置无法实现最优。因此，本书基于控制权是"0－1"的离散变量的假设，从企业家控制、投资家控制和相机控制的视角，研究创业企业控制权配置。

（2）很少有学者研究创业企业家与投资家在进行控制权配置过程中可能存在的双边套牢问题，以及如何通过契约安排、控制权配置来缓解企业家与投资家之间存在的相互套牢问题。通过对创业企业控制权配置的理论与经验研究进行文献回顾，可以看出，已有研究较多从缓解企业家与投资家之间的信息不对称、道德风险的角度来研究企业控制权如何在投资双方中间进行配置。另外，学者们在研究企业控制权的配置时仅考虑企业家控制、投资家控制、相机控制等三种方式，却忽略了一种与相机控制相对应的方式——反相机控制。因此，本书考虑到企业家与投资家之间存在严重的信息不对称，从缓解双方相互套牢的角度，比较企业家控制、投资家控制、相机控制和反相机控制配置下，企业家与投资家各自的收益及企业价值，从而确定能够满足企业家与投资家激励、参与约束条件，并实现企业价值最大化的创业企业控制权最优配置。

（3）学术界在研究风险投资家特征对于企业控制权配置的影响时，虽有学者研究投资家提供的资金和增值服务对于企业控制权配置的影响，但是，很少有学者按照投资家在投入的资金、提供的增值服务、投资的期限等方面存在的差异对其进行分类，并针对它们之间的差异对创业企业控制权配置产生的影响进行研究。此外，现有学者较多研究的是在只有一轮投资的情况下对企业控制权的配置，而针对阶段化投资情况下的创业企业控制权配置如何实现最优缺乏研究。因此，考虑到不同类型的风险投资家在投入的资金、提供的增值服务、投资的期限等方面存在较大的差异，本书将风险投资机构分为附属银行或公司的风险投资机构（Captive VC）与独立的风险投资机构

（IVC），在阶段化投资的框架下，研究独立的投资机构与附属的投资机构之间存在的差异如何影响创业企业控制权的配置，最终，确定创业企业控制权最优配置。

（4）国内外关于风险投资退出机制的研究还很少，而且关于风险投资退出的文献大多是进行定性的分析，缺乏对风险投资家与创业企业家在退出时的潜在利益冲突进行深入分析，更缺少关于解决这种冲突机制设计的研究。此外，创业企业控制权的合理配置能够有效保障风险投资机构的成功退出，能够影响风险投资机构退出方式的选择。目前已有研究中缺少对风险投资契约中关于控制权配置的安排如何影响风险投资机构退出方式的深入研究，即使有个别学者从成功退出的角度研究企业控制权对风险投资退出的影响，但是却忽略了分别从 IPO 和并购这两种成功退出方式的视角研究创业企业控制权配置对风险投资机构退出方式的影响作用，而且，已有研究主要侧重于理论分析。基于此，本书不仅从理论层面，构建创业企业控制权配置对风险投资机构退出方式影响的理论模型，还使用中国风险投资机构、创业企业的大样本数据进行经验研究，对理论研究得到的结论进行验证。

（5）学者在对创业企业控制权配置以及风险投资机构退出方式选择进行研究时，主要是通过构建数理模型，进行理论分析。但是，理论研究的结论是否与现实中的创业企业控制权配置及其对风险投资机构退出方式的影响相一致？这有待于经验研究的证据支持。基于此，本书将实证研究的方法引入创业企业控制权配置、风险投资机构退出领域的研究中，通过对创业企业控制权动态配置模型中得到的主要结论，以及创业企业控制权配置对风险投资机构退出方式影响模型中得到的主要结论进行实证研究，对理论研究得到的主要结论进行验证，为不完全契约理论的实证研究提供了新的视角与参考。

第 3 章

理论分析

正如在引言和文献综述中分析的，本书建立了创业企业控制权配置及其对风险投资机构退出方式影响的分析框架，该分析框架的构建由三个分析模型有机构成：基于创业企业家与投资家之间存在的套牢问题，构建的创业企业控制权配置模型；基于不同类型的风险投资机构存在的异质性，构建的两种类型投资家下的创业企业控制权配置的模型；考虑到在风险投资机构退出过程中，企业控制权的不同配置会造成投资双方在投资机构退出方式的选择方面存在着巨大的利益冲突，构建的创业企业控制权配置对风险投资机构退出方式的选择产生影响的理论模型。本章尝试对本书的理论基础、逻辑框架以及相关基础模型进行分析，对本书的核心问题进行梳理，为接下来通过理论模型研究本书的核心问题进行铺垫、提供参考。

本书的核心问题包括三个方面：（1）由于创业企业成立的时间较短，与风险投资家之间存在着高度的信息不对称性，同时，由于企业家与投资家投入企业的专用性投资较多，双方进入和退出企业的壁垒均非常高，这就容易出现"套牢"的问题。那么如何通过创业企业控制权的配置来缓解企业家与投资家之间存在的相互套牢问题？（2）尽管风险投资机构存在很多的相似性，但是不同类型的投资机构往往在机构属性、投资规模、投资经验、专业性等方面存在较大差异，而这些差异进一步会影响它们的投资目标、风险偏好、期望报酬、投资策略等。由于存在这些差异，风险投资机构被分为独立的风险投资机构和附属的风险投资机构。那么这两种不同类型的风险投资应该运用什么样的契约机制，影响创业企业控制权的配置呢？（3）风险投资机构的退出是其能够获得较高投资收益的主要手段。但是，一方面，因为投资双方的目标函数的不一致，导致双方在风险投资机构退出方式的选择方面存在着巨大的利益冲突；另一方面，由于投资契约的不完全和创业企业内外部环境存在的不确定性，导致投资双方不能根据事后的企业经营状态决定风险投资机构的退出方式，只能在事前对投资契约中的控制权配置进行约定。那么，事前应如何配置风险投资机构退出过程中的企业控制权，使其有利于解决投资双方在退出方式选择方面的利益冲突，有利于风险投资机构选择最佳的退出方式，保证投资机构的成功退出？这是一个自上而下、层层递进的逻辑分析路径。本章分析本书的核心内容、逻辑框架，以期起到提纲挈领的作用。

3.1
套牢视角下的创业企业控制权配置研究

企业控制权的配置之所以受到学术界的高度关注，主要是因为控制权配置会对创业企业家、风险投资家、创业企业绩效产生重要的作用。一方面，控制权能够给企业家带来较强的激励；另一方面，控制权的配置可以缓解企业家与投资家之间存在的套牢问题，有利于提升企业绩效。

3.1.1 创业企业控制权配置的作用

控制权配置对企业家产生激励作用。首先，如果企业家掌握着企业的控制权，其可以支配企业资源，并能够进行相应的决策，因此，拥有企业的控制权能够满足企业家 的精神需要（周其仁，1996[228]）。其次，拥有控制权，获得控制权的私人收益，可以形成对企业家的激励（Berglöf，1994[68]）。最后，进行企业控制权的相机配置也能够带给企业家激励，即伴随着企业绩效的提升，投资家会将拥有的企业控制权逐渐转移给企业家，这对于企业家来说，是一种隐性的激励（付玉秀等，2003[62]）。除此之外，对于偏好权力的企业家来说，授予控制权给他，对他产生的激励作用也会更强。

企业控制权配置缓解风险投资过程中存在的套牢问题。通过创业企业控制权的配置可以解决由于不完全契约、专用性投资、风险投资双方的机会主义行为等产生的套牢问题，确保投资双方的利益不被对方侵占。

套牢问题在金融契约中是普遍存在的。由于风险投资家和企业家的有限理性以及双方之间存在的高度信息不对称性，投资家与企业家无法签订完备的契约；而且，企业家与投资家的资产专用性较高，双方进入企业和退出投资的壁垒均较高，导致双方之间存在相互套牢的问题。一方面，企业家投入专用性人力资本，包括创意、才能、经验、专业知识和关系性资源（来自创业企业家与其他股东、组织内部人员、组织外部客户和供应商等建立的关系）（王春艳、林润辉、袁庆宏、李娅、李飞，2016[89]）等，随着企业的发展，企业家的人力资本会逐渐转化为企业价值。根据交易费用理论，人力资本专用性由于对非人力资本专用性的依赖而面临机会主义风险，这削弱了其在谈判中的讨价还价能力，使其在关系租金分配中处于不利地位。专用性人力资本的市场治理成本相对较低，一旦其离开所在团队，价值会迅速降低甚至消失。因此，杨瑞龙等[168]认为资产的专用性削弱了企业家的讨价还价能力（王雷，2016[90]）。企业家人力资本的专用性会越高，越会逐渐被投资家所套牢，投资家会利用拥有的优先清算权等特殊权利来增加自身收益，从而套牢企业家。另一方面，投资家向企业投入资金、关系资本并提供管理监督等增值服务，投资家的投入也具有专用性。因此，投资家的专用性投资也会成为企业家套牢的对象，企业家会利用掌握的信息优势采取有利于自身的行动：或者不愿意付出使得企业价值最大化的努力；或者通过获取比风险投资家更多的关于企业经营状况的信息，抽取信息租金；或者在与投资家意见不一致时进行干预，威胁离开企业，从而套牢投资家。

风险投资过程中，投资家与企业家之间存在的套牢问题对彼此及企业绩效均带来不利的影响，那么如何激励双方进行专用性投资，并缓解双方之间的套牢问题变得十分重要。一方面，可以通过风险投资契约的设计，引入再谈判机制缓解双方之间存在的套牢问题。当投资家观察到企业家存在套牢行为，其会凭借拥有的优先清算权，威胁清算企业来迫使企业家同意进行再谈判。而当企业家观察到投资家存在套牢的行为，其也会在企业经营较差时威胁继续经营来迫使投资家进行再谈判。因此，双方再谈判过程中的讨价还价能力会对套牢产生重要的影响，可以通过引入再谈判机制缓解企业家与投资家之间存在的套牢问题。另一方面，在设计风险投资契约的过程中，可以通过企业家与投资家之间控制权的配置来缓解双方之间存在的相互套牢的问题。企业控制权的不同配置，会产生不同的监督约束效应和激励效应，从而影响投资家和企业家的决策和行为，并最终影响双方的收益和企业绩效。因此，为了减少信息不对称、抑制由于投资专用化所导致的机会主义行为和套牢的问题，企业家与投资家会要求获得控制权，投资家需要控制权来更好地管理监督企业，保障投资的安全性，保护自身利益（朱卫平，2005[229]），避免被企业家套牢；而企业家需要控制权来对自身产生防护作用，使企业家避免被投资家套牢（Skeie，2004[63]）。

综上所述，由于创业企业控制权配置产生的激励作用，及其可以缓解风险投资过程中存在的套牢问题，企业控制权配置受到了学者们的重视。目前，在创业企业控制权配置方面，学术界主要是通过构建模型进行理论研究，研究在什么条件下哪种控制权配置可以实现最优，即哪一方拥有控制权可以实现企业价值最大化，以及企业家与投资家收益的最大化，并且能够减少由于专用性投资所导致的机会主义行为。

3.1.2　相关理论模型

目前，学者们通过构建理论模型，研究创业企业控制权如何实现最优配置。那么，创业企业的控制权如何配置？哪种控制权配置可以实现占优或最优？如何通过控制权配置来缓解风险投资家与企业家之间存在的套牢的问题？本书通过对相关理论模型进行分析，为构建理论模型，研究创业企业控制权配置提供重要的理论依据。

3.1.2.1　阿洪－博尔顿模型

阿洪和博尔顿（1992）很早就研究了创业企业融资中的控制权。研究发现，企业家不仅关心企业的货币性收益，还关心通过拥有企业控制权，能够从企业获得的私人收益，但与之相比，投资家只关心企业的货币性收益，企业家与投资家之间针对企业产生的收益存在着巨大的利益冲突。因此，阿洪和博尔顿着重分析了两个方面的问题：其一，是否可以设计相关契约，保证投资双方利益的一致性？如果可以的话，那么如何设计契约？其二，如果初始契约的设计无法保证投资双方利益的一致性，那么如何配置投资双方之间的控制权？基于这两个问题，阿洪和博尔顿研究了无初始财富的创业企业家向投资家融资的契约安排问题。

阿洪和博尔顿在构建理论模型时发现，当企业家因拥有控制权而获得的私有收益与企业的总收益呈现单调递增的关系时，由企业家掌握企业的控制权可以实现最优；当投资家从企业获得的货币性收益与企业的总收益呈现单调递增的关系时，由投资家掌握企业的控制权可以实现最优；当企业家和投资家各自获得的收益都不与企业的总收益呈现单调递增的关系时，控制权的相机配置是最优的。即在企业经营绩效较高时，由企业家掌握企业的控制权；而在企业经营绩效较低时，由投资家握有企业的控制权。

阿洪和博尔顿模型的价值体现在两个方面：一方面，阿洪和博尔顿模型把企业家的人力资本引入企业控制权配置研究的模型中，这改进了 GHM 模型忽视人力资本重要性的问题。与资金相比，企业家的经验、创意、技能等可以更好地促进创业企业的发展。另一方面，阿洪和博尔顿将企业控制权看作是动态配置的，强调控制权可以根据揭示出来的企业绩效信号的高低，动态地在投资双方之间进行配置。这也会吸引投资家与企业家进行专用性投资，有助于企业权力的制衡，实现企业家与投资家的激励相容。

但是，阿洪和博尔顿模型只发现了企业绩效能够影响企业控制权的配置，却忽略了其他因素的影响。

3.1.2.2　维杰·耶拉米利模型

维杰·耶拉米利（Vijay Yerramilli，2006）发现创业企业经常会面临一些重要的决策，而企业家与投资家在这些决策方面存在很大的差异。因此，维杰·耶拉米利基于不完全契约，通过构建理论模型，比较研究企业家控制、投资家控制，联合控制和相机控制配置的最优性。该模型与阿洪和博尔顿（1992）的最大区别是：该模型发现诸如赎回权等契约特征可以防止出现套牢的问题，并增强投资家在未来谈判过程中的讨价还价能力。研究发现：对于财务宽松的企业来说，企业家控制是可行的和最优的；对于财务紧缩的企业，投资家控制是有效的；对于财务紧缩和存在较大利益冲突的企业，联合控制优于投资家控制和企业家控制；在满足投资家讨价还价能力较强等条件下，联合控制优于相机控制。

3.1.2.3　吉恩·艾蒂安模型

吉恩·艾蒂安（Jean Etienne，2008）构建了企业融资模型，研究企业家控制、投资家控制与联合控制配置下，普通股、债券、可转换优先股等金融工具的应用。该模型将控制权配置、金融工具、企业家与投资家努力水平的互补性结合起来，研究不同类型融资契约下的企业控制权配置及其效率差异。该模型发现，投资契约的最优性受到两方面因素的影响：一是企业家与投资家之间努力水平的互补性；二是投资家的资本成本。当企业家与投资家的努力水平互补性较低时，债务契约较优；当企业家与投资家的努力水平互补性较高时，股权契约较优。当企业家控制或投资家控制时较多使用债务契约，因为单边控制时双方努力水平的互补性不会产生影响；而当联合控制时较多使用股权契约，因为联合控制时双方努力水平的互补性会随之增长。这也解释了为什么现实中高增长的企业会选择使用股权类契约，而低增长的企业会选择使用债务类契约。

该模型的价值体现在：将创业企业绩效的不可证实性以及企业家与投资家的努力互补性同时引入模型，研究这两个特征如何影响企业控制权配置，研究不同类型的金融工具对企业控制权配置的影响。

上述模型对创业企业控制权配置进行研究，主要是为了解决企业家与投资家之间存在的利益冲突，研究企业控制权如何配置可以解决双方在投资决策方面存在的差异，最终实现目标的一致性。然而，风险投资过程中，企业家与投资家除了目标不一致，存在利益冲突之外，双方还由于信息的不对称、契约的不完全，以及专用性投资等因素，会存在套牢的问题。这就需要在上述模型的基础上，引入再谈判机制，考虑风险投资家与企业家的讨价还价能力对于相互套牢的影响，研究在"状态依存"契约情况下如何缓解风险投资家与企业家之间的套牢问题，为丰富和完善风险投资契约理论提供依据。

3.2

不同类型风险投资机构对创业企业控制权配置的影响研究

从创业企业的角度来看，了解不同的融资来源的特征十分重要，有助于他们选择恰当的融资来源，有利于实现创业企业价值的最大化。风险投资不仅是创业企业的融资来源，其也会给创业企业提供增值服务，例如监督、咨询等。因此，风险投资在帮助企业招募重要的管理人员，增加企业销售额，促进企业创新，提高创业企业生产率（Bertoni，2010[230]、2011[231]；Chemmanur，2011[17]；Croce，2013[232]），以及促进创业企业成功等方面发挥着重要的作用。风险投资家作为有经验的投资者，具有丰富的、专业化的知识。

目前，多数学者将风险投资机构看作同类（同质），忽视了不同类型的风险投资机构可能会产生不同的影响。虽然风险投资机构之间会存在很多的相似性，但是不同类型的风险投资机构往往具有不同的投资目标和投资期间，因而会采取不同的组织形式。最近一些学者研究发现，不同的风险投资机构存在异质性，这些投资机构在机构属性、投资规模、投资经验、阶段化投资、专业性等方面存在较大差异（Scellato & Ughetto，2013[233]），而不同类型风险投资机构的这些差异进一步会影响它们的投资目标、风险偏好、期望报酬、投资策略等（Andrieu & Peter Groh，2013[37]）。因此，学者们根据风险投资机构的投资目标、投资金额、提供增值服务等方面的不同，对风险投资机构进行分类，将投资机构划分为两类。一种类型是独立的风险投资机构（IVC），其从有限合伙人获得资金。这类风险投资机构往往积极地参与到创业企业经营管理中，提供高质量的增值服务。另一种类型是附属的风险投资机构，由银行、公司等提供资金。由于没有资金约束的压力，这类投资机构可以一直向创业企业投入资金，但是提供给创业企业的增值服务质量相对较低。

两类投资机构中，典型的投资机构是独立的风险投资机构，这类投资机构倾向于投资特定行业、企业的特定的发展阶段和特定的地理区域。这类投资机构由有限合伙人（LP）在有限的期间内（通常为10年）提供资金。资金由一般合伙人（GP）——风险投资家管理。风险投资家会寻找有发展前景的创业企业，而在创业企业成熟阶段，风险投资家会选择出售所持有的创业企业的股份，将获得的投资收益返还给其投资者。这类投资机构在美国风险投资市场处于主导地位。与之相对应的是附属的风险投资机构，这类投资机构一般附属于银行、大公司等，这类投资机构是风险投资机构异质性的一个很好的例子，附属银行、公司的风险投资机构相比独立的风险投资机构投资效率不高，尽管未能提供与独立投资机构相同的增值服务给创业企业，但是它们可以从银行中获得大量的资金。这类风险投资机构在欧洲投资市场居于重要地位。

由于投资策略、投入的资金、提供的增值服务，以及与企业家签订契约的条款和期限不同，这两种类型的风险投资机构存在显著的差异，使得两类投资机构会选择不同创业企业进行投资，使用不同的契约机制，进而对创业企业控制权的配置产生不同的影响。

3.2.1 附属公司或银行的风险投资机构特征

附属公司的风险投资机构（CVC）是指由非金融企业向创业企业提供的股权投资。公司风险投资通过投资参与到创业企业经营管理中，掌握企业股权，与创业企业家形成委托代理关系，通过契约约定，影响企业董事会的构成、股权激励、薪酬水平等重大经营决策（Park & Steensma, 2012）[234]，对创业企业实施监督管理，并为其提供增值服务。公司风险投资既是一类特殊的风险投资，又是公司创业的一种形式。公司风险投资的母公司可以从所投资的创业企业中获取新兴技术，同时也为其支持的企业提供战略性投资与互补性资产。创业企业通过公司风险投资活动不仅可以获得财务收益，还可以获取战略收益。公司风险投资的母公司经常与其所投资的公司形成战略性联盟或其他商业关系，这些商业关系可以使公司风险投资的母公司占据重要的战略和财务优势。因此，公司风险投资对创业企业投资金额更大、时间更长（王雷，2016[90]），并且对投资风险的容忍度更高。附属银行的投资机构（BVC）通常是比较消极的投资者，常常与经验丰富、信誉良好的独立风险投资机构进行联合投资，独立风险投资机构为其投资组合公司提供监控和增值服务。附属公司的风险投资机构的主要战略目标是提高投资组合公司的债务资本需求。

附属公司的风险投资机构（CVC）或附属银行的投资机构（BVC）向创业企业进行战略投资，这类风险投资机构的投资策略及投资的方向大多相似，往往凭借自身的行业背景和以往的投资经验，投资与集团公司业务高度相关的项目，并通过选择 IPO 或并购的方式退出，借以成为集团公司的一分子。这类投资机构进行战略投资的目的主要是使其未来进入高增长的企业或领域，同时也可以解决成熟企业缺乏创新精神的问题。

与独立的风险投资机构不同，附属的风险投资机构的投资是为了追求母公司或银行的战略目标，可以获得母公司或银行的大量资金，因此这类投资机构没有融资的压力。这类投资机构不仅追求货币性收益，更加追求战略收益。附属的风险投资机构投资的主要战略目标包括以下四点：提高公司从战略投资中获得的收益；提高公司从好的创意中获得的收益；协助公司积极应对快速发展的环境，有利于提高公司的核心竞争力；如果公司的产品受到市场的影响，战略投资可以增加对公司核心产品的需求[235]。

除此之外，与独立的风险投资机构不同，附属公司的风险投资机构或附属银行的投资机构没有动力去实施对企业日常经营的监督。这类投资机构比较重视获得企业董事会席位，通常以参与创业企业董事会决策治理、派驻财务人员和管理人员及技术人员等方式为其投资企业提供互补性资产。因为拥有企业董事会席位可以确保其投资的安全性，还可以获得更多的战略利益，相比于独立的投资机构，附属的风险投资机构参与企业经营管理的积极性不太高，提供给企业的增值服务相对较少，质量也相对较低。另外，附属的风险投资机构往往选择风险较低、清算价值较高的企业投资。

3.2.2 独立的风险投资机构特征

自 20 世纪 80 年代以来，风险投资的快速发展，有限合伙的投资机构成为主要的中介机构。独立的风险投资机构（IVC）被认为是最有效率的管理资本的组织结构，赋予专业的投资家充分的自主权，有限合作人不得干预企业的日常经营管理，这种投资机构能够对投资家进行激励，与投资绩效积极相关。

独立的风险投资机构作为积极的投资家，不仅给企业提供资金，而且向创业企业提供咨询等增值服务，还利用关系网络去培育创业企业。在投资时，呈现出一些典型的特征：独立的风险投资机构往往会积极参与到创业企业的经营管理中，为了缓解各方之间存在的道德风险、套牢的问题，选择进行阶段化投资；相比之下，独立的风险投资机构拥有较多的控制权，使用较多的契约条款来保证积极参与创业企业的经营过程。独立的风险投资机构倾向于投资给有经验、风险较高的项目，提供质量较高的增值服务。与附属的风险投资机构相比，独立的风险投资机构主要是追求短期的财务收益，希望能够获得必要的投资收益，而较少考虑企业长期战略利益。

与附属的风险投资机构相比，独立的风险投资机构选择联合投资的比例非常高。选择联合投资的原因在于：降低风险，共享投资经验和共同负担投资风险，有利于减少后续投资轮次中其他投资机构存在的机会主义行为。从监督企业的角度来看，投资双方之间可能存在一定程度的信息不对称，为了能够抑制创业企业家的行为，独立的风险投资机构往往通过月度访问、董事会席位、定期检查财务或其他报告等方式对企业进行监督，并在企业成立之初就组建管理团队（Maula et al.，2005[236]）。

3.2.3 两类风险投资机构特征对企业控制权配置的影响

通过对两种类型风险投资机构各自具有的特征进行比较与分析，可以发现，独立的风险投资机构与附属的风险投资机构向创业企业提供的资金、增值服务以及在契约设计、公司治理等方面存在很大的差异，在向创业企业投资时，独立的风险投资机构往往会积极地参与到创业企业中，提供高质量的增值服务，但是由于受到财富的约束，其投资的目的是在企业发展到成熟阶段，出售自己持有的创业企业股份，从企业退出。独立的风险投资机构对创业企业进行投资的主要目的是获得较高的投资收益，而较少考虑长期战略利益。总而言之，独立的风险投资机构能够向创业企业提供较多的资金和增值服务，与附属于大公司或银行的风险投资机构相比，其会使用更多的契约保证条款，使得投资机构积极地参与到创业企业的经营过程中，拥有更多的控制权。

而附属公司、银行的风险投资机构，为了追求母公司的战略目标以及获得大量母公司或银行的资金，可以一直向创业企业投入资金。相比独立的风险投资机构，虽然其投入企业的资金较多，但是由于投资目的、投资策略的不同，所投资的企业也较多，投资机构的专业化程度、投资的经验等相对较低，在投资过程中提供的增值服务质量相对不高。因此，这类投资机构对创业企业的控制不强，获得的控制权相对较少，并且获得董事席位的可能性远低于独立风险投资机构（Iftekhar Hasan et al.，2018）[127]。

综上所述，由于两类投资机构在财富约束、投资期限以及为创业企业提供的增值服务等方面存在较大的差异，导致这两类投资机构与企业家合作时在公司治理、契约设计方面存在很大的差异，进而对创业企业控制权的配置产生很大的影响。一方面，由于独立的投资机构和附属的投资机构投入资金的不同，可能会导致风险投资机构获得的控制权存在差异。另一方面，由于独立的风险投资家能够向创业企业提供更高质量的增值服务，使用更多的契约设计机制，能够积极地参与，因而在与创业企业家合作时可能会获得更多的投票权；而附属的风险投资机构由于提供增值服务质量较低，往往对于创业企业的控制不强（Cestone，2014[71]）。

3.2.4　相关理论模型

温顿和耶拉米利（2008）[15]发现，银行和风险投资在监督企业、选择投资策略等方面存在差异。通过构建两阶段融资模型，他比较了短期银行投资与长期风险投资机构的股权投资，研究创业企业如何从银行和风险投资中间选择适合的机构进行投资。研究发现，当企业清算价值较低、战略不确定性越高、有风险的继续经营策略下的平均利润率不太高时，选择风险投资更恰当；反之，选择银行投资较好。

该模型的价值体现在：根据银行与风险投资在提供监督服务、选择金融工具、投资期限等方面的不同，比较两种融资来源的差异，有利于创业企业根据企业清算价值、金融工具、资金成本、战略不确定性等方面的不同选择适合的机构投资。

上述模型虽然根据银行与风险投资在提供增值服务、使用金融工具等方面存在的差异，选择适合的机构向创业企业投资。但是，除了与银行之间存在差异，不同类型风险投资机构之间在投资目标、投资金额、提供增值服务等方面也存在显著的差异。因此，还需要对比不同类型风险投资机构之间的差异，研究它们在向创业企业投资时，创业企业控制权应如何配置的问题。综上所述，基于上述模型，考虑到不同类型风险投资机构在投资契约条款、投资期限、投资金额、增值服务等方面存在的差异，需要构建不同类型风险投资机构下的创业企业控制权配置模型，研究在这些投资机构的投资下，创业企业控制权的哪种配置可以实现相对较优。

3.3

创业企业控制权配置影响风险投资机构退出方式的理论研究

退出对于风险投资机构来说，是非常重要的环节，是风险投资机构实现其投资收益的重要方式，也是下一轮投资的起点[20]。然而，一方面，因为投资双方的目标函数存在不一致性，所以风险投资机构在退出方式的选择方面与创业企业家具有较大的利益冲突[208]，风险投资机构和创业企业家通常都会选择以最大化各自收益的方式退出。另一方面，由于投资契约的不完全和创业企业内外部环境存在的不确定性，外部很难了解风险投资机构退出时创业企业的经营状态，所以，投资双方不能根据事后的企业经营状态决定风险投资机构的退出方式，只能在事前对投资契约中的控制权配置进行约定，约定在关于企业经营状态的信号揭示出来以后，由拥有控制权的一方决定风险投资机构的退出方式。因此，为了有效缓解投资双方之间存在的利益冲突，确保风险投资机构能够成功退出，事前针对投资机构退出过程中的创业企业控制权的配置就变得十分重要[22]，控制权的合理配置可以有效保证风险投资机构的成功退出，也是实现双方退出利益最大化的重要因素。本书首先对风险投资机构的主要退出方式进行比较，然后在此基础上，对创业企业控制权配置对 IPO 和并购这两种成功的退出方式的影响及作用进行研究。

3.3.1　风险投资机构的退出方式

风险投资机构投资创业企业一段时间之后，往往会通过转让拥有的企业股权从企业退出，其这样做的目的是收回所投资金，并获得相应的投资收益。风险投资的退出在风险投资运行体系中处于重要位置，会影响到风险投资未来的发展。因为风险投资契约中有关退出的条款主要涉及退出方式和退出时机的选择，退出过程中的控制权安排等内容，所以，风险投资机构需要根据创业企业的实际情况，决定选择什么样的方式退出。

在风险投资机构的退出过程中需要解决的主要问题是退出方式的选择，因为不同退出方式下的收益、费用等都有所不同。风险投资退出的方式主要包括首次公开发行（IPO）、并购（acquisition）、股份回购（redemption）和清算（liquidation）。

（1）首次公开发行是指在创业企业成功上市之后，风险投资家为了收回投资并获得投资收益，在证券市场出售其所持有的股权。以 IPO 方式退出可以使得创业企业家重新从风险投资家手中获得企业控制权，并能够保持企业的独立性；同时，采取该种退出方式，投资家获得的收益较高。所以，一般情况下，选择 IPO 方式退出对投资双方均有利。但是，在这种退出方式下，投资家无法在企业 IPO 时立即出售所持有的企业股份，通常是在两年以后出售，这就导致投资家无法立即获得投资收益；此外，以 IPO 方式退出，手续相对烦琐，还包括法律、审计、中介等相关费用，退出成本较高。即便如此，从风险分散、资金流动和收益率等方面来看，IPO 依然是风险投资理想的退出方式。

（2）并购是指风险投资机构出售给其他企业自己拥有的创业企业的股权，最终实现创业资本退出的一种企业之间的产权交易。与 IPO 方式退出相比，以并购方式退出，手续相对简单，退出成本也较低，同时能够较早地收回所投资金，有效降低投资风险。但是，由于创业企业一旦被其他企业收购或兼并就不能保持其独立性，企业家拥有的企业控制权也会随之失去，所以，企业家往往不会选择以并购这种方式退出。

（3）回购是指风险投资机构在投资时，与创业企业家在投资契约中签订相关的回购条款，约定当企业发展到一定程度之后由企业家按照规定的价格回收风险投资家拥有的企业股权。

（4）清算是指当创业企业经营不善、与企业的发展目标相违背及没有办法筹集到企业经营的资金时，风险投资机构已经不能再通过回购或并购的方式退出，只能选择清算企业的财产、债权债务等。

从各国风险投资的发展来看，IPO 和并购是风险投资最常见也是最重要的两种退出方式，学者对其关注也最多，学者针对风险投资退出方式的研究主要集中于 IPO 和并购，而对其他退出方式的研究较少；并且，在 IPO 和并购退出方式下，风险投资会主动地在公开与非公开的市场出售自己持有的企业股权，获得的投资收益非常高，所以这两种退出方式被学术界公认为是成功的退出方式。而回购是风险投资机构为了能够收回投资的一种备用退出方式，该种退出方式要求创业企业家必须具备充足的回购资金，否则可能面临偿债风险，这就使得通过回购方式退出受到一定的限制。清算是当创业企业经营不善时风险投资机构选择的退出方式，在这种退出方式下，风险投资机构终止与创业企业的关系，双方签订的投资契约也随之终止，企业的独立性无法保持。因此，作为成功退出方式，IPO 和并购成为学术界研究的焦点。除此之外，在 IPO 和并购这两种退出方式下，由于创业企业的独立性不同，企业家和投资家拥有的控制权存在差异，会导致创业企业控制权呈现不同配置属性，也会给企业家产生不同的激励约束效应。因此，本书从 IPO 和并购这两种风险投资退出方式的视角，研究创业企业控制权配置对风险投资退出方式的影响。

IPO 还是并购？风险投资的这两种成功退出方式的选择，一直是理论界研究的焦点。风险投资家与企业家之间的目标函数不一致，使得他们在这两种退出方式的选择方面存在着利益冲突。风险投资退出方式的选择会受多方面因素的影响。通过第二章对影响风险投资机构退出涉及的各类因素的研究发现，风险投资机构能否成功退出，以及选择什么方式退出主要受来自风险投资契约条款设置、创业企业（家）的特征以及风险投资机构特征等多方面因素的影响。而在风险投资机构契约条款的设置中，关于对创业企业控制权配置的条款会对风险投资家和创业企业家各自的利益、激励约束等产生不同的影响，进而会对风险投资机构的成功退出方式产生重要的影响。因此，接下来，本书分别对创业企业控制权配置如何影响 IPO 和并购这两种风险投资机构成功退出方式的选择进行研究。

3.3.2　创业企业控制权配置对 IPO 退出方式的影响分析

从创业企业退出，是投资双方为了获得更多的退出收益（货币性收益、控制权私人收益以及声誉）而进行博弈的过程，博弈的最终目的是投资双方能够最大化各自收益。在风险投资从创业企业退出时，创业企业家和投资家均会十分关注企业控制权的安排，投资双方对企业退出控制权的合理配置能够保证风险投资机构有效退出[22]，是实现投资双方退出利益最大化的重要因素。在创业企业日常经营过程中，企业家和投资家为了保护各自的潜在利益，会要求获得控制权，而在风险投资机构退出过程中，企业家和投资家追求控制权则是为了实现各自的利益。目前，有关创业企业控制权配置问题的研究主要集中在企业融资和运营方面，针对风险投资退出的研究相对较少，而将控制权配置与风险投资退出联系起来进行研究的就更少。风险投资从企业退出处于最后阶段，也是其收回投资并实现投资收益的阶段。企业家和投资家由于各自利益的不同，在风险投资退出方式的选择上存在很大的分歧，因为双方都希望选择能够使得自身利益最大化的退出方式。

契约的不完全以及事后状态的不确定，使得创业企业控制权的安排显得尤为重要。本章主要研究在契约不完全的情形下，什么样的退出控制机制更有效率。本章将焦点集中在企业控制权配置是如何解决企业家与投资家在退出方式选择上的利益冲突问题的。

风险投资退出过程中，风险投资家和企业家的目标不一致。企业家不仅关心未来可能获得的货币性收益，还关心由于拥有控制权可能带来的私人收益[5]，而投资家仅仅关注于企业未来的货币性收益。所以，如果由企业家拥有风险投资退出过程中的控制权，那么企业家追求企业控制权和自身声誉的行为有可能会损害到投资家的利益[237]；相反，如果由投资家拥有风险投资退出过程中的控制权，其可能会忽视企业家对企业控制权的追求，而伤害到企业家的利益。从上文分析可以看出，不同退出方式下投资家和企业家的退出收益存在较大的差异，双方存在巨大的利益冲突，而这种利益冲突的存在，使得投资双方均会重视风险投资退出过程中的企业控制权配置。因此，本章基于不完全契约理论的视角，研究风险投资机构从创业企业退出时，企业家控制和投资家控制等控制机制的效率。

如果选择 IPO 方式退出，企业家可以从中获益良多。

（1）IPO 退出机制为创业企业控制权的顺利转移提供了保证。如果风险投资家通过 IPO 方式退出，其拥有的控制权会逐渐转移给企业家，给企业家带来更多的隐性激励，企业家从中会获得较高的控制权收益。企业家进行创业资本融资时，为了获得资金，需要给予风险投资家一定的控制权，所以，风险投资退出时，企业家从投资家手中重新获得控制权是十分重要的。选择 IPO 方式退出，投资家持有的股份可以出售，其在创业企业的持股比例会下降，在董事会的席位也会相应减少。因此，按照风险投资契约，初始阶段给予投资家的重要控制权以及一些特殊的控制权将在 IPO 时终止或减少，投资家只保留较弱的控制权，控制权将转移给企业家。

投资家以 IPO 方式从创业企业退出之后，企业家获得的企业控制权会增多，而投资家可以实现资本回报。同时，风险投资家拥有的风险投资契约中的特殊控制权，如董事会席位权，对重要决策的否决权将会消失。投资家的控制权和影响力逐步减弱直至消失，拥有的可转换证券也会转换为普通股并变现退出，附带的一些权利也随之消失。通过 IPO 退出，为企业家提供了一种重新获得企业控制权的方式，企业家因为企业内部控制权的重新分配而获得隐性激励。企业家对其创立的企业拥有了相当大的私人利益，控制企业，从而实现非货币利益是很多企业家的愿望。由于创业企业面临较高的不确定性，如果没有较大的控制权利益，很多潜在的企业家不会放弃稳定工作而去建立创业企业。因此，如果企业实现 IPO，重新获得控制权的机会会给企业家带来激励。为了帮助企业成功上市，企业家必然努力为企业创造价值，将自身利益与企业的利益联系在一起，从而实现两者利益的统一，在提升企业绩效的同时，实现自身价值的最大化。

（2）通过 IPO 方式退出，能够更好地提高创业企业的融资能力和治理水平，增加企业的长期收益，有利于实现投资家和其他股东价值的最大化，也会给企业家的创新努力以股权补偿，给予他们强有力的经济激励，这对继续持有创业企业股份的企业家来说是更有利的。而且，企业家持有的企业股份流动性会增强，可以随时变现获利。

（3）通过 IPO 方式退出，可以向市场释放关于企业经营状况良好的信号，同时也能够引进新的管理团队获得新的管理技能，有助于企业持续从资本市场获得低成本的资金，有利于企业稳步发展。这样还能让企业家获得相对于将投资家控制股份转让给行业竞争对手更好的声誉，使得市场中的其他投资者能够认可企业家的创新能力、经营管理能力，有助于企业家声誉的提高。同时，还可以筛选出能力较差的企业家。IPO 所产生的这种激励甄别机制是其他退出机制所不能模仿的。

综上所述，与其他退出方式相比，以 IPO 方式退出可以给企业家带来更高的收益。一方面，通过 IPO 方式退出，投资家会将拥有的企业控制权转移给企业家，投资家在创业企业中的控制权和影响力会逐渐减弱，拥有的董事会席位和对重要决策具有的权利也随之消失。另一方面，通过 IPO 方式退出可以向市场释放关于创业企业经营状况良好的信号；能够引进新的管理团队获得新的管理经验；也有利于提高企业家的声誉。除此之外，通过 IPO 方式退出还可以提高企业的融资能力和治理水平，增加企业长期收益，还会给予企业家强有力的经济激励。因此，如果企业家掌握创业企业控制权，其可以获得相应的控制权收益，可以获得较多的隐性激励，这样将有利于促使企业家提高努力水平，将自身利益与创业企业的利益联系在一起，从而实现两者利益的统一，在提升企业绩效的同时，实现自身价值的最大化，最终促使投资家通过 IPO 方式退出。

3.3.3　创业企业控制权配置对并购退出方式的影响分析

在风险投资选择并购的方式从创业企业退出时，投资家会向外部出售企业股权，其他企业会收购或兼并创业企业，外部投资机构会进入创业企业。此时，创业企业家在企业中的地位会面临威胁，拥有的企业控制权也会失去。因此，如果风险投资通过并购方式退出，将会影响到企业家对企业的控制，甚至会使其丧失拥有的企业控制权，所以会遭到企业家的反对，最终引起企业家与投资家之间的利益冲突。

与 IPO 方式相比，风险投资选择并购方式退出可以给风险投资家带来更多益处。

（1）由于创业企业上市受政策影响较多，不确定性较大，尤其是对于那些由国内风险投资机构投资的创业企业来说，上市须格外谨慎。因为主板上市难度较大，甚至根本就是不可能的。而相比之下，并购退出能够通过投资机构之间的股权转让，以及被证券公司、银行收购或合并而实现。因此，并购成为现阶段风险投资选择的主要退出方式，通过并购方式退出，有利于风险投资家获得更多的现金流，提高资金的流动性。

（2）通过并购方式退出，一方面，有利于风险投资尽可能早地成功退出，有利于风险投资尽可能早地收回投资成本，向其投资者返还资金，并获得较高的投资收益。另一方面，由于风险投资除了投入资金给创业企业，还向企业提供管理和监督等增值服务，即不仅向企业提供金融支持，还提供非金融支持，通过一整套服务筛选和培育企业家，并获得投资收益。所以，选择以并购方式退出有利于风险投资家尽早将回收的资本投资给其他创业企业，在新企业中继续发挥其专业化优势[238]，通过专业化投资可以提高综合支持的质量，降低支持服务的成本。

因此，并购对于风险投资家而言是极具吸引力的，可以帮助其快速收回资金和证券，也有利于风险投资尽早地、完全地从创业企业退出。但是，与风险投资家不同，创业企业家不愿意选择并购这一退出方式，因为如果企业被兼并，就不能保持其独立性，企业家将会受到影响。

（3）风险投资如果选择并购的方式从创业企业退出，企业的独立性会受到影响，创业企业家拥有的企业控制权将会丧失，这在很大程度上降低了企业家通过拥有企业控制权从企业获得较多私人收益（既可以表现为货币化收益，例如高的报酬和支出、利用内幕信息套取利益、利用关联交易方式向自己与亲属控制的关联公司转移公司资产、通过虚假信息披露或财务操纵来获得非法收益等；也可以表现为非货币化收益，是一种精神上的享受，例如指挥别人带来的满足感、独自决定企业资源使用的权力、豪华的办公条件、人力资本增值、雇用并不胜任的亲朋好友来公司工作以获得亲情投资、实现自身价值获得的乐趣等）的可能性，也有利于缓解企业家为追求私人利益所产生的道德风险。

（4）如果风险投资选择以并购方式退出，由于并购方通常与创业企业处于相同或近似的行业，并购方能够给企业带来较好的管理监督服务，也有能力评估企业价值，有利于解决风险投资家与企业家之间存在的信息不对称问题。

首先，并购方不仅能够更好地解决信息不对称、投资评价以及对企业家的监控等问题，而且可以有效地处理企业家的监控与约束等问题。因此，对于存在较大程度信息不对称的创业企业而言，并购是一种具有吸引力的退出方式。特别是当企业的技术与并购企业所拥有的技术具有高度互补性时，并购比 IPO 更为有利。

其次，作为战略并购者，并购方通常与创业企业的业务相同或相似，期望将自有的产品或技术与创业企业的产品或技术进行融合，以达到实现协同效应、提高核心竞争力的目的。例如，并购方能够利用创业企业具有的资源优势、技术优势、人才优势，以及市场优势实现优势互补和规模效应等。因此，在并购退出方式下，创业企业可以获得较高的估值，而风险投资也能够获得较高的退出价值和投资回报率。

综上所述，与创业企业家相比，由于风险投资家投资持续的时间较短，流动性约束较高，其更愿意选择以并购方式退出。一方面，通过并购方式退出有利于 VC 尽可能早的成功退出，实现资本回报，获得较高的退出收益。另一方面，以并购方式退出，有利于减少企业家从企业获得的私人收益，也有利于缓解企业家为追求私人利益所产生的道德风险。除此之外，如果选择以并购方式退出，并购方能够给创业企业带来较好的管理监督服务，也有利于解决投资双方之间存在的信息不对称问题。因此，如果风险投资家掌握创业企业控制权，其可能会为了尽早实现投资回报，获得更高的投资收益；为了对企业家形成有效地激励约束，减少企业家私人收益；以及为了给创业企业带来更好的增值服务，引入新的并购方，而选择以并购方式退出。

目前，集中于创业企业控制权配置对风险投资机构退出方式影响的研究很少，值得借鉴的理论模型就更少。可以考虑借鉴格布哈德和施密特（2006）的理论模型，该模型将金融工具引入企业控制权配置的研究当中，比较了债券、普通股和可转换债券等三种金融工具在企业控制权配置过程中的效率。研究发现，单纯的债券、普通股、债券与普通股的组合无法实现控制权配置的最优；然而，可转换债券和相机控制配置的结合可以实现企业控制权配置的最优，其中，转换期权可以根据企业绩效信号使得企业控制权实现动态配置。格布哈德和施密特研究发现，即便不能直接依据企业状态来判定最优控制权配置，但是可以根据现金流权与控制权的关系，来确定企业控制权配置的最优性。应该将企业中的控制权与现金流权联系起来，这样可以更好地研究企业融资问题，并为研究企业治理效果等问题奠定理论基础。

基于上述模型，在研究创业企业控制权配置对 IPO 和并购这两种退出方式的影响时，可以构建企业控制权配置影响风险投资机构退出方式的理论模型，引入状态依存契约，并结合可转换证券，比较不同企业控制权配置下的企业家与投资家的收益，研究风险投资机构如何根据创业企业控制权的配置选择最优的退出方式。

3.4

逻辑框架的建立

控制权作为一和"状态依存权"在创业企业成长过程中处于不断变化的状态，为了保护各自的权益，创业企业控制权的配置便成为企业家与投资家所关注的重要问题。创业企业控制权的配置可以对企业家产生激励约束作用，有利于提升企业绩效；更为重要的是，企业控制权配置可以缓解风险投资过程中存在的套牢问题，解决由于契约的不完全、专用性投资，以及信息不对称下投资双方机会主义行为等所产生的套牢风险，确保投资双方的利益不被对方侵害。因此，有必要对创业企业控制权配置进行研究，这样有利于解决企业家与投资家之间的利益冲突，缓解双方存在的套牢问题。

同时，由于不同类型的风险投资机构之间存在异质性，这些投资机构在投资目标、投资金额、提供增值服务等方面存在较大差异，而这些差异又会导致风险投资机构与企业家合作时在公司治理、契约设计等方面存在很大的差异，进而会对创业企业控制权的配置产生影响。根据相关理论分析，本书将风险投资机构划分为独立的投资机构和附属的投资机构，进而分别研究两类风险投资机构如何使用不同的契约机制，对企业控制权的配置产生影响。

根据第 2 章的文献梳理可以发现，创业企业控制权在配置过程中受到多种因素的影响，主要集中于企业家特征、投资家特征等两个方面，包括企业中期绩效、企业发展阶段、行业、企业家努力水平、再谈判过程中具有的讨价还价能力等；投资家的投资额、努力水平、付出的管理监督成本、再谈判过程具有的讨价还价能力、联合投资等因素。因此，在研究企业控制权配置的过程中，可以通过在模型中引入这些变量，研究在这些变量的影响下，创业企业控制权配置如何实现最优。

最后，一方面，风险投资家与企业家之间目标函数的不一致，使得双方在风险投资机构退出方式的选择方面存在着巨大的利益冲突。另一方面，投资契约的不完全和创业企业内外部环境存在的不确定性，使得投资双方不能根据事后的企业经营状态决定风险投资机构的退出方式，只能在事前对投资契约中的控制权配置进行约定，约定在关于企业经营状态的信号揭示出来以后，由拥有控制权的一方决定投资机构的退出方式。所以，事前针对风险投资机构退出过程中的控制权配置就变得非常重要，控制权的不同配置会对风险投资机构退出方式产生不同的影响。因此，本书根据文献综述与相关理论分析，分别研究企业家控制配置、投资家控制配置、相机控制配置如何影响IPO 和并购这两种退出方式的选择。图 3 - 1 是本书的逻辑框架。

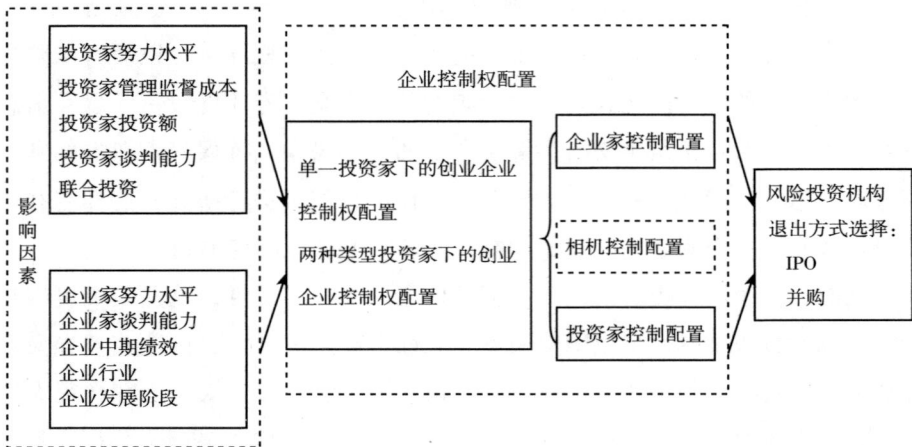

图 3 - 1　逻辑框架

第 4 章

单一投资家的创业企业控制权配置研究

风险投资作为向快速增长的创业企业进行投资的一种方式，很大程度上帮助了创业企业的快速发展。然而，创业企业由于成立时间短，与风险投资家（venture capitalists，VC）之间存在着高度的信息不对称，这使得企业家与投资家不可能签订完备的契约，一旦出现契约中未规定的事项，就需要进行控制权的配置。同时，由于企业家与投资家向企业投入的专用性投资较多，双方进入和退出企业的壁垒非常高，这就容易出现"套牢"的问题（Schmitz，2001[239]）。

套牢现象普遍存在于金融契约当中，但是，学者们在研究的过程中经常会忽略这一问题，很少有学者研究金融契约中存在的套牢问题，更少有学者从产生相互套牢问题的根源入手，研究如何减少存在的套牢问题。作为风险投资契约研究的重点领域，创业企业控制权的不同配置会给投资双方带来不同的激励与约束效应，进而会对双方的决策行为产生影响，最终会影响到投资家与企业家各自的收益以及企业的绩效。因此，本章从缓解企业家与投资家存在的相互套牢问题的视角来研究创业企业控制权配置，这对于完善创业企业控制权配置、提升企业绩效、促进风险投资的成功与发展意义重大，对于金融契约、公司治理和不完全契约理论的丰富和发展也是重要的补充。

国内外学者的研究为创业企业控制权理论研究奠定了坚实的基础，但是尚存在以下不足：第一，虽有关于企业套牢问题的研究，但大多是研究导致套牢风险产生的原因，只有少数学者研究通过契约安排等来消除套牢问题，很少有学者通过研究创业企业控制权配置的内在机理来消除企业家与投资家之间存在的相互套牢的问题。第二，已有研究在分析控制权配置方式时忽略了与相机控制相对应的方式——反相机控制。第三，已有关于"状态依存"契约的研究往往是建立在企业状态变量可验证的基础之上。第四，已有研究往往忽略企业家人力资本因素，仅考虑自然状态实现后的决策问题，而忽略对企业家进行事前激励。第五，已有研究忽视了风险投资专用性特点，忽略了投资家付出的管理监督成本。第六，已有研究对企业家风险中性的假设过于理论化。

由于已有学者研究中存在的不足，本书借鉴赫尔曼（2006）[12]、耶拉米利（2006）[13]、安德里乌（2011）[14]等学者的研究成果，运用博弈的思想，以及信息经济学等相关方法，在不完全契约理论以及企业控制权理论的框架内，构建了创业企业控制权动态配置模型。首先，在引入企业家与投资家各自的讨价还价能力、企业中期绩效的信号等变量的前提下，比较反相机控制配置、相机控制配置和企业家控制配置下企业家与投资家的收益，确定了两种可能的最优控制权配置。其次，研究在企业家事前努力水平、双方讨价还价能力、企业中期绩效信号、投资家提供的投资额、付出的管理监督成本、企业清算价值等因素的影响下，哪种控制权配置可以缓解企业家与投资家相互套牢问题、实现企业价值的最大化；最后，给出本章结论，在扩展企业家风险偏好、假设企业状态变量不可证实的基础上，通过引入上述变量，研究不确定信息条件下风险投资契约治理中的控制权配置，为缓解企业家与投资家相互套牢风险、促进风险投资的发展、提高创业企业治理效率提供参考，对丰富和完善风险投资契约理论有着较高的学术价值。

4.1

基本模型

本章的模型有4个时间点，0-3。时刻0，企业家拥有一个好项目，需要资金为I，而企业家自身缺乏资金，为了实施该项目，需要向投资家融资。

时刻 1，企业家提供契约给投资家，如果投资家接受该契约，其会投入资金 I，否则，投资家会拒绝投资，那么他将会一无所获，与此同时，为了项目能够实施，企业家会付出相应的努力（e），投资家向企业投入监督管理的成本（m）。在时刻 $1\frac{1}{2}$，创业企业存在两种可能的自然状态 $\theta\in\{g,\ b\}$，$\theta=g$ 为好，$\theta=b$ 为差。企业家与投资家可以观察到企业自然状态，但是该自然状态无法被第三方观察到，第三方只能观测到有关企业中期绩效的信号 r，企业绩效与企业状态的关系用 γ 表示，$\gamma=\mathrm{Prob}$（$r=r^k|\theta=\theta^i$）（k = 1，h；i = g，b），$\gamma\in$（0.5，1）[70]，γ 表示当企业自然状态差时企业绩效较低，而当企业自然状态好时企业绩效相对较高。时刻 2，企业家与投资家可以对初始阶段签订的契约进行再谈判，谈判的依据是双方观察到的企业绩效信号。在再谈判过程中，企业家与投资家会对企业的再谈判收益进行分配。由于创业资本市场是完全竞争的，但是拥有好项目的企业家较少，因此，企业家具有的讨价还价能力较强，用 ρ 表示企业家具有的相对于投资家的讨价还价能力，$\rho\in$（0，1）是一个外生常数，企业家从再谈判中获得份额为 ρ 的收益，投资家获得分额为（$1-\rho$）的再谈判收益。在时刻 3，企业的收益会实现。

由于投资家通常采用分散化投资来降低风险，可以假定投资家是风险中性的，而企业家由于没有初始财富，如果企业最终成功，其可以得到高额的回报；如果企业最终失败，企业家的损失也会很少，可以假定企业家是风险偏好的，即不论企业经营怎样，企业家都会希望企业继续经营下去。

在双方进行再谈判过程中，企业自然状态的好坏会对双方的决策产生影响，如果在企业自然状态差时由企业家拥有控制权，其可能会选择不清算，从而套牢投资家；如果在企业自然状态好时由投资家拥有控制权，其可能会选择清算，从而套牢企业家。时刻 3，企业收益得以实现。模型的时序结构如图 4 - 1 所示。

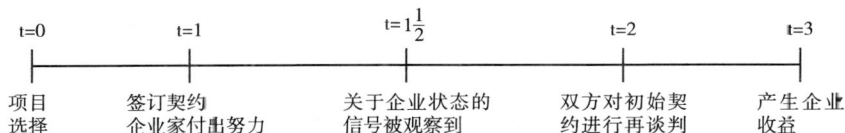

图 4 - 1　模型时序结构

4.1.1　模型假设

在时刻 $1\frac{1}{2}$，企业家与投资家可以观测到企业自然状态，他们可以选择两种经营策略：要么选择继续经营，要么选择清算企业。如果企业自然状态显示为"好"，企业继续经营下去，企业在时刻 3 时的收益为 G，获得该收益的概率是 p_g，而企业收益为 0 时的概率为 $1-p_g$。如果企业自然状态显示为"差"，那么企业如果继续经营，则企业收益为 0。然而，无论企业自然状态好或者差，如果在时刻 2 清算企业，那么企业的收益将为 $L \in (0, I+m)$。

假设 1　当企业自然状态较好时，选择继续经营时的企业收益（$p_g G$）大于选择清算时的企业收益（L），两者之差用 Δ 表示。

假设 2　企业的盈利能力 y（y≤1）和企业家付出的努力水平共同影响到企业的自然状态，企业自然状态好的概率为 ey，而企业自然状态差的概率为 $1-ey$。企业家承担的努力成本为 $\frac{\psi e^2}{2}$，ψ 表示单位努力成本。

假设 3　$\psi > 2y\Delta$。企业家付出的努力水平是内部均衡解。

假设 4　假设企业家承担有限责任，即如果企业被清算，其获得的收益不得小于 0。

假设 5　无论企业绩效信号是高或是低，投资家在企业清算时的收益保持不变（$L_l = L_h = L$）。

4.1.2　风险投资契约设计

定义 $\Phi \in \{VC, VE, CC, ICC|r\}$ 是契约中控制权配置的集合，VC 表示无论企业绩效是高或是低，由投资家掌握控制权；VE 表示无论企业绩效是高或是低，由企业家掌握控制权；$\{CC, ICC|r\}$ 表示，根据关于企业绩效的信号 r，选择相机控制（当企业绩效较高时，由企业家掌握控制权；而

当企业绩效较低时，由投资家掌握控制权）或是反相机控制（当企业绩效较高时，由投资家掌握控制权；而当企业绩效较低时，由企业家掌握控制权）。

定义 $\Omega = (L_r, C_r)$ 为契约的收益规则，C_r 表示，如果选择将企业继续经营，投资家获得的收益，依据是企业绩效的信号 $r \in (l, h)$，而企业家获得的收益为 $G - C_r$。L_r 表示如果企业在时刻 2 被清算，投资家获得的收益，而企业家获得的收益为 $L - L_r$。

4.2

模 型 分 析

4.2.1 激励约束与参与约束条件

构建模型时需要满足企业家的激励约束条件以及投资家的参与约束条件。

投资家的参与约束条件为：

$$S \geqslant I + m \tag{4-1}$$

表示投资家的收益不得小于初始投资额和付出的管理与监督成本之和。

企业家的努力水平必须满足激励约束条件为：

$$e = \underset{e}{\text{argmax}} EV - S - \frac{\psi e^2}{2} \tag{4-2}$$

表示企业家的期望收益在减去其努力成本后必须使得其努力水平达到最大。其中 EV 表示企业获得的期望收益，用 S 表示投资家的期望收益，那么企业家的期望收益为 $EV - S$。

在确定企业家与投资家的收益和成本的前提下，企业价值为，企业期望收益减去投资家的投资额、管理监督成本、企业家的努力成本后的剩余，即：

$$V = EV - I - m - \frac{\psi e^2}{2} \qquad\qquad (4-3)$$

4.2.2 不同控制权配置下的企业家与投资家收益

首先，当企业状态被投资双方观察到以后，定义投资家在企业自然状态好或差时获得的收益。

当企业自然状态好时，投资家收益用 S_g 表示，是继续经营时收益 $p_g C_r$ 与再谈判后收益 $L_r + (1-\rho)\Delta$ 之中的最大值。

当企业自然状态差时，投资家收益用 S_b 表示，是企业清算时的收益 L_r 与再谈判以后的收益 $(1-\rho)L$ 两者之中的最小值。

其次，确定企业家与投资家在不同控制权配置下的收益，依据企业自然状态的好或者坏，从而得到引理 1。

引理 1

（1）当企业家拥有控制权时，如果企业自然状态好，其将会继续经营企业。根据企业绩效信号，投资家与企业家的收益分别为 $p_g C_r$ 和 $p_g (G - C_r)$。如果企业状态差，企业家与投资家进行再谈判以后将会清算企业，投资家和企业家的收益分别是 S_b 和 $L - S_b$。

（2）当投资家拥有控制权时，如果企业自然状态好，其可能在与企业家进行再谈判以后允许企业继续经营，投资家和企业家的收益分别是 S_g 和 $p_g G - S_g$。如果企业状态差，投资家将会清算企业，投资家和企业家的收益分别是 L_r 和 $L - L_r$。

证明：

（1）当企业状态好时，如果企业家掌握控制权，其将会按照初始契约继续经营。如果投资家掌握控制权，其有两个选择：①按照初始契约继续经营，获得收益 $p_g C_r$；②威胁清算企业来迫使再谈判。投资家和企业家分别获得收益 $L_r + (1-\rho)\Delta$ 和 $L - L_r + \rho\Delta$。当 $L_r + (1-\rho)\Delta > p_g C_r$ 时，投资家会迫使企业家再谈判。因此，投资家的收益在企业状态好时为 S_g，企业家的收益为 $p_g G - S_g$。

（2）当企业状态差时，如果投资家掌握控制权，因为此时的清算收益大于零，其将会清算企业。当企业家掌握控制权，或者选择清算企业，获得收益为 $L - L_r$，或者迫使再谈判，获得收益为 ρL。当 $\rho L > L - L_r$ 时，企业家会同意进行再谈判。因此，投资家收益为 S_b，企业家收益为 $L - S_b$。

4.2.3　确定企业家努力水平

为了确定企业家最优收益，需要确定企业家的努力水平。定义不同控制权配置下企业家在状态好与状态差时的差量收益为 M_Φ，则投资家的差量收益为 $\Delta - M_\Phi$。

$$M_{VC} = \Delta - \gamma S_g(h,\Omega) - (1-\gamma)S_g(1,\Omega) + L \tag{4-4}$$

$$M_{VE} = \Delta - \gamma p_g C_h - (1-\gamma)p_g C_1 + \rho L \tag{4-5}$$

$$M_{CC} = \Delta - \gamma p_g C_h - (1-\gamma)S_g(1,\Omega) + \gamma L + (1-\gamma)\rho L \tag{4-6}$$

$$M_{ICC} = \Delta - \gamma S_g(h,\Omega) - (1-\gamma)p_g C_1 + \gamma\rho L + (1-\gamma)L \tag{4-7}$$

经过推导证明，可以获得引理2。

引理2　在可行性契约条件得到满足的情况下，企业家获得的收益小于企业继续经营时的收益与清算时的收益的差额（$M_\Phi < \Delta$）。企业家付出努力水平为：

$$e_\Phi(\Omega) = \frac{M_\Phi(\Omega)y}{\psi} \tag{4-8}$$

证明：根据引理1，不同控制权配置下，投资家收益 $[S_\Phi(\Omega,e)]$ 可以表示为：

$$S_{VC}(\Omega,e) = ye[\gamma S_g(h,\Omega) + (1-\gamma)S_g(1,\Omega)] + (1-ye)L \tag{A1-1}$$

$$S_{VE}(\Omega,e) = ye[\gamma p_g C_h + (1-\gamma)p_g C_1] + (1-ye)\rho L \tag{A1-2}$$

$$S_{CC}(\Omega,e) = ye[\gamma p_g C_h + (1-\gamma)S_g(1,\Omega)] + (1-ye)[\gamma L + (1-\gamma)\rho L] \tag{A1-3}$$

$$S_{ICC}(\Omega,e) = ye[\gamma S_g(h,\Omega) + (1-\gamma)p_g C_1] + (1-ye)[\gamma\rho L + (1-\gamma)L]$$

$$(A1-4)$$

依据方程（A1-1）～方程（A1-4），对企业家的期望收益求偏导，得到 $\dfrac{\partial(EV(e) - S_\Phi(\Omega,e))}{\partial e} = yM_\Phi(\Omega)$，因此，不同控制权配置下，企业家收益 $M_\Phi(\Omega)$ 如式（4-4）～式（4-7）所示。

（1）运用反证法，证明在投资家控制时企业家收益小于企业继续经营剩余 $[M_\Phi(\Omega) < \Delta]$。投资家控制下投资家的收益为：

$$S_{VC}(\Omega,e_{VC}) = ye_{VC}[\Delta - M_{VC}(\Omega)] + L \qquad (A1-5)$$

假定存在一个可行性契约，使得 $M_\Phi(\Omega) \geqslant \Delta$。那么，投资家的收益会小于其付出投资额与管理监督成本之和，即 $S_{VC}(\Omega,e_{VC}) \leqslant L < I + m$，这与可行性条件（1）是相违背的。因此，可行性契约条件下，一定存在 $M_\Phi(\Omega) < \Delta$。

（2）确定企业家的努力水平（e_Φ）。

企业家的边际努力成本为 ψe，$\dfrac{\partial[EV(e) - S_\Phi(\Omega,e)]}{\partial e} = yM_\Phi(\Omega)$。根据假设3，$\psi > y\Delta$ 和 $y\Delta > yM_\Phi(\Omega)$，因此，企业家付出的努力水平为 $\psi e_\Phi = yM_\Phi(\Omega)$，$e_\Phi = \dfrac{yM_\Phi(\Omega)}{\psi}$。

4.2.4 不同控制权配置的比较

有效的继续经营决策通常在事后制定，企业的期望收益还可以表示为：

$$EV = EV(e) = ye\Delta + L \qquad (4-9)$$

结合方程（4-3），方程（4-8）和方程（4-9），企业价值可以重新表示为：

$$V = \frac{y^2 M_\Phi(\Omega)}{2\psi}(2\Delta - M_\Phi(\Omega)) + L - I - m \qquad (4-10)$$

经过推导、证明，可以得到引理 3。

引理 3　最优的契约是在满足投资家参与性约束的基础上使得企业家收益（M_Φ）最大化。即最优的契约就是在满足投资家收益不小于其投入的资金与其付出的管理监督成本之和的前提下，使企业家收益最大的契约安排。

证明：契约是通过影响企业家的收益来影响企业价值。对（4 - 10）求关于企业家收益的偏导，得到 $\dfrac{\partial NV_\Phi}{\partial M_\Phi} = \dfrac{y^2\,(\Delta - M_\Phi)}{\psi} > 0$，因为 $M_\Phi < \Delta$，所以，在满足投资家参与约束条件的前提下，可以使企业家收益最大化的契约实现最优，因此，引理 3 得以证明。

在比较企业家控制配置、反相机控制配置与相机控制配置下企业家与投资家收益的基础上，确定最优的控制权配置，从而得到定理 1。

定理 1　相机控制配置优于企业家控制配置和反相机控制配置。

证明：假定企业家控制是可行的，那么 $S_{VE} \geq I + m$。用 $S_g = \gamma \{ L_h + (1 - \rho)\Delta, p_g C_h \} + (1 - \gamma) p_g C_l$ 表示投资家在企业自然状态好时获得的期望收益。如果存在另一相机控制契约，用 $\tilde{L}h$ 和 $\tilde{L}l$ 表示当企业被清算时，投资家在企业绩效高或者低时获得的收益，$\tilde{L}h = \tilde{L}l = L$；用 $\tilde{C}h$ 和 $\tilde{C}l$ 表示企业继续经营时，投资家在企业绩效高或者低时所获得的收益，投资家在企业自然状态好时的期望收益为：$S_g = \gamma p_g \tilde{C}h + (1 - \gamma) \max \{ L + (1 - \rho)\Delta, p_g \tilde{C}l \}$。

在这两种契约情况下，企业家在企业自然状态好时获得同样的期望收益，得到：

$$M_{CC}(\widetilde{\Omega}) - M_{VE}(\Omega) = \gamma L + (1 - \gamma)(1 - \rho)L - \gamma \min\{(1 - \rho)L, L_l\} - (1 - \gamma)L_h \quad (A1 - 6)$$

将 $\min\{(1 - \rho)L, L_l\} \leq (1 - \rho)L$，以及 $L_h \leq L$ 代入式（A1 - 6），简化，可以得到 $M_{CC}(\widetilde{\Omega}) - M_{VE}(\Omega) \geq (1 - \rho)\gamma L > 0$。因为 $\gamma > 0.5$。因此，$e_{CC} > e_{VE}$，因为 $S_{CC}(, e)$ 是 e 的增函数，所以，$S_{CC}(\widetilde{\Omega}, e_{CC}) > S_{CC}(\widetilde{\Omega}, e_{VE})$。但是，

$$S_{CC}(\widetilde{\Omega}, e_{VE}) = y e_{VE} S_g + (1 - y e_{VE})(\gamma L + (1 - \gamma)(1 - \rho)L) > S_{VE}(\Omega, e_{VE})$$

$$(A1 - 7)$$

因此，S_{CC}（$\widetilde{\Omega}$，e_{CC}）$> S_{VE}$（Ω，e_{VE}）。与企业家控制配置相比，相机控制配置相对较优。采用类似的方法同样可以验证相机控制配置优于反相机控制配置。

通过比较不同控制权配置下企业家与投资家收益，发现：相机控制配置相比反相机配置，在企业状态好时给予企业家激励，而在企业状态差时给予其惩罚，这增强了对企业家的激励。而反相机配置则正好相反，其在企业状态好时惩罚企业家，在企业状态差时奖励企业家，减弱了对企业家的激励。所以控制权相机配置严格优于反相机控制配置。

控制权相机配置相比企业家控制配置，虽然企业家控制减少了在企业状态好时被投资家套牢的问题，但是企业家却在企业状态差时通过从清算收益中抽取一部分收益而损害投资家利益。相机控制配置由于降低企业状态差时企业家抽取的清算收益而优于企业家控制配置。

因此，通过比较，风险投资契约仅在投资家控制配置与相机控制配置时可能达到最优。接下来将对两种控制权配置进行比较和分析，确定能够缓解企业家与投资家相互套牢、实现控制权最优配置的契约，主要包括两个步骤：首先描述投资家控制与相机控制契约下的可行性条件与契约最优收益规则；其次，比较两种控制权配置下的企业家收益、套牢风险以及企业价值。

4.3

创业企业最优控制权配置分析

4.3.1 相机控制权配置分析

4.3.1.1 相机控制权配置下的企业家收益

当投资家在企业自然状态好时的收益，减去企业状态差时的收益、投入的资金、管理监督成本以后的剩余不小于零时，即满足契约可行性约束条件时，可以得到：

$$\frac{y^2 M_{CC}(\Delta - M_{CC})}{\psi} - [I + m - L + (1 - \gamma)\rho L] \geqslant 0 \qquad (4-11)$$

通过简单推导，可以得到企业家收益（M_{CC}）：

$$M_{CC}^{\pm} = \frac{1}{2}\left(\Delta \pm \sqrt{\Delta^2 - \frac{4\psi(I + m - L + (1 - \gamma)\rho L)}{y^2}}\right) \qquad (4-12)$$

企业家收益仅在如下条件满足时才能获得：

$$(y\Delta)^2 \geqslant 4\psi[I + m - L + (1 - \gamma)\rho L] \qquad (4-13)$$

4.3.1.2　相机控制权配置下企业家与投资家的套牢风险分析

相机控制配置下，企业自然状态的好坏、哪一方拥有控制权以及双方讨价还价能力的强弱都会对企业家与投资家的收益产生很大的影响，进而会出现双方套牢彼此的问题，下面的定理对在相机控制配置下双方不同讨价还价能力情况下的套牢问题进行分析。

定理 2　在条件（4-13）满足时，相机控制权配置才可行。此时，企业家获得的最优收益等于企业家收益的最大值（$M_{CC}^* = M_{CC}^+$）。下面是企业家与投资家根据讨价还价能力的不同对是否会存在套牢彼此的风险进行分析。

（1）当投资家拥有控制权、企业自然状态好时，如果企业家的讨价还价能力 $\rho \geqslant \dfrac{M_{CC}^+}{[\Delta - (1 - \gamma)L]}$，通过 $C_l = C_h = G - \dfrac{[M_{CC}^+ + (1 - \gamma)\rho L]}{p_g}$，此时，因为企业家具有的讨价还价能力较强，为了保护弱势一方，投资家获得的收益会相对较高，因此，投资家不会套牢企业家；（2）如果企业家的讨价还价能力 $\rho < \dfrac{M_{CC}^+}{[\Delta - (1 - \gamma)L]}$，通过 $C_l < \dfrac{L + (1 - \rho)\Delta}{p_g}$ 和 $C_h = G - \dfrac{M_{CC}^+ - \rho(1 - \gamma)(\Delta - L)}{\gamma p_g}$，由于投资家具有的讨价还价能力相对较强，投资家会迫使企业家进行再谈判，从而达到增加其收益的目的，最终使得收益达

到 $L + (1 - \rho) \Delta$。

证明：证明存在相机控制下的最优收益规则 Ω_{CC}^* [即证明条件（4 - 13）的充分性]。因为在可行性条件约束下，M_{CC}^+ 是 M_{CC} 的最大值，最优契约必须满足 $M_{CC}^+ = M_{CC}$（Ω_{CC}^*）。将 $L_h = L_l = L$ 代入 M_{CC} 的表达式，等价于：

$$\gamma p_g (G - C_h) + (1 - \gamma) \min \{ \gamma p_g (G - C_l), \rho\Delta \} = M_{CC}^+ + (1 - \gamma) \rho L$$

$$（A1 - 8）$$

分析下面两种情况。

（1）假定 $M_{CC}^+ + (1 - \gamma) \rho L \leqslant \rho\Delta$，等式（A1 - 2）在 $C_h = C_l$ 时满足，$p_g (G - C_l) = M_{CC}^+ + (1 - \gamma) \rho L$。当 $p_g (G - C_l) \leqslant \rho\Delta$，投资家在企业继续经营情况下可以获得更多收益。

（2）假定 $M_{CC}^+ + (1 - \gamma) \rho L > \rho\Delta$。此时 $p_g (G - C_l) > \rho\Delta$。
C_h 满足：

$$\gamma p_g (G - C_h) + (1 - \gamma) \rho\Delta = M_{CC}^+ + (1 - \gamma) \rho L \qquad （A1 - 9）$$

从上述分析可以发现，企业家的最大收益随着其讨价还价能力的增强而减少，即在相机控制配置下，随着企业家讨价还价能力的增强，降低了企业家在企业状态差时从企业抽取的清算收益，因此，对企业家的激励也随之降低。

4.3.2　投资家控制权配置分析

4.3.2.1　投资家控制权配置下的企业家收益

采用与相机控制权配置分析类似的方法，投资家控制权配置下契约的可行性约束可以表示为：

$$\frac{y^2 M_{VC} (\Delta - M_{VC})}{\psi} - (I + m - L) \geqslant 0 \qquad （4 - 14）$$

企业家的收益 $M_{VC}^\pm = \frac{1}{2} \left(\Delta \pm \sqrt{\Delta^2 - \frac{4\psi (I + m - L)}{y^2}} \right)$ $M_{VC} \in [M_{VC}^-, M_{VC}^+]$

与企业家收益最小值（M_{VC}^-）对应的讨价还价能力为 ρ_{VC}^-，满足 $\rho_{VC}^- \Delta = M_{VC}^-$；与收益最大值（$M_{VC}^+$）对应的讨价还价能力为 ρ_{VC}^+，满足 $\rho_{VC}^+ \Delta = M_{VC}^+$。

投资家控制配置下可行性契约的必要性通过：

$$(y\Delta)^2 \geqslant 4\psi(I + m - L) \tag{4-15}$$

得到满足。

因为 $\rho\Delta \geqslant M_{VC}$，为了确保契约可行，必须：

$$\rho\Delta \geqslant M_{VC}^- \Leftrightarrow \rho \geqslant \rho_{VC}^-。 \tag{4-16}$$

4.3.2.2 投资家控制权配置下企业家与投资家的套牢风险分析

与相机控制权配置下的分析方法类似，投资家控制权配置下，企业自然状态的好坏以及双方讨价还价能力的高低也会影响企业家与投资家的收益，从而有可能出现双方相互套牢的问题，下面的定理是对在投资家控制配置下双方不同讨价还价能力条件下的套牢问题进行分析。

定理3 只有满足条件即式（4-15）和式（4-16），投资家控制权配置契约才可行，下面是根据企业家与投资家讨价还价能力的不同，对是否会存在套牢彼此的风险进行分析。

（1）如果企业家讨价还价能力 $\rho \geqslant \rho_{VC}^+$，通过 $C_l = C_h = \dfrac{p_g G - M_{VC}^+}{p_g}$，由于企业家讨价还价能力较强，在企业自然状态好时，投资家不会套牢企业家，因此双方不会进行再谈判。此时企业家获得的最优收益 $M_{VC}^* = M_{VC}^+$。

（2）如果企业家的讨价还价能力在最大与最小值之间（$\rho_{VC}^- \leqslant \rho \leqslant \rho_{VC}^+$），通过 $C_l < \dfrac{L + (1-\rho)\Delta}{p_g}$ 与 $C_h < \dfrac{L + (1-\rho)\Delta}{p_g}$，对于较弱的企业家讨价还价能力，投资家通常会在企业状态好时要求再谈判，迫使企业家进行再谈判来增加其收益至 $L + (1-\rho)\Delta$。此时，企业家最优收益为其获得的再谈判收益。

证明：（1）采用反证法，证明 $\rho \geqslant \rho_{VC}^-$ 的必要性。假定存在一个可行的契约，当 $\rho < \rho_{VC}^-$ 时，因为 $\rho_{VC}^- \Delta = M_{VC}^-$，所以 $\rho\Delta = M_{VC}^-$。

由于，$L_l = L_h = L$，M_{VC} 可写为：

$$M_{VC} = \gamma \min\{p_g(G - C_h), \rho\Delta\} + (1 - \gamma)\min\{p_g(G - C_l), \rho\Delta\} \leq \rho\Delta$$

$$(A1 - 10)$$

因此，如果 $\rho\Delta < M_{VC}^-$，$M_{VC} < M_{VC}^-$，一定存在 $\dfrac{y^2 M_{VC}(\Delta - M_{VC})}{\psi} - (I + m - L) < 0$，这与契约的可行性条件相矛盾。因此，契约 $\Phi = VC$ 当且仅当 $\rho \geq \rho_{VC}^-$ 时是可行的。

（2）证明当 $\rho \geq \rho_{VC}^-$，以及 $(y\Delta)^2 \geq 4\psi(I + m - L)$ 时存在最优契约。

任何可行的收益规则 Ω 必须满足 $M_{VC} \in [M_{VC}^-, M_{VC}^+]$。分别分析下列两种情况。

①假定 $\rho \geq \rho_{VC}^+$，那么 $\rho\Delta \geq M_{VC}^+$，对于每一个 $M_{VC} \in [M_{VC}^-, M_{VC}^+]$，$M_{VC} \leq \rho\Delta$ 可得到满足。因此，通过投资家在企业绩效信号高或低时的继续经营收益 $C_l^* = C_h^* \dfrac{p_g G - M_{VC}^+}{p_g}$，$p_g(G - C_l^*) = p_g(G - C_h^*) = M_{VC}^+ \leq \rho\Delta$，最优契约下企业家最优收益等于收益的最大值 $M_{VC}^* \geq M_{VC}^+$，在企业自然状态较好时，投资家不会要求进行再谈判。

②假定 $\rho_{VC}^- \leq \rho \leq \rho_{VC}^+$，这等价于 $M_{VC}^- \leq \rho\Delta < M_{VC}^+$，通过 $C_l^* < \dfrac{L + (1 - \rho)\Delta}{p_g}$ 与 $C_h^* < \dfrac{L + (1 - \rho)\Delta}{p_g}$，最优契约下企业家最优收益 $M_{VC}^* = \rho\Delta \in [M_{VC}^-, M_{VC}^+]$，投资家在企业状态好时通过要求再谈判增加收益为 $L + (1 - \rho)\Delta$，可行性契约得到满足。

从上述分析可以发现，在企业自然状态好时，如果企业家的讨价还价能力较强，投资家不会套牢企业家；如果投资家的讨价还价能力较强，投资家会为了增加收益，要求与企业家进行再谈判，从而套牢企业家。

前文已对控制权相机配置与投资家控制配置下的可行性条件、最优收益规则以及套牢风险分别进行了讨论，接下来将对两种控制权配置进行比较分析，比较在双方讨价还价能力、企业中期绩效、投资家投资额、管理监督成本与企业清算价值等变量影响下如何实现控制权配置的最优，分析是相机控制优于投资家控制，还是投资家控制优于相机控制，最终确定实现最优控制权配置的条件。

4.3.3 相机控制与投资家控制权配置比较分析

从前面的分析已经得到，如果投资家控制权配置满足可行性条件，此时，企业家的最优收益 $M_{VC}^* = \min \{M_{VC}^+, \rho\Delta\}$；如果相机控制权配置满足可行性条件，此时，企业家的最优收益 $M_{CC}^* = M_{CC}^+$。在进行简单的模型推导和分析之后，可以获得定理 4。

定理 4 最优的契约为 (Ω^*, Φ^*)，假定 $(y\Delta)^2 \geqslant 4\psi (I + m - L)$。下面的分析是根据企业中期绩效信号的高低、企业家与投资家讨价还价能力强弱的不同，将相机控制权配置和投资家控制权配置进行比较，比较两种控制权配置的最优性。

（1）如果企业家的讨价还价能力 $\rho \geqslant \rho_{VC}^+$，不论企业绩效信号是高或是低，投资家控制可以实现控制权配置最优。

因为，企业家讨价还价能力较强，投资家在企业状态好时不会套牢企业家，投资家控制下企业家收益大于相机控制下的收益，并且投资家控制下的企业家努力水平高于相机控制下的努力水平，因此，投资家控制优于相机控制，契约最优收益规则与定理 3（1）描述的相同。

（2）如果企业家讨价还价能力 $\rho < \rho_{VC}^+$，则存在一个绩效信号变量的临界值 $\hat{\gamma} < 1$ 使得：

①如果绩效信号 $\gamma \geqslant \hat{\gamma}$，相机控制可以实现控制权配置最优，契约最优收益规则与定理 2（2）描述的一样。除此以外，当风险投资家的投资额、付出的管理监督成本较低，企业的清算价值较高时，相机控制可以实现控制权配置最优。

②如果绩效信号 $\gamma < \hat{\gamma}$，并且企业家讨价还价能力 $\rho > \rho_{VC}^-$，投资家控制可以实现控制权配置最优，契约最优收益规则与定理 3（2）描述的一样。

除此之外，随着企业清算价值、继续经营收益的增加，以及企业盈利能力的增强，企业绩效信号的临界值（$\hat{\gamma}$）随之下降；随着企业家讨价还价能力的增强，企业绩效的信号的临界值（$\hat{\gamma}$）随之上升。

证明：（1）假定 $\rho \geqslant \rho_{VC}^+$，$M_{VC}^* = M_{VC}^+$，投资家控制是可行的，此时，企业

家最优收益等于收益的最大值，投资家控制下企业家付出更高的努力水平。在这种情况下，投资家控制严格优于相机控制，无论绩效信号 γ 的高低。投资家控制下的最优收益规则与命题 3（1）描述的相同。

（2）假定 $\rho < \rho_{VC}^+$，分情况进行分析。

①假定 $0.5 \leqslant \rho < \rho_{VC}^+$，$M_{VC}^* = \rho\Delta$，投资家控制是可行的。因此，相机控制当且仅当 $M_{CC}^+ > \rho\Delta$ 时是最优的。M_{CC}^+ 随着 γ 而增加，$\lim\limits_{\beta \to 1} M_{CC}^+ \to M_{VC}^+ > \rho\Delta$。因此，存在一个临界值 $\hat{\gamma} > 0.5$，使得：

$$\frac{(1 - \rho)\rho y^2 \Delta^2}{\psi} - [I + m - L + (1 - \hat{\gamma})\rho L] = 0 \qquad (A1 - 11)$$

②假定 $\rho < 0.5$，当 $M_{VC}^* = \rho\Delta < 0.5\Delta$ 时，投资家控制是可行的。当 $M_{CC}^+ \geqslant 0.5\Delta$ 时，相机控制是最优的。

相机控制配置下，可行性条件（4 - 13）在 γ 和 L 增加以及 m 和 I 减少时能够得以满足。因为当 $\gamma \to 1$ 时，$(\Delta y)^2 > 4\psi (I + m + L)$，条件（4 - 13）得到满足。采用与（2）①相同的逻辑，可得到临界值 $\hat{\gamma} \in [0.5, 1)$，当且仅当 $\gamma \geqslant \hat{\gamma}$ 时，使得条件（4 - 13）得到满足。或者存在一个 $\hat{\gamma} > 0.5$，使得：

$$(\Delta y)^2 > 4\psi[I + m - L + (1 - \hat{\gamma})\rho L] = 0 \qquad (A1 - 12)$$

或者对所有 $\gamma \in (0.5, 1)$，条件（13）可得到满足，此时 $\hat{\gamma} = 0.5$。

（3）分析 $\hat{\gamma}$ 与企业继续经营收益、清算价值、企业家讨价还价能力之间的关系。

当 $0.5 \leqslant \rho < \rho_{VC}^+$ 时，正如（2）①中显示的，$\hat{\gamma}$ 是条件（A1 - 11）满足情况下 $\gamma \in [0.5, 1)$ 的最小值，用 LE 表示条件（A1 - 11）左边的表达式，显然，LE 随 y，$p_g G$ 而增加，此外，因为：

$$\rho > 0.5, \frac{dLE}{d\rho} = \frac{(1 - 2\rho)(y\Delta)^2}{\psi} - (1 - \gamma)L < 0 \qquad (A1 - 13)$$

$$\rho > 0.5, \frac{y^2 \Delta}{2\psi} < 0.5, (1 - \gamma)\rho \leqslant (1 - \gamma) < 0.5,$$

$$\frac{dLE}{dL} = 1 - (1 - \gamma)\rho - \frac{2\rho(1 - \rho)y^2\Delta}{\psi} > 0 \qquad (A1 - 14)$$

因此，LE 随 y，p_gG 和 L 而增加，随着 ρ 而下降；则 $\hat{\gamma}$ 随 y，p_gG 和 L 而降低，随着 ρ 而增加。

讨论：（1）如果企业家讨价还价能力较强，由于投资家控制下企业家收益大于相机控制下的收益，并且投资家控制下的企业家努力水平高于相机控制下努力水平，因此，投资家不会套牢企业家。（2）如果企业家讨价还价能力较弱，投资家控制会在企业状态好时套牢企业家，而相机控制相比投资家控制的最大优势是其缓解在企业状态好时被投资家套牢的问题，通过允许企业家在绩效较高时保留控制权。（3）当企业家讨价还价能力减弱，企业状态差时被企业家套牢的可能性越小，因为投资家获得大部分清算收益。因此，当企业绩效增加时，相机控制将会是最优的。特别地，当存在一个临界值 $\hat{\gamma}$，如果企业绩效信号高于临界值（$\gamma > \hat{\gamma}$），相机控制严格优于投资家控制。

通过对投资家控制与相机控制配置进行比较，发现：投资家控制的主要缺点是在企业状态好、企业家讨价还价能力较弱时，企业家面临被投资家套牢的危险。对于盈利能力强的企业在企业状态好时，投资家将会获得较多的继续经营收益。而相机控制最大的优势是在企业状态好的情况下降低企业家被投资家套牢的风险，允许企业家在企业中期绩效很高时保留控制权。因此，相机控制配置相比投资家控制配置，在企业继续经营收益和企业清算价值较高、企业盈利能力较强，以及企业家讨价还价能力较弱时是最优的。

4.3.4　最优企业的价值分析

前文通过对企业家讨价还价能力与企业绩效信号的变化影响企业家最优收益的研究，来比较不同控制权配置的最优性。该节将研究，随着企业家的讨价还价能力、企业中期绩效信号、投资家投入的资金、付出管理监督成本，以及企业清算价值等的变动，企业的最优价值（V^*）会随之发生什么变化。

由于企业家具有的讨价还价能力和企业绩效信号是通过对企业家最优收益的影响来对企业价值产生影响。用 M^* 代表最优契约条件下企业家获得的收益，则最优企业价值为：

$$V^* = \frac{y^2 M^*(2\Delta - M^*)}{2\psi} + L - I - m \qquad (4-17)$$

通过模型推导和分析，得到如下定理。

定理 5

（1）如果企业家讨价还价能力 $\rho \geq \rho_{VC}^+$，或者，虽然企业家讨价还价能力 $\rho < \rho_{VC}^+$，但是企业绩效信号 $\gamma < \hat\gamma$ 时，投资家控制可以实现控制权配置最优，投资家不会套牢企业家，此时，企业价值不会随着企业绩效信号而变化。而当企业绩效信号 $\gamma \geq \hat\gamma$ 时，相机控制可以实现控制权配置最优，企业价值随着企业绩效信号增强而增加，企业家在企业状态好时将会保留控制权，在企业状态差时将不会保留控制权，这增强了对其的激励以及增加企业价值。

（2）对于任何绩效信号，存在一个企业家讨价还价能力的临界值（$\hat\rho < 1$），当企业家讨价还价能力 $\rho \geq \rho_{VC}^+$ 时，投资家控制可以实现控制权配置最优，企业家收益 $M_{VC}^* = M_{VC}^+$，企业价值不会随着企业家讨价还价能力的变化而变化；当企业家讨价还价能力 $\rho < \rho_{VC}^+$ 时，如果企业家讨价还价能力 $\rho \leq \hat\rho$，相机控制可以实现控制权配置最优，这降低对企业家的激励，企业价值随着企业家讨价还价能力增强而减少；如果企业家讨价还价能力 $\rho > \hat\rho$，投资家控制可以实现控制权配置最优，企业价值随着企业家讨价还价能力增强而增加。

除此之外，通过式（4-17）得到，除了企业家讨价还价能力与企业绩效信号，风险投资家的投资额、付出的监督管理成本和企业清算价值也会对企业最优价值产生影响，随着企业清算价值的增加，投资家提供的投资额、付出的监督管理成本的减少，企业价值会随之增加。

证明：

（1）对式（4-17）求 γ 的微分，得到：

$$\frac{dV^*}{d\gamma} = \frac{\partial V^*}{\partial M^*} \times \frac{dM^*}{d\gamma} = \frac{y^2(\Delta - M^*)}{\psi} \times \frac{dM^*}{d\gamma} \qquad (A1-15)$$

当且仅当 $\rho < \rho_{VC}^+$，$\gamma \geq \hat\gamma$ 时，相机控制配置达到最优，因为 $\frac{dM_{CC}^+}{d\gamma} > 0$，所

以，$\dfrac{dV^*}{d\gamma} > 0$。

（2）采用与（1）同样的逻辑，$\dfrac{dV^*}{d\rho}$ 与 $\dfrac{dM^*}{d\rho}$ 的符号一样。如果 $\rho \geqslant \rho_{vc}^+$，企业家最优收益 $M^* = M_{vc}^*$，$\dfrac{dV^*}{d\rho} = 0$，其不随企业家讨价还价能力 ρ 而变化，即 $\dfrac{dV^*}{d\rho} = 0$。

如果 $\rho < \rho_{vc}^+$，存在企业绩效信号的临界值 $\hat{\gamma}$，随着 ρ 而增加。采用同样的逻辑，给定企业绩效信号 γ，存在企业家讨价还价能力的临界值 $\hat{\rho} < 1$，使得相机控制配置在 $\rho \leqslant \hat{\rho}$ 时是最优的，而投资家控制配置在 $\rho > \hat{\rho}$ 时是最优的。

上述定理主要是研究投资家控制与相机控制配置下企业绩效信号和企业家讨价还价能力等变量如何影响最优企业价值。在投资家控制下，首先，如果企业家具有的讨价还价能力 $\rho \geqslant \rho_{vc}^+$，或者，虽然企业家具有的讨价还价能力 $\rho < \rho_{vc}^+$，但是企业绩效信号小于临界值（$\gamma < \hat{\gamma}$），企业价值不会随着企业绩效信号而变化，因为此时投资家不会套牢企业家。其次，对于任何企业绩效信号变量，如果企业家的讨价还价能力 $\rho \geqslant \rho_{vc}^+$，企业家收益等于投资家控制下的企业家收益最大值，随着企业家讨价还价能力的变化，企业价值没有随之发生变化，因为如果企业家讨价还价能力较强，投资家不会套牢企业家。如果企业家讨价还价能力 $\rho < \rho_{vc}^+$，并且企业家讨价还价能力大于临界值（$\rho > \hat{\rho}$），随着企业家讨价还价能力的增强，将会增加对企业家的激励和企业价值。

与投资家控制形成鲜明对比，在相机控制下，首先，如果企业家讨价还价能力 $\rho < \rho_{vc}^+$，当企业绩效信号变量不小于临界值（$\gamma \geqslant \hat{\gamma}$）时，随着企业绩效信号变量增加，企业家在企业状态好时将会保留控制权，在企业状态差时将不会保留控制权，这会增强对其的激励以及增加企业价值。其次，如果企业家讨价还价能力 $\rho < \rho_{vc}^+$，当企业家讨价还价能力 $\rho \leqslant \hat{\rho}$，随着企业家讨价还价能力的增强将会降低对企业家的激励和企业价值。

4.4
实证研究

在本章前面几节，通过构建理论分析模型，研究了创业企业控制权最优配置的机理。但是理论模型的应用和推广还必须经过中国情境下的实证检验，并且取得实践中的数据支持，这就要求通过实证研究来对模型得出的结论加以检验，并对实证检验结果进行分析讨论，甚至与国外同类研究进行比较，从而进一步完善相关理论。本节主要目的在于对理论模型得到的命题进行验证，进行创业企业控制权配置的实证检验和分析。

在实证研究过程中，根据理论模型所得到的主要命题，将风险投资家拥有的控制权和企业家拥有的控制权作为因变量，将风险投资家的投资额、谈判能力、投资家付出的管理监督成本、联合投资规模、创业企业中期绩效等因素作为自变量，分析影响创业企业控制权配置的关键因素及其作用机理。由于理论模型中的相机控制配置是根据企业中期绩效的高低，使得决定控制权在企业家与投资家之间转移，因此，考虑到数据可获得性的问题，为了便于进行变量的测量，本书根据企业中期绩效的高低，将相机控制配置进一步细分为投资家控制和企业家控制配置，即当企业中期绩效较高时，由企业家拥有控制权，当企业中期绩效较低时，由投资家拥有控制权，然后分别研究各因素对企业家控制和投资家控制配置的影响。最终形成了基于不完全契约理论、信号理论、套牢理论的创业企业控制权配置的实证研究框架（如图4-2所示）。

4.4.1 研究假设的提出

在创业企业控制权配置过程中，受到多个因素的影响，根据前几节的理论分析，本节从风险投资机构特征（包括风险投资机构投入创业企业的资金、风险投资机构具有的讨价还价能力、风险投资机构在提供管理、监督等

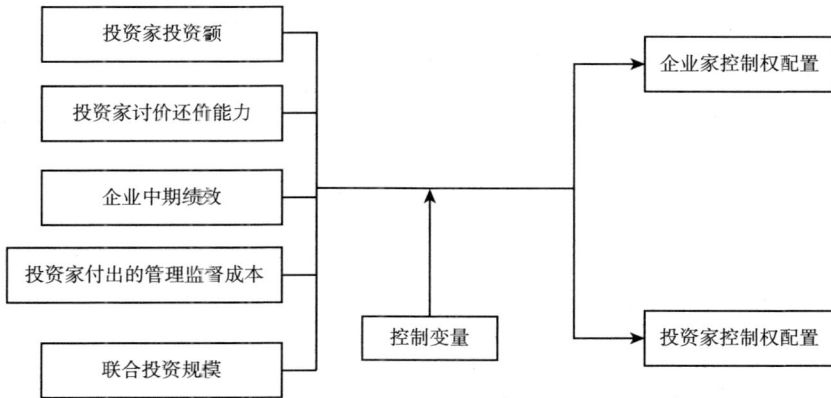

图4-2　实证研究的框架

增值服务过程中付出的管理监督成本等）、创业企业特征（包括创业企业中期阶段的经营绩效等）、风险投资契约特征（包括联合投资规模等）三个方面展开研究，研究这些因素如何影响创业企业控制权的配置，对理论研究中获得的主要结论进行验证。

4.4.1.1　风险投资家的讨价还价能力对企业控制权配置的影响

企业控制权配置是契约双方之间博弈的结果，契约双方的讨价还价能力成为影响控制权配置的因素。双方投入企业中的各种资本均具有一定的"专用性"和"专有性"。一方面，投入的物质资本能够形成企业的实物资产，具有一定的"专用性"，容易被对方"套牢"；另一方面，人力资本所有者会依赖物质资本，因为物质资本所有者威胁从资本市场退出，因此，物质资本具有一定的"专有性"。与之相对应的，人力资本所有者随着时间的推移，掌握了专业技能，会增加对企业的依赖性，因此，具有了一定的"专用性"；与此同时，由于人力资本所有者具有专业技术，能够对企业的发展产生重要的作用，企业高度依赖人力资本所有者，人力资本所有者通过威胁从企业退出，从而具有了一定的"专有性"。因此，契约双方会面临着"专用性"降低讨价还价能力以及"专有性"增加讨价还价能力的问题，契约双方在进行博弈之后，最终会实现均衡的企业控制权配置。

创业企业由于成立时间较短，企业未来收益的不确定性较大，风险较高；同时，创业企业家拥有很好的创意和创新性较强的项目，企业未来的成长性较好。因此，创业企业家和向创业企业提供资金及增值服务支持的风险投资家对于企业的发展均发挥着重要的作用。企业家与投资家均要求获得较高的企业控制权，但是，与一般成熟的企业进行控制权的配置有所不同，创业企业控制权的配置除了受到企业家与投资家各自出资的影响，更重要的是会受到投资双方讨价还价能力的影响。

风险投资家和创业企业家的财富约束、能力、声誉、经验等的不同，在很大程度上决定了投资阶段风险投资家和创业企业家之间的讨价还价能力，从而会对双方可以获得的控制权产生影响，最终会影响到创业企业控制权的配置。当投资双方的讨价还价能力差距较大时，单边控制会成为双方的策略选择；当投资双方的讨价还价能力相差不大时，则联合控制会成为双方的策略选择。因此，如果投资家拥有较强的讨价还价能力，投资家可以获得更多的控制权，实现投资家控制配置。

同时，从定理五得到，对于任何企业中期绩效信号，当企业家讨价还价能力 $\rho < \rho_{vc}^+$，同时，企业家讨价还价能力 $\rho > \hat{\rho}$ 时，投资家控制配置最优。即企业家讨价还价能力较弱、投资家讨价还价能力相对较强时，投资家控制可以实现控制权最优配置。

综合以上分析，本书提出以下假设。

假设1　投资家讨价还价能力与投资家控制配置呈正相关关系，随着投资家讨价还价能力的增强，投资家获得控制权越多，越有可能实现投资家控制权配置。

4.4.1.2　创业企业中期绩效对企业控制权配置的影响

随着创业企业经营状态、经营绩效的变化，创业企业的控制权会在投资家与企业家之间分配与转移，即创业企业家与投资家根据企业发展到一定时期，企业经营状态的好坏、企业绩效的高低，以及项目成功概率的高低进行谈判，企业家与投资家的谈判结果是建立在对企业财务绩效（如未来现金流量、利润、净资产、项目成功的概率、企业经营状态等）和非财务绩效（如专利、新产品投放市场等企业发展过程中的一些重要成果或业绩）度量的基础上，并随着企业绩效的变化在投资家与企业家之间转移，从而实现控制权的相机配置，这样可以有效防止彼此被对方套牢。即当企业经营状态、绩效较差时，投资家拥有企业控制权，实现投资家控制配置，可以防止被企业家所套牢，抑制企业家追求私人收益的机会主义行为；而当企业经营状态、绩效逐渐改善之后，企业家拥有企业控制权，实现企业家控制配置，风险投资家保留剩余索取权，放弃大部分的控制权和清算权，可以避免投资家实施无效率的行动。

同时，从定理四得到，如果企业家讨价还价能力 $\rho \geqslant \rho_{vc}^+$，不论企业中期绩效信号是高或是低，投资家控制可以实现最优。从定理五得到，如果企业家讨价还价能力 $\rho < \rho_{vc}^+$，当企业中期绩效较高时，相机控制配置可以实现最优，即在企业中期绩效高时由企业家拥有控制权，在企业中期绩效低时由投资家拥有控制权。

综合以上分析，本书提出：

假设 2a　当投资家的讨价还价能力较强时，企业中期绩效与投资家控制权配置呈负相关关系，与企业家控制权配置呈正相关关系。即当投资家的讨价还价能力较强时，随着企业中期绩效的降低，投资家获得的企业控制权越多，可以实现投资家控制权配置；随着企业中期绩效的提升，企业家获得的企业控制权越多，可以实现企业家控制权配置。

假设 2b　当投资家的讨价还价能力较弱时，企业中期绩效与投资家控制权配置呈负相关关系。即当投资家的讨价还价能力较弱时，随着企业中期绩效的降低，投资家获得的企业控制权越多，可以实现投资家控制权配置。

4.4.1.3　风险投资家的投资额对企业控制权配置的影响

创业资金的投入不仅可以缓解创业企业的融资压力，同时风险投资机构的介入与控制权随着企业不同的成长阶段发生不同的变化，也使得企业治理变得更加完善。因此，风险投资家投资额的大小会对投资家是否拥有控制权与拥有多大比例的控制权产生影响，进而会对创业企业控制权的配置产生重要的影响。一方面，风险投资机构投资给创业企业，可以向潜在投资者释放关于企业质量的重要信号。因为，风险投资机构在进行资金分配决策制定过程中往往伴随着机会成本，如果给创业企业投资大量的资金，则会减少其向其他有前途的企业投资的机会。因此，能够获得风险投资机构的资金可以看作创业企业未来发展前景良好的信号，接收投资的金额越多，风险投资支持企业的信号越强，而且，由于能够向创业企业提供较好的增值服务，风险投资机构可以有效提升企业绩效，从而从创业企业获得的控制权也会随之增加。另一方面，如果投入到创业企业的资金较多，那么，风险投资机构参与企业的程度会随之增高。所以，与较少获得资金的企业相比，获得风险投资机构大量资金的企业从中获益更多，包括雇用重要的员工，获取资源和制定未来发展战略等，与此同时，风险投资机构也会从企业成功中获益良多，从创业企业获得的控制权也会随之增加。此外，投入的资金越多，风险投资机构也会采取更多的控制机制，促使企业家以最大化企业价值的方式工作，降低代理风险。而且，为了最大化成功退出的可能性，风险投资进行潜在"窗饰"的动力会降低，因为风险投资机构的声誉会随着参与创业企业的程度而提升，从而有利于提升创业企业绩效，为了从中获得更多的投资绩效，风险投资家需要获得更多的企业控制权。

综上所述，创业企业家自有资金越多，则其需要的投资额就会越少，那么，风险投资家的投资额对于创业企业的重要性就会越低，所以，风险投资家从中获得的控制权会越少；反之，当企业家受到自身财富约束，自有资金较少时，则其需要投资家的投资额就会越多，那么，投资家的投资对创业企业会越重要，则投资家从创业企业获得的控制权会越多，最终越有可能实现投资家控制配置。

同时，从定理4得到，随着投资家投资额的减少，相机控制可以实现控制权配置最优；反之，投资家控制可以实现控制权配置最优。

综合以上分析，本书提出：

假设3 投资家投资额与投资家控制配置存在正相关关系。即随着投资家投资额的增加，投资家拥有的控制权越多，可以实现投资家控制配置。

4.4.1.4 风险投资家付出管理监督成本对企业控制权配置的影响

风险投资家进入创业企业之后，除了会向企业投入资金，还会在市场开拓、公司治理、财务管理，以及公司战略制定等方面为创业企业提供增值服务，利用丰富的行业经验和管理经验帮助企业成长，投资家提供给创业企业的增值服务能够更好地降低存在于创业企业的管理风险、市场风险，以及技术风险等。风险投资提供的增值服务通常包括：（1）帮助创业企业聘请关键的管理人员，帮助企业完善内部治理机制，提高企业抵御风险的能力。（2）利用自身在董事会的席位，针对企业重大经营决策与战略规划提供咨询，并提供先进的经营管理理念、思路和方法给创业企业。（3）利用自身的关系网络帮助创业企业筹集资金，还介绍供应商、销售商给创业企业等，帮助企业顺利生产、销售。

由于风险投资家与企业家之间存在高度的信息不对称，除了向创业企业提供增值服务之外，风险投资家对企业进行的管理监督也十分重要。通过成为董事会成员对创业企业实施有效的监督，不仅可以缓解投资双方之间存在的信息不对称问题，降低代理风险；还可以通过向企业家施加压力来降低其存在的道德风险，促使其努力工作，最终对创业企业的经营绩效产生积极的影响。为了获得更多的投资收益，投资家需要获得更多的企业控制权，而企业家让渡控制权给投资家可以实现其自身利益的最大化，因为投资家在获得更高比例的控制权后，会更加努力工作，会提供给创业企业更优质的增值服务。因此，风险投资家向创业企业提供增值服务时付出的管理监督成本越高，就越有可能实现投资家控制配置。

同时，从定理4得到，随着投资家付出的管理监督成本的减少，相机控制可以实现控制权配置最优；反之，投资家控制可以实现控制权配置最优。

综合以上分析，本书提出：

假设4 投资家付出的管理监督成本与投资家控制配置存在正相关关系。即随着投资家付出的管理监督成本的增加，投资家获得的企业控制权越多，可以实现投资家控制配置。

4.4.1.5 联合投资对企业控制权配置的影响

风险投资往往具有很高的不确定性和专业性，单个风险投资机构难以掌握项目筛选、评估、监督，以及增值服务等过程所需的全部知识和技能，因而投资中越来越多地依赖风险投资网络中跨组织的网络联结，借助联合投资的形式，来改善信息不对称与规避风险（罗吉、党兴华，2017）[214]。

联合投资作为风险投资行业中普遍选择的一种投资行为，一方面，可以降低投资风险，因为联合投资下，风险投资机构能够投资更多的创业企业，有利于分散投资组合的风险，并通过投资不同阶段的企业保持风险的平衡。与此同时，投资机构也可以通过吸引其他投资机构共同投资，共担风险。另一方面，风险投资机构不仅是金融中介，也是一种"生产资源的集合体"。采用联合投资，风险投资家可以充分利用其他风险投资家的资源，例如资金、专业知识、经验、时间，以及决策，并通过加强对企业的监督来缓解创业企业家的道德风险。可以在不降低风险投资家收益的基础上，利用不同风险投资家所拥有的信息优势（Bruno & Perotti，2003[240]）和人力资本（Lerner，1994[125]），为企业提供互补性的增值服务，实现协同效应（曾蔚等，2008[241]），提升投资绩效（Hochberg et al.，2007[242]），也有利于风险投资家从创业企业获得更多的控制权。

因此，联合投资对于缓解投资双方之间存在的信息不对称问题，以及降低企业家存在的道德风险十分重要。同时，联合投资能够吸引其他风险投资机构共同投资、共担风险，还可以利用其他投资机构的投资资源，为企业提供有效的增值服务。所以，联合投资情况下，风险投资提供较多的增值服务，付出较高的努力水平，从而可以实现将企业家拥有的控制权转移给投资家，最终实现创业企业、风险投资机构绩效的提升。

综合以上分析，本书提出假设5：风险投资家的联合投资与投资家控制配置存在正相关关系。即随着风险投资家联合投资数量的增加，投资家获得的企业控制权越多，可以实现投资家控制配置。

研究假设汇总见表4-1。

表 4 - 1 假设汇总

假设序号	假设内容
假设 1	投资家具有的讨价还价能力与投资家控制权配置呈正相关关系
假设 2a	当投资家具有的讨价还价能力较强时，企业中期绩效与投资家控制权配置呈负相关关系，与企业案控制权配置呈正相关关系
假设 2b	当投资家的讨价还价能力较弱时，企业中期绩效与投资家控制权配置呈负相关关系
假设 3	投资家投资额与投资家控制权配置呈正相关关系
假设 4	投资家管理监督成本与投资家控制权配置呈正相关关系
假设 5	投资家的联合投资与投资家控制权配置呈正相关关系

4.4.2　变量选取与测度

实证研究的重要基础性研究内容之一，就是对涉及的变量的测量工具设计及检验。本书使用中投集团 CVSource 数据库和清科数据库的数据。

4.4.2.1　因变量

本节中的因变量是创业企业控制权。企业的控制权是指风险投资家或者企业家运用自身拥有的资源对企业的权力构成、决策制定、经营效果产生影响的能力。创业企业的控制权主要体现在董事会席位权与投票权等方面。本书借鉴卡普兰、斯特伦贝格（2004）[61]，王雷（2008）[72]，吴斌等（2011）[57]，吉恩·艾蒂安德贝蒂涅斯（2008）[49]等学者的研究，采用投票权以及董事会权、清算权、特殊控制权等两类变量来衡量创业企业的控制权。考虑到数据可得性的问题，以及企业家与投资家拥有的控制权比例合计为 100%，所以，企业家拥有的控制权比例可以使用（100% - 投资家拥有的控制权比例）来替代。

因此，本书仅对投资家拥有的控制权进行衡量。投票权用投资家所持企业股权的比例指标衡量，董事会权、清算权、特殊控制权是指投资家具有的选举董事会或多数董事以及清算、一票否决等的权利，如果投资家或企业家具有这类特殊控制权，则该变量取值为 1，否则取值为 0。

4.4.2.2 自变量

（1）风险投资家的讨价还价能力。讨价还价能力包括的内容十分丰富，既可以用财富的多少来表示，也可以通过对知识的掌握程度、自身声誉的高低等来表示。风险投资家过去的投资绩效是其专业知识和技能应用的结果，也可以用来度量其声誉。风险投资家有效促进创业企业公开上市和并购，可以充分体现其提供增值服务的能力，也可以提高自身的声誉。因此，风险投资家成功退出事件数量在投资事件总数量的占比常被用作度量风险投资家的声誉，也能反映出风险投资家在项目筛选和企业培育上的经验和能力，从而影响了风险投资家在与创业企业家谈判时具有的讨价还价能力的强弱。

因此，本书采用累计 IPO 或并购的数量/投资事件数量的指标来衡量投资家相对于企业家具有的讨价还价能力，如果累计 IPO 或并购的数量/投资事件数量高于中位数，则衡量投资家的相对讨价还价能力变量为 1，否则为 0。根据第三章模型的假定，企业家具有的讨价还价能力正相反，因此，本书仅对风险投资家具有的讨价还价能力进行测量。

（2）企业中期绩效。随着创业企业经营绩效的变化，企业的控制权会在投资家与企业家之间分配与转移的，根据企业中期绩效的高低，决定企业控制权的配置。本书借鉴卡普兰、斯特伦贝格（2004）[61]的研究，采用企业估值指标来衡量企业中期绩效。根据中期阶段揭示出来的关于企业经营状况的信号对企业进行估值，将其作为衡量企业中期绩效的指标，然后研究企业中期绩效对企业控制权配置的影响。

（3）投资家的投资额。风险投资家投资额的大小会对投资家是否拥有控制权与拥有多大比例的控制权产生影响，进而将会对创业企业控制权配置产生重要的影响。投资家的投资额采用风险投资机构向创业企业投资的总额来衡量。

（4）投资家管理监督成本。由于风险投资家与企业家之间存在高度的信息不对称（Gompers，1995[187]），为监督企业家的行为，投资家通过月度访问、董事会席位、定期要求财务或其他报告（Gompers & Lerner，2001[243]；Lerner，1995[211]）等形式密切监督创业企业。通过现场监督管理和面对面与企业家交谈来收集关于企业经营状况等信息，是投资家减少信息不对称、监督企业家和提升企业绩效的必要手段。因此，风险投资与创业企业之间的地理距离会影响到风险投资家付出的监督成本。如果风险投资距离创业企业越近，可以减少投资家与企业家之间的信息不对称，可以频繁地对企业进行管理监督，派驻董事到创业企业，与企业家交谈，并采用开董事会等方式监督企业日常经营，为企业提供的增值服务质量会越高，而投资家为此付出的尽职调查成本会越高，因此，投资家在向创业企业提供管理监督等增值服务的过程中付出的管理监督成本也相对较高。

与现有文献采用两地的经、纬度计算的地球表面距离来代表城市间的距离不同[244]，本书使用风险投资机构与创业企业所在城市之间的火车里程数来代表城市之间的实际距离，更准确地反映交通成本背后的投资家管理监督成本的大小[244]。

（5）联合投资规模：联合投资规模采用联合投资于某一项目的投资机构数量来衡量。

4.4.2.3　控制变量

根据对已有学者的研究成果进行分析，本书加入了如下控制变量。

（1）投资机构管理资金规模。冈帕斯（1998）[223]指出，如果风险投资机构管理的资金规模较大，其在资本市场获得的声誉会较高。那么，其在与企业家针对企业控制权进行谈判时所具有的谈判能力也会越强，从而对企业控制权配置产生影响。为控制投资机构管理资金规模对企业控制权配置的影响，本书在控制变量中引入投资机构的管理资金规模。风险投资机构的管理资金规模采用机构管理的资金总额来衡量。

（2）企业发展阶段：企业的发展阶段不同，风险投资拥有的关于企业经营状况的信息、企业控制权随之不同，对于处于初创期的企业来说，由于其成立时间较短，未来收益的不确定性较大，为了获得投资机构的资金，会给予风险投资家较多控制权；而对于处于成熟阶段的企业来说，企业经营绩效相对较高，不确定性和风险均较低，投资家为了回收资金，从企业成功退出，而将拥有的控制权转移给企业家。因此，为控制发展阶段对企业控制权配置的影响，在控制变量中引入企业发展阶段。将企业发展阶段设为虚拟变量，如果属于早期发展阶段（包括种子期和发展期），取值为1，其他阶段设为0。

（3）宏观经济环境特征方面的变量采用国内生产总值增长率来衡量。

本书还在回归模型中加入了虚拟变量来控制企业行业和投资年份的固定效应。

4.4.3 样本选择与数据来源

本章以2000年1月1日至2017年12月31日所有的投资事件作为研究样本，收集了中投集团CVSource和清科数据库的数据。根据研究需要，采用以下标准筛选样本：①剔除PE-PIPE事件的样本；②剔除数据缺少的样本；③以风险投资和创业企业为研究对象，使得创业企业在某一轮次的不同风险投资只有一条记录；④合并相同投资轮次中同一投资机构的相关数据[184]。如果风险投资存在联合投资的情形，则使用主投的数据，主投是根据三个步骤进行确认的：①参与了首轮的投资；②首轮投资的多家投资机构中，参与每一轮投资的机构；③累计投资额最多的投资机构。条件①为先，条件②和③为次[245]。根据上述标准处理，最终得到风险投资机构投资的1596家创业企业数据，其特征是每家创业企业仅有一家风险投资机构投资的记录。

在理论分析的基础上，为了检验创业企业控制权配置的影响因素及其影响作用，本书采用计量经济模型来对本章的理论模型与研究假设进行检验。

根据假设，风险投资家具有的相对于企业家的讨价还价能力、创业企业中期绩效、投资家投入的资金、投资家付出的管理监督成本、联合投资等因素均有可能会影响到企业控制权配置。因此，首先，使用多元回归模型，检验各因素对企业控制权中的投票权的影响，模型如下。

$$\text{Control Rights} = \alpha_0 + \alpha_1 \text{Investment} + \alpha_2 \text{Interim Performance} +$$
$$\alpha_3 \text{monitoring Cost} + a_4 \text{bagining power} + \alpha_5 \text{VC size} +$$

$$\alpha_6 \text{Syndication size} + \alpha_7 \text{Stage} + \alpha_8 \text{Industry} + \alpha_9 \text{GDP growth} + \alpha_{10} \text{Year} + \varepsilon$$

$$(4-18)$$

其次，研究风险投资家具有的相对于创业企业家的讨价还价能力、企业中期绩效、投资家投入的资金、投资家付出的管理监督成本、联合投资对企业控制权中的董事会权、清算权以及其他特殊控制权的影响。由于衡量企业董事会权、清算权以及其他特殊控制权的变量是一个 0，1 变量，所以各因素对创业企业控制权配置影响的经验检验采用二值离散选择模型中的 Logit 模型，模型如下。

$$\text{Logit}(\text{Special Control}) = \alpha_0 + \alpha_1 \text{Investment} + \alpha_2 \text{Interim Performance} +$$
$$\alpha_3 \text{monitoring Cost} + a_4 \text{bagining power} + \alpha_5 \text{VC size} +$$
$$\alpha_6 \text{Syndication size} + \alpha_7 \text{Stage} + \alpha_8 \text{Industry} + \alpha_9 \text{GDP growth} + \alpha_{10} \text{Year} + \varepsilon$$

$$(4-19)$$

Control Rights 表示创业企业控制权，分别用两个变量衡量，包括投票权和其他特殊控制权，为了避免变量之间存在多重共线性，各个变量分别进入模型。VC size 表示风险投资管理资金的规模；Investment 表示风险投资的投资额；Syndication size 表示联合投资规模；Bagining power 表示风险投资家具有的讨价还价能力；Interim Performance 表示创业企业中期绩效；Monitoring cost 表示风险投资家付出的管理监督成本；Stage 表示企业发展阶段；Industry 表示企业行业；GDP growth 表示 GDP 增长率；Year 表示投资年份；ε 表示随机干扰项。变量定义见表 4 - 2。

表 4 - 2　　　　　　　　　　　变量定义

变量类型	变量		变量符号		变量定义
因变量	控制权	投票权	Control rights	Voting rights	风险投资家所持企业股权的比例
		其他特殊控制权		Special control	风险投资家具有的选举董事会或多数董事以及清算、一票否决等的权利，如果具有该控制权，则该变量取值为 1，否则取值为 0

续表

变量类型	变量	变量符号	变量定义
自变量	风险投资家投资额	Investment	风险投资家投资额的自然对数
	风险投资家具有的讨价还价能力	Bagining power	累计 IPO 或并购的数量/投资事件数量，如果累计 IPO 或并购的数量/投资事件数量高于中位数，则衡量投资家的相对讨价还价能力变量设为 1，否则设为 0
	创业企业中期绩效	Interim Performance	企业估值的自然对数
	风险投资家付出的管理监督成本	Monitoring cost	风险投资机构与创业企业之间火车里程数的自然对数
	联合投资规模	Syndication size	联合投资于某一项目的投资机构数量
控制变量	风险投资规模	VC size	风险投资管理资金总额的自然对数
	创业企业发展阶段	Stage	如果企业处于早期发展阶段设为 1，其他阶段设为 0
	国内生产总值增长率	GDP growth	统计局公布的国内生产总值增长率
	年份	Year	如果企业是处于该年度，则取值为 1，否则取值为 0
	行业	Industry	如果企业是处于该行业，则取值为 1，否则取值为 0

4.4.4　实证结果与分析

4.4.4.1　描述性统计与相关性分析

从表 4-3 中可以看到，投资家拥有的企业投票权和其他特殊控制权的均值分别为 16.585% 和 0.442，表明投资家拥有较多的企业控制权；投资家具有的讨价还价能力的均值为 0.486，表明在与企业家谈判过程中投资家具有的讨价还价能力较强；投资家投资额的均值为 19.866 百万元，投资家管理资金规模的均值为 249.885 百万元，投资家付出的管理监督成本的均值为 227.693 公里，投资家联合投资规模的均值为 1.953，表明不同投资家在投资额、管理资金规模、付出的管理监督成本、联合投资规模等方面存在较大的差异，进而可能会对创业企业控制权配置产生不同的影响。此外，不同企业的中期绩效差别较大；投资于企业早期阶段的投资家较多，占样本的 58.9%，表明投资家倾向于在企业早期发展阶段投资。

表 4－3　　　　　　　　　　　　样本描述性统计

变量	均值	最大值	最小值	标准差
风险投资家投票权（%）	16.585	100	0.04	14.519
其他特殊控制权	0.442	1.00	0.00	0.497
风险投资家投资额（百万元）	19.794	1844.567	0.05	1.357
企业中期绩效（百万元）	27.276	9818.268	0.07	1.662
风险投资规模（百万元）	249.885	22031856.79	0.058	3.48
风险投资家管理监督成本（公里）	227.693	22026.466	1	3.023
联合投资规模（个）	1.953	10.00	1.00	1.452
风险投资家具有的讨价还价能力	0.486	1.00	0.00	0.5
企业发展阶段	0.589	1.00	0.00	0.492
GDP 增长率（%）	9.620	11.900	7.4	1.200

从表 4－4 中的相关系数矩阵可以发现，风险投资家具有的讨价还价能力、投入的资金、联合投资规模、风险投资家管理资金的规模、付出的管理监督成本、企业发展阶段与风险投资家拥有的控制权存在显著正相关性，而企业中期绩效与风险投资家拥有的控制权存在显著负相关性，这表明风险投资家拥有的讨价还价能力越强、投入的资金越多、联合投资规模越大、风险投资家管理资金的规模越大，付出的管理监督成本越高，越早向创业企业投资，风险投资家拥有的控制权越多；而企业中期绩效越高，风险投资家拥有的控制权越少，反之，企业家拥有的控制权越多。

由于相关关系仅仅是两变量之间的关系，并没有考虑其他因素的影响，因而依据相关关系作出的推断仅能作为一种参考。因此相关矩阵的主要作用在于直观地展示样本数据，而不是用来推断总体。

表4-4

Pearson 相关系数矩阵

变量	Voting rights	Special control	Investment	VC size	Syndication size	Monitoring cost	Interim Performance	Stage	Bagining power	GDP growth
Voting rights	1									
Special control	0.701**	1								
Investment	0.156**	0.215**	1							
VC size	0.673**	0.585**	0.201**	1						
Syndication size	0.893**	0.606**	0.136**	0.594**	1					
Monitoring cost	-0.529**	-0.563**	-0.062**	-0.375**	-0.461**	1				
Interim Performance	-0.327**	-0.229**	0.512**	-0.210**	-0.279**	0.222**	1			
Stage	0.201**	0.186**	-0.211**	0.167**	0.155**	-0.171**	-0.275**	1		
Bagining power	0.612**	0.596**	0.228**	0.588**	0.536**	-0.375**	-0.200**	0.161**	1	
GDP growth	-0.314**	-0.435**	-0.088**	-0.258**	-0.267**	0.226**	0.127**	-0.082**	-0.251**	1

注：* Correlation is significant at the 0.05 level (2-tailed). ** Correlation is significant at the 0.01 level (2-tailed).

4.4.4.2　回归结果分析

本书采用 Excel 2013 对原始数据进行处理，以下的统计分析，本书采用 SPSS 24.0 对创业企业控制权配置的影响因素及其作用机理进行多元回归分析检验。

（1）各因素对企业空制权配置的影响。表 4 - 5 是以风险投资家拥有的控制权（包括投票权和特殊控制权）为因变量的回归结果。在控制了风险投资的规模、企业发展阶段、GDP 增长率等的影响，并剔除了行业、投资年份的固定效应后，研究相对于企业家来说，投资家的投资额、投资家具有的讨价还价能力、投资家付出的管理监督成本、企业中期绩效、联合投资等对投资家拥有的控制权产生的影响。

表 4 - 5　　　　　　　　　　创业企业控制权配置的回归分析

变量	投票权		其他特殊控制权	
	模型 1.1	模型 1.2	模型 1.3	模型 1.4
Intercept	1.084 *** (0.154)	-0.375 *** (0.092)	6.628 *** (0.709)	9.425 *** (1.105)
Investment		0.058 *** (0.013)		0.932 *** (0.166)
Bagining power		0.178 *** (0.026)		0.408 *** (0.107)
Interim Performance		-0.053 *** (0.008)		-0.619 *** (0.155)
Monitoring cost		-0.033 *** (0.004)		-1.455 *** (0.139)
VC Size	0.621 *** (0.019)	0.143 *** (0.013)	0.452 *** (0.025)	0.255 *** (0.037)
Syndication size		0.461 *** (0.009)		2.298 *** (0.218)
Stage	0.173 *** (0.037)	0.055 *** (0.021)	0.649 *** (0.144)	0.538 ** (0.217)

变量	投票权		其他特殊控制权	
	模型 1.1	模型 1.2	模型 1.3	模型 1.4
GDP growth	− 0.123 *** (0.016)	− 0.030 *** (0.008)	− 1.040 *** (0.079)	− 1.168 *** (0.118)
Year fixed effect	Yes	Yes	Yes	Yes
Industry fixed effect	Yes	Yes	Yes	Yes
N	1597	1597	1597	1597
Adjust-R2	0.480	0.854		
− 2 倍对数似然值			1312.351	681.887

注：*** 、** 、* 分别表示在显著性水平为 0.01、0.05、0.1 的水平上显著。

模型 1.1 和模型 1.3 表示仅考虑控制变量（风险投资规模、企业发展阶段、GDP 增长率）对风险投资家拥有控制权的影响。结果显示，风险投资规模、企业发展阶段分别在 0.01 的显著性水平上对投资家拥有的控制权产生显著的正向影响，即风险投资的规模越大，越早向企业投资，获得的控制权越多，越有可能实现投资家控制。GDP 增长率在 0.01 的显著性水平上对投资家拥有的控制权产生显著的负向影响，即随着 GDP 的增长，全国总体经济状况得到改善，这有利于提高企业绩效，风险投资家会逐渐减少拥有的控制权，从企业退出。

模型 1.2 和模型 1.4 在模型 1.1 和模型 1.3 的基础上，加入投资家的投资额、投资家具有的讨价还价能力、投资家付出的管理监督成本、企业中期绩效、联合投资规模等自变量，研究这些主要因素如何影响企业控制权配置。结果显示，模型 1.2 和模型 1.4 比模型 1.1 和模型 1.3 的解释能力显著增加（Adjust-R2 从 0.480 增加到 0.854；− 2 倍对数似然值从 1312.351 减少到 681.887），模型 1.2 和模型 1.4 中控制变量的影响方向与影响水平与模型 1.1 和模型 1.3 相比，均未发生显著改变。结果显示，投资家的投资额、投资家具有的讨价还价能力和联合投资规模在 0.01 的显著性水平上对投资家拥有的控制权产生显著的正向影响；投资家与企业地理距离在 0.01 的显著性水平上对投资家拥有的控制权产生显著的负向影响，表明投资家付出的管理监督成本对投资家拥有的控制权产生显著的正向影响；企业中期绩效在 0.01 的显著性水平上对投资家拥有的控制权产生显著的负向影响。这表示投资家投入的资金越多，具有的讨价还价能力越强，联合投资规模越大，投资家付出的管理监督成本越高，投资家拥有的控制权会越多，越有可能实现投资家控制；企业经营状况越好，企业中期绩效越高，企业家拥有的控制权会越多，越有可能实现企业家控制。

（2）不同讨价还价能力情况下各因素对企业控制权配置的影响。为了进一步研究投资家具有的不同讨价还价能力情况下企业绩效对企业控制权配置的影响，本书将按照讨价还价能力变量的中位数将全样本分为两部分，一部分是风险投资家具有的讨价还价能力较强的样本，另一部分是风险投资家具有的讨价还价能力较弱的样本。

表4-6是以风险投资家拥有的控制权（包括投票权和特殊控制权）为因变量的回归结果。在控制了风险投资的规模、企业发展阶段、GDP增长率等因素的影响，并剔除了企业行业、投资年份的固定效应后，研究在风险投资家具有讨价还价能力较强时，相对于创业企业家来说，投资家的投资额、投资家付出的管理监督成本、企业中期绩效、联合投资规模等对风险投资家拥有的控制权产生的影响。

表4-6 风险投资家具有的讨价还价能力较强时创业企业控制权配置的回归分析

变量	投票权		其他特殊控制权	
	模型1.5	模型1.6	模型1.7	模型1.8
Intercept	25. 868 *** (2. 744)	20. 536 ** (2. 118)	34. 497 *** (3. 043)	37. 594 *** (4. 189)
Investment		1. 916 *** (0. 356)		1. 681 *** (0. 477)
Interim Performance		− 3. 184 *** (0. 340)		− 2. 357 *** (0. 497)
Monitoring cost		− 2. 177 *** (0. 264)		− 0. 783 *** (0. 223)
VC Size	1. 287 *** (0. 116)	0. 550 *** (0. 097)	1. 316 *** (0. 202)	0. 839 *** (0. 271)
Syndication size		5. 114 *** (0. 281)		0. 612 ** (0. 243)

变量	投票权		其他特殊控制权	
	模型 1.5	模型 1.6	模型 1.7	模型 1.8
Stage	10.626 ***	5.786 ***	0.055	-0.605 ***
	(0.711)	(0.586)	(0.169)	(0.223)
GDP growth	-2.488 ***	-1.096 ***	-3.791 ***	-4.157 ***
	(0.241)	(0.196)	(0.336)	(0.463)
Year fixed effect	Yes	Yes	Yes	Yes
Industry fixed effect	Yes	Yes	Yes	Yes
N	865	865	865	865
Adjust-R2	0.560	0.742		
-2 倍对数似然值			292.924	210.209

注: *** 、 ** 、 * 分别表示在显著性水平为 0.01、0.05、0.1 的水平上显著。

模型 1.5 和模型 1.7 表示仅考虑控制变量（风险投资的规模、企业发展阶段、GDP 增长率）对风险投资机构拥有的控制权的影响。结果显示，风险投资管理资金的规模、企业发展阶段在 0.01 的显著性水平上对投资家拥有的控制权产生显著的正向影响，即风险投资管理资金的规模越大，风险投资家获得的企业控制权越多，越有可能实现投资家控制。风险投资家向创业企业投资阶段越早，因为其拥有的讨价还价能力较强，其获得的企业控制权越多，企业家获得的企业控制权越少，越有可能实现投资家控制。

模型 1.6 和模型 1.8 在模型 1.5 和模型 1.7 的基础上，加入风险投资家的投资额、风险投资家付出的管理监督成本、企业中期绩效、联合投资规模等自变量，研究这些主要因素如何影响企业控制权配置。结果显示，模型 1.6 和模型 1.8 比模型 1.5 和模型 1.7 的解释能力显著增加（Adjust-R2 从 0.560 增加到 0.742； -2 倍对数似然值从 292.924 减少到 210.209），模型 1.6 和模型 1.8 中控制变量的影响方向与影响水平与模型 1.5 和模型 1.7 相比，除了企业发展阶段变量与投资家拥有的控制权的关系发生改变以外，其余变量均未发生显著改变。原因可能是，当投资家具有的讨价还价能力较强时，其可能会选择在企业早期发展阶段拥有较多的投票权，而对于诸如董事会权、清算权等特殊控制权要求不多。结果显示，风险投资家的投资额、联合投资规模在0.01的显著性水平上对其拥有的控制权产生显著的正向影响，风险投资与企业地理距离在0.01的显著性水平上对其拥有的控制权产生显著的负向影响，表明投资家付出的管理监督成本对其拥有的控制权产生显著的正向影响。企业中期绩效在0.01的显著性水平上对投资家拥有的控制权产生显著的负向影响。这表示投资家投入的资金越多；联合投资机构的数量越大；投资家付出的管理监督成本越高，其拥有的控制权会越多，越有可能实现投资家控制；投资家讨价还价能力较强时，企业中期绩效与投资家控制呈负向关系，与企业家控制呈正向关系，即企业经营状况越好，企业中期绩效越高，企业家拥有的控制权会越多，越有可能实现企业家控制；企业中期绩效越差，投资家拥有的控制权会越多，越有可能实现投资家控制。

表4-7是以风险投资家拥有的控制权（包括投票权和特殊控制权）为因变量的回归结果。在控制了风险投资的规模、企业发展阶段、GDP增长率等因素的影响，并剔除了企业行业、投资年份的固定效应后，研究在风险投资家具有的讨价还价能力较弱时，相对于创业企业家来说，风险投资家的投资额、风险投资家付出的管理监督成本、企业中期绩效、联合投资规模等对风险投资家拥有的控制权产生影响。

表4-7 风险投资家具有的讨价还价能力较弱时创业企业控制权配置的回归分析

变量	投票权		其他特殊控制权	
	模型 1.9	模型 1.10	模型 1.11	模型 1.12
Intercept	27.335 ***	19.057 ***	25.124 **	28.546 ***
	(3.828)	(1.750)	(2.277)	(3.059)
Investment		0.948 ***		0.976 ***
		(0.245)		(0.300)
Interim Performance		-1.204 ***		-0.712 ***
		(0.196)		(0.191)
Monitoring cost		-2.103 ***		-1.027 ***
		(0.238)		(0.209)
VC Size	2.140 ***	0.619 ***	1.273 ***	0.688 ***
	(0.145)	(0.076)	(0.184)	(0.246)

变量	投票权		其他特殊控制权	
	模型 1.9	模型 1.10	模型 1.11	模型 1.12
Syndication size		10. 464 *** （0. 247）		1. 104 * （0. 578）
Stage	− 8. 428 *** （0. 963）	− 2. 844 *** （0. 453）	− 1. 068 *** （0. 166）	− 0. 746 *** （0. 195）
GDP growth	− 1. 913 *** （0. 365）	− 0. 508 *** （0. 170）	− 2. 681 *** （0. 241）	− 3. 017 *** （0. 325）
Year fixed effect	Yes	Yes	Yes	Yes
Industry fixed effect	Yes	Yes	Yes	Yes
N	738	738	738	738
Adjust-R2	0. 513	0. 901		
− 2 倍对数似然值			314. 031	219. 781

注： *** 、 ** 、 * 分别表示在显著性水平为 0. 01、0. 05、0. 1 的水平上显著。

模型 1. 9 和模型 1. 11 表示仅考虑控制变量（风险投资的规模、企业发展阶段、GDP 增长率）对投资家拥有的控制权的影响。结果显示，风险投资家管理资金的规模在 0. 01 的显著性水平上对其拥有的控制权产生显著的正向影响，企业发展阶段在 0. 01 的显著性水平上对投资家拥有的控制权产生显著的负向影响，即风险投资的规模越大，其获得的控制权越多，越有可能实现投资家控制。投资家向企业投资阶段越早，因为其拥有的讨价还价能力较弱，投资家获得的企业控制权越少，企业家获得的企业控制权越多，越有可能实现企业家控制。

模型 1. 10 和模型 1. 12 在模型 1. 9 和模型 1. 11 的基础上，加入风险投资家的投资额、风险投资家付出的管理监督成本、企业中期绩效、联合投资规模等自变量，研究这些主要因素如何影响创业企业控制权的配置。结果显示，模型 1. 10 和模型 1. 12 比模型 1. 9 和模型 1. 11 的解释能力显著增加（Adjust-R2 从 0. 513 增加到 0. 903； − 2 倍对数似然值从 314. 031 减少到 219. 781），模型 1. 10 和模型 1. 12 中控制变量的影响方向与影响水平与模型 1. 9 和模型 1. 11 相比，均未发生显著改变。结果显示，风险投资家的投资额、联合投资规模在 0. 01 的显著性水平上对其拥有的控制权产生显著的正向影响；风险投资家与企业地理距离在 0.01 的显著性水平上对其拥有的控制权产生显著的负向影响，表明投资家付出的管理监督成本对其拥有的控制权产生显著的正向影响；企业中期绩效在 0.01 的显著性水平上对投资家拥有的控制权产生显著的负向影响，这表示投资家投入的资金越多；联合投资机构数量越多；投资家付出的管理监督成本越高，投资家拥有的控制权会越多，越有可能实现投资家控制；投资家具有的讨价还价能力较弱时，企业中期绩效与投资家控制呈负向关系，即创业企业经营状况越差，企业中期绩效越低，投资家拥有的控制权会越多，越有可能实现投资家控制。

4.4.4.3　稳健性检验

为了保证研究结论的可靠性，本部分从以下三方面进行了稳健性检验。

（1）模型设定。在前文中，使用 Logit 模型研究各因素对董事会权、清算权、特殊控制权等控制权的影响，虽然该模型在实证研究中使用广泛，但这种模型设定方法未必一定是最准确的，有可能会存在偏误。为此，本书进一步使用 Probit 模型检验了各因素对董事会权、清算权、特殊控制权等控制权的影响，检验结果没有发生实质性改变。

（2）变量选择。变量选择也可能会影响本书经验检验的结果。在前文中，本书使用投票权以及董事会权、清算权、特殊控制权等两类变量来衡量创业企业的控制权。然而，除了这两类控制权，也有学者从风险投资在董事会中所占的比例和委派的董事中执行董事的席位来衡量企业控制权[64]。那么，如果采用其他变量来衡量创业企业控制权，本书的研究结果是否会受到影响呢？为回答这个问题，本书分别把风险投资在董事会中所占的比例和委派的董事中执行董事的席位作为因变量并进行了回归。从回归结果来看，重新选择变量后，回归结果没有发生实质性改变。

（3）内生性问题。在研究各因素对创业企业控制权配置的影响时，为了解决内生性问题，第一种方法是通过在不同的时间点取值。风险投资机构投入的资金、付出的管理监督成本、联合投资规模等因素的取值时间点均超前于企业控制权取值的时间点，把过去的各因素与未来的控制权相联系。第二种方法是选取工具变量，使用两阶段最小二乘法对回归模型进行估计。首先，分别构建以投资额、管理监督成本、联合投资规模等因素为因变量的回归模型，得到残差；其次，将残差作为工具变量，代入原模型重新进行检验，检验结果与之前的主要结论相一致。通过这些方法，排除了内生性问题出现的可能性。

4.4.4.4 实证结果分析与讨论

本书提出的假设1－假设5，分别描述了风险投资家和创业企业（家）各自特征等方面的因素如何影响创业企业控制权的配置。经验检验结果表明，风险投资家的投资额、风险投资家具有的讨价还价能力、风险投资家付出的管理监督成本、联合投资机构数量对投资家拥有的控制权产生显著的正向影响；企业中期绩效对投资家拥有的控制权产生显著的负向影响。5个假设都获得了统计支持。接下来，本书将对上述经验检验结果进行讨论。假设验证的结果汇总表详见表4－8。

表4－8 假设检验结果汇总

假设	假设内容	验证结果
假设1	投资家具有的讨价还价能力与投资家控制权配置呈正相关关系	通过
假设2a	当投资家具有的讨价还价能力较强时，企业中期绩效与投资家控制权配置呈负相关关系，与企业家控制权配置呈正相关关系	通过
假设2b	当投资家的讨价还价能力较弱时，企业中期绩效与投资家控制权配置呈负相关关系	通过
假设3	投资家投资额与投资家控制权配置呈正相关关系	通过
假设4	投资家管理监督成本与投资家控制权配置呈正相关关系	通过
假设5	投资家的联合投资与投资家控制权配置呈正相关关系	通过

（1）与一般成熟的企业进行控制权的配置有所不同，创业企业控制权的配置除了受到企业家与投资家各自出资的影响，更重要的是会受到投资双方讨价还价能力的影响。投资家和企业家在财富约束、能力、声誉、经验等方面存在不同，这在很大程度上决定了投资阶段投资家和企业家之间的讨价还价能力，进而决定双方各自获得的控制权的多少。如果投资家的声誉较高、

能力较强、投资经验丰富，那么，与企业家相比，投资家具有的讨价还价能力会越强，那么其可以获得更多的企业控制权，从而可以实现投资家控制配置。

（2）创业资金的投入不仅可以缓解创业企业的融资压力，而且可以完善企业治理机制。当创业企业家受到自身财富约束，自有资金较少时，则其需要的风险投资家的投资额就越多，投资家的投资对企业的紧迫性与重要程度就越高，因而企业家向投资家转移的控制权会越多，越有可能实现投资家控制配置。

（3）风险投资家提供的增值服务可以有效防范创业企业所面临的技术风险、市场风险和管理风险等。在风险投资提供增值服务的过程中，通过对企业进行有效的管理监督，可以减少风险投资与创业企业之间的信息不对称，降低代理风险，从而提升企业绩效。为了从中获得更高的收益，投资家需要获得更多的企业控制权，而企业家让渡更多控制权给投资家是符合自身利益的最大化，因为投资家在得到更高比例的控制权后，会有更大意愿努力工作，将更积极地为企业提供优质的增值服务。因此，风险投资家向创业企业提供增值服务时付出的管理监督成本越高，越有可能实现投资家控制配置。

（4）联合投资情况下，风险投资家可以充分利用其他投资机构的资源，如经验、专业知识、资金等，并通过加强对企业的监管来缓解企业家的道德风险。因此，联合投资可以在不降低投资家收益的前提下，利用不同投资机构所拥有的信息优势和人力资本，为企业提供互补性的增值服务，实现协同效应，提升投资绩效，最终有利于投资家从创业企业获得更多的控制权，进而实现投资家控制配置。

（5）创业企业的控制权是随着企业的经营状态、经营绩效的变化在投资家与企业家之间分配与转移的，即企业发展到一定时期，企业家与投资家根据企业经营绩效的高低进行谈判，谈判的结果是建立在对企业绩效度量的基础上，并随着经营绩效的变化在投资家与企业家之间转移，从而实现控制权的相机配置，这样可以避免彼此之间相互套牢。即当企业经营绩效较差时，如果投资家掌握企业的控制权，可以防止被企业家所套牢，抑制企业家追求私人收益的行为，从而实现投资家控制配置；当企业绩效逐渐改善之后，由企业家掌握企业的控制权，能够实现企业家控制配置。

4.5
本章小结

本书与安德里乌（2011）[14]、耶拉米利（2006）[13]、赫尔曼（2006）[12]、施密茨（2008）[99]等学者的研究相关。在此基础上，首先，本书基于不完全契约与套牢理论，通过控制权配置内在机理的研究来消除创业企业家与投资家相互套牢；其次，拓展企业家风险偏好假设，并假定企业状态不可证实；其次，考虑了对企业家进行事前激励；再次，引入新的控制权配置方式；最后，引入企业家事前努力水平、投资家投资额、管理监督成本、企业中期绩效信号、企业家相对投资家的讨价还价能力、企业清算价值等变量，构建了控制权配置模型，比较企业家控制、投资家控制、相机控制与反相机控制权配置下的企业家、投资家收益，确定能够缓解双方相互套牢的最优控制权配置与最优企业价值，具体结论如下。

（1）相机控制优于企业家控制和反相机控制，创业企业存在两种最优控制权配置，即投资家控制与相机控制。相机控制相比投资家控制，减少了企业家在企业状态好时被投资家套牢问题，在企业盈利能力较强、企业继续经营收益和清算价值较高、企业家讨价还价能力较弱时是最优的。这证实了卡普兰和斯特伦贝格（2003）[33]发现的当企业绩效好（或差）时，由企业家（或投资家）拥有控制权。

（2）两种控制权配置根据企业家相对投资家的讨价还价能力、企业中期绩效信号、投资家投资额、管理监督成本、企业清算价值的变化交替实现最优：①企业家讨价还价能力 $\rho \geq \rho_{vc}^+$ 时，或虽然企业家讨价还价能力的取值范围为 $\rho_{vc}^- < \rho < \rho_{vc}^+$，但是企业中期绩效信号 $\gamma < \hat{\gamma}$ 时，投资家控制配置最优；②当企业家讨价还价能力 $\rho < \rho_{vc}^+$ 时，如果企业中期绩效信号 $\gamma \geq \hat{\gamma}$，同时，投资家的投资额和管理监督成本较低，企业清算价值较高时，相机控制配置

最优。

（3）企业家讨价还价能力、企业中期绩效信号、投资家投资额和监督管理成本、企业清算价值会对最优企业价值产生影响，①当企业家讨价还价能力 $\rho \geqslant \rho_{vc}^+$ 时，或虽然企业家讨价还价能力 $\rho < \rho_{vc}^+$，但企业中期绩效信号 $\gamma < \hat{\gamma}$ 时，企业价值不会随着企业绩效信号而变化。②当企业家讨价还价能力 $\rho < \rho_{vc}^+$ 时，如果企业中期绩效信号 $\gamma \geqslant \hat{\gamma}$ 时，企业价值随着企业绩效信号升高而增加。③当企业家讨价还价能力 $\rho < \rho_{vc}^+$ 时，并且 $\rho \leqslant \hat{\rho}$，企业价值随着企业家讨价还价能力增强而减少；如果企业家讨价还价能力 $\rho > \hat{\rho}$，企业价值随着企业家讨价还价能力增强而增加。④当企业家讨价还价能力 $\rho \geqslant \rho_{vc}^+$ 时，企业价值不会随着企业家讨价还价能力而变化。⑤随着企业清算价值增加，投资家投资额和监督管理成本的减少，企业价值随之增加。

基于上述理论研究得到的主要结论，使用中国风险投资机构、创业企业数据，运用多元回归分析方法，进行实证研究，验证在关键因素的影响下创业企业控制权如何实现最优配置，实证研究结果与模型提出的命题和推论基本一致。

第 **5** 章

两种类型投资家的创业企业
控制权配置研究

　　风险投资作为向快速增长的创业企业进行投资的一种方式，很大程度上帮助了创业企业的快速发展。而对于创业企业来说，了解不同的融资来源特征是十分重要的，这样有利于创业企业选择适合的融资来源，最大化创业企业收益。多数的学者将风险投资机构看作是同类（同质）的，忽视了不同类型的风险投资机构产生的不同效应。所以，虽然有很多的相似性，但是不同类型的风险投资机构往往具有不同的投资目标和投资期限，因此会采取不同的组织形式。学者们根据风险投资机构的投资目标、投资金额、提供增值服务等方面的不同，对风险投资机构进行分类，将投资机构划分为两类：一类是独立的风险投资机构，其从有限合伙人获得资金；另一类是附属的风险投资机构，由银行、公司等提供资金。

　　独立的风险投资机构往往可以积极地参与到创业企业中，提供高质量的增值服务，但是由于受到资金的约束，其投资的目的是在企业发展到成熟阶段时，出售持有的企业股份，选择尽早退出创业企业。而附属的风险投资机构由于可以从母公司或银行获取大量资金，没有资金约束的压力，可以一直向创业企业投入资金，但是由于投资目的、投资策略、投资经验、风险偏好等方面的原因，其向创业企业提供的增值服务质量相比独立投资机构较低。因此，由于两类投资机构在资金约束、投资期限以及为创业企业提供的增值服务等方面存在差异，导致这两类投资机构与企业家合作时在公司治理、契约设计方面存在很大的差异，进而对创业企业控制权的配置产生很大的影响。

目前，学者们主要对两类风险投资机构的特征进行比较，比较两种类型风险投资机构在公司治理、契约设计等方面的差异，很少有学者关注到两类投资机构各自的特征对创业企业控制权配置的影响存在差异，尤其是它们在投入的资金、提供的管理监督等增值服务方面存在的差异如何影响企业控制权配置。在比较两种类型的风险投资机构的特征时，学者们通过研究发现，在向创业企业投资时，独立的投资机构可以为企业提供更好的增值服务和更多的资金，设计更加完善的契约条款，促使投资机构积极地参与到企业经营当中，获得更多的企业控制权。但是，因为自身拥有的资金有限，独立的风险投资机构会选择尽早地从创业企业退出。与之相对应，附属于大公司或银行的风险投资机构由于其投资目的、投资策略等不同，在投资过程中提供的增值服务质量相对不高，对于创业企业的控制不强，获得的控制权相对较少。

作为风险投资契约研究的重点领域，创业企业控制权的不同配置会给投资双方带来不同的激励与约束效应，进而会对双方的决策行为产生影响，最终会对投资家与企业家各自的收益以及企业的绩效产生影响。因此，从投资家金融约束程度（投入资金）、投资期限以及投资过程中提供的增值服务等方面研究创业企业控制权如何在企业家与两类投资家之间分配，将有助于丰富金融契约理论与不完全契约理论，对于提高企业绩效，帮助风险投资成功发展，以及完善创业企业控制权的配置意义重大。

在第四章，本书未对风险投资机构进行区分，只对单一投资家下的创业企业控制权配置进行研究，发现风险投资机构的投资额、提供的增值服务会对创业企业控制权配置产生重要的影响。因此，考虑到不同风险投资机构在上述方面存在的差异，接下来本章分别对两种类型风险投资机构情况下的创业企业控制权配置进行研究。

5.1
模 型 构 建

5.1.1 模型描述

本章假定创业企业家拥有一个好项目，但是自身缺少资金，为了实施该项目，需要向风险投资家进行融资。模型有 4 个时间点，0-3。时刻 0，企业家从投资家处筹集资金。资金的投入分为两个阶段：在 t = 1 时刻投入资金 I_1，在 t = 2 时刻投入资金 I_2。采用阶段化的投资，投资家获得企业的股权。资本市场上有两种类型的风险投资机构：一种是附属的风险投资机构，能够投入初始和中期阶段企业需要的资金，用下标 L 表示；另一种是独立的风险投资机构，由于受到财富的约束，为了尽早回收资本，向其投资者返还现金流，只能够提供初始阶段所需资金 （I_1），用下标 S 表示，被迫或想要在企业经营的中期阶段退出。假定企业家与投资家均是风险中性的，无风险利率为零。

在 t = 1 时刻，企业家与投资家签订契约，投资家投入初始阶段企业需要的资金，企业家付出无法被投资家观测到的事前努力水平（e）（e ∈ ［0，1]），投资家付出相应的管理监督成本（m）。企业家凭借拥有的好项目，在与投资家谈判过程中具有完全的谈判能力[21]，提供给投资家一个"要么接受，要么拒绝"的契约。

在 t = 2 时刻，谁拥有控制权，谁就对企业未来的发展具有决定权，可以根据企业发展情况，决定企业是继续经营或者是被清算。企业家与投资家在观察到企业状态以后，会有两个选择。其一，将企业进行清算，企业的清算价值为 L，企业家与投资家依据签订的契约，决定双方所获的清算收益，投资家能够获得的收益为 L_i （$L_i = L_L$，是附属的风险投资家获得的清算收益；$L_i = L_S$，是独立的风险投资家能够获得的清算收益），企业家能够获得的清算

收益为 L_E。其二，选择继续经营企业，企业所需的中期阶段资金 I_2 由附属的风险投资家继续投入。而独立的投资家会在中期阶段向外部的投资家出售持有的企业股份，外部的投资家会投入企业需要的中期阶段的资金 I_2，并以 P_s 的价格购买独立的投资家出售的股份（φ）。

如果企业继续经营，在 $t=3$ 时刻，企业能够以一定的概率成功实现 IPO，取得收益 R，企业成功实现 IPO 的概率取决于中期阶段揭示出来的企业自然状态（r）。企业具有两种状态，$r \in \{g, b\}$，$r=g$ 为好，$r=b$ 为差。如果企业自然状态好，企业能够以等于 1 的概率获得收益 R；如果企业自然状态差，企业能够以等于 p 的概率取得收益 R；否则，企业以 $1-p$ 的概率一无所获。企业的自然状态由企业的盈利能力指标 θ（$\theta \leqslant 1$）与企业家付出的努力水平共同决定。θ 包含外部因素的影响，如对企业产品的需求以及行业竞争的水平，这些均会影响企业的盈利能力[60]。因此，企业自然状态好的概率是 θe，企业自然状态差的概率是 $1-\theta e$。企业家承担的努力成本 cost（e）$= \dfrac{\psi e^2}{2}$，ψ 表示单位边际努力成本。

5.1.2　模型假设

在对相关学者的成果进行研究时发现，独立风险投资机构与附属的风险投资机构提供给创业企业的增值服务质量存在显著的差异。独立风险投资机构相比附属的风险投资机构能够更加积极地参与企业日常经营，提供给企业质量更高的管理监督等增值服务（Bottazzi et al.，2008[117]）。而不同类型的投资机构提供的增值服务又会影响到企业家的单位努力成本（Andrieu & Peter Groh，2012[246]），用 ψ_L 和 ψ_S 分别表示企业家在与附属的风险投资家和独立的投资家合作时付出的单位努力成本。独立的投资家提供质量更高的增值服务，这使得企业家付出的单位努力成本相对较低[16]，即 $\psi_S < \psi_L$。同时，投资家付出的管理监督成本也存在差异，独立的投资家相比附属的风险投资家付出更高的管理监督成本，即 $m_S > m_L$。

假设：当企业状态好时，如果企业继续经营获得的收益大于清算收益

（即 $R - I_2 > L$），应该选择继续经营企业；当企业状态差时，如果企业继续经营获得的收益小于清算收益（即 $pR - I_2 < L$），应选择清算企业。一旦企业被清算，投资家不能收回其投资成本，即 $-I_1 - m + L < 0$。对于投资家的激励约束是：企业获得的收益要大于投资家付出的资金和管理监督成本，即 $R > I_1 + I_2 + m$。模型时序结构如图 5－1 所示。

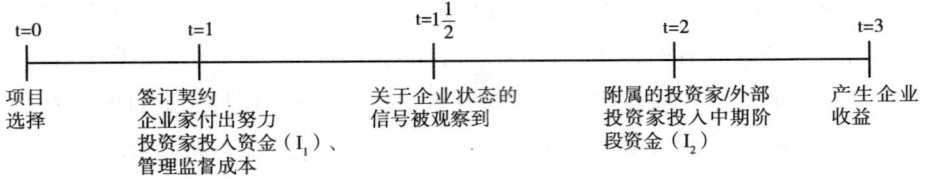

图 5－1　模型时序结构

5.1.3　确定企业家最优努力水平

首先，可以计算出企业家与投资家博弈过程中达到均衡时的企业净现值，即企业收益减去投资家投入的资金、付出的管理监督成本以及企业家承担的努力成本后的剩余。

$$-I_1 + \theta e(R - I_2) + (1 - \theta e)L - \psi_S \frac{e^2}{2} - m_L \qquad (5-1)$$

接下来，计算出企业家的最优努力水平，即，最大化企业净现值时的努力水平：

$$\max_e -I_1 + \theta e(R - I_2) + (1 - \theta e)L - \psi_S \frac{e^2}{2} - m_L \qquad (5-2)$$

用 e^* 表示企业家的最优努力水平，$e^* = \dfrac{\theta (R - I_2 - L)}{\psi_S}$，假定 $e^* < 1$，可以得到假设 1。

假设 1　$\theta (R - I_2 - L) < \psi_S$。

表示当企业状态好时，企业继续经营获得的收益减去清算时的收益后的剩余小于企业家与短期投资家合作时付出的单位努力成本。

接下来分别比较，投资家控制配置和企业家控制配置下的契约参数，确定可能的创业企业控制权最优配置（创业企业最优控制权配置是指在满足风险投资家参与约束、企业家激励约束条件的基础上，能够使得企业家付出最优的努力水平、实现企业净现值最大化的控制权配置方式）。

5.2

投资家控制权配置分析

如果投资家拥有控制权，当其认为项目不成功时有权决定清算。分别比较企业家在与附属的风险投资家和独立的风险投资家合作时的契约参数，选择能给企业家带来较高收益的契约，在此基础上，确定在什么条件下、哪类投资家拥有控制权可以实现相对较优配置。

5.2.1 附属的投资家控制权配置分析

在 $t=1$ 时刻，附属的投资家投入初始阶段企业所需资金和管理监督成本（m_L），在中期阶段，根据了解到的企业状态，投资家可以决定是否继续经营企业。

$t=2$ 时刻，如果企业自然状态较差，投资家需要选择是继续经营企业还是清算。如果选择继续经营，其会投入资金（I_2），获得企业的股份为 φ，获得的收益为 $\varphi pR-I_2$。如果选择清算，其获得的清算收益为 L_L。根据前面的假设，$pR-I_2<L$，即企业继续经营收益小于清算价值，因此投资家会选择清算企业。

如果在 $t=2$ 时刻企业自然状态较好，此时清算企业产生的收益小于等于 0，即 $L_L-I_1-m_L\leq L-I_1-m_L\leq 0$，而继续经营企业可以获得收益 $\varphi R-I_2$。因此，投资家会将企业继续经营下去。但是，要使附属的投资家能够在 $t=1$ 时刻进行投资，需要满足投资家的参与约束条件，即使得附属的投资家在投资过程中获得的期望收益减去其投入的资金和付出的管理监督成本之后的剩余大于等于 0。

$$\theta e(\varphi R - I_2) + (1 - \theta e)L_L - I_1 - m_L \geq 0 \qquad (5-3)$$

考虑到附属的投资家的行为，企业家的激励约束条件如下。

$$\theta e(1 - \varphi)R + (1 - \theta e)(L - L_L) - \psi_L \frac{e^2}{2} \qquad (5-4)$$

即企业家通过选择最优努力水平实现自身利润最大化。

在此基础上，企业家的目标函数如下。

$$\max_{\varphi, e, L_L, \varphi_1, \varphi_2} \theta e(1 - \varphi)R + (1 - \theta e)(L - L_L) - \psi_L \frac{e^2}{2} \qquad (5-5)$$

该目标函数表示企业家根据付出的努力成本、获得的收益份额以及清算收益，选择付出的努力水平，从而最大化自身利润。

如果企业的期望收益足够大，表明该契约是可行的。

依据约束条件即式（5-3）至式（5-4），经过简单的公式推导，能够获得命题 1。

命题 1　当企业家选择附属的投资家进行投资，双方签订的契约如下。

$$\varphi_1^* = \frac{\theta\ (R + I_2 + L)\ - \sqrt{[\theta^2\ (R - I_2 - L)^2 - 4\psi_L\ (I_1 + m_L - L)]}}{2\theta R}, \ L_L = L_\circ$$

由此，可以得到，投资家获得的股份受上述因素的影响：随着企业盈利能力的降低、附属投资家的投资额和付出的管理监督成本的增加，其得到的企业股份随之增多；当企业家单位努力成本低于临界值，即 $\theta^2\ (R - m_L - I_2 - I_1)\ > \psi_L$ 时，随着企业清算价值的增加，附属投资家得到的企业股份会随之增多，反之其得到的企业股份会随之减少。

证明：企业家的激励约束条件是：$\theta\ (1 - \varphi)\ R + (1 - \theta e)\ (L - L_L) - \psi_L \frac{e^2}{2}$，企业家最优努力水平 $e_L^* = \dfrac{\theta\ [\ (1 - \varphi)\ R - L_E]}{\psi_L}$。

投资家的参与约束条件是：$\theta\ (\varphi R - I_2 - L_L)\ \dfrac{\theta\ [\ (1 - \varphi)\ R - L_E]}{\psi_L} - I_1 + L_L - m_L \geq 0$，

$$\Delta = R^2\theta^2 \left[\theta^2 (R - I_2 - L)^2 + 4\psi_L (L - I_1 - m_L)\right],$$

如果 $\theta (R - I_2 - L) \geqslant 2\sqrt{\psi_L (I_1 + m_L - L)}$ 成立，$\Delta \geqslant 0$。

根据前面的假设，$\varphi \geqslant \dfrac{\theta (R + I_2 + L) - \sqrt{[\theta^2 (R - I_2 - L)^2 V + 4\psi_L (L - I_1 - m_L)]}}{2\theta R}$

成立。

推论 1 企业家付出的努力水平为：$e_L^* = \dfrac{\theta (R - I_2 - L) + \sqrt{\theta^2 (R - I_2 - L)^2 - 4\psi_L (I_1 + m_L - L)}}{2\psi_L}$，低于最优水平。

证明：$e_L = \dfrac{\theta (R - I_2 - L) + \sqrt{\theta^2 (R - I_2 - L)^2 + 4\psi_L (L - I_1 - m_L)}}{2\psi_L}$

因为 $\psi_S < \psi_L$，$e_L - e^* < 0 \Leftrightarrow \dfrac{[(1 - \varphi) R - L_E]\theta}{\psi_L} - \dfrac{\theta (R - I_2 - L)}{\psi_S} < 0$。

$\dfrac{[(1 - \varphi) R - L_E]\theta}{\psi_L} - \dfrac{\theta (R - I_2 - L)}{\psi_L} < 0$。这表明如果条件不满足，投资家会拒绝投资，因为其总是会选择清算，结果企业家的努力水平低于最优。

由此，可以得到，与附属的风险投资家合作时，上述因素会影响到企业家付出的努力水平：随着企业盈利能力的增强、附属的风险投资家提供的投资额以及付出的管理监督成本的减少，企业家付出的努力水平随之升高；当企业家单位努力成本高于临界值，即 $\psi_L > \theta^2 (R - m_L - I_2 - I_1)$ 时，随着企业清算价值增加，企业家付出的努力水平会随之升高，反之企业家付出的努力水平会随之降低。

综上所述，如果选择附属的投资家向创业企业投资，那么，在企业状态差时，附属的投资家会将企业进行清算；在企业状态好时，会选择继续经营企业。然而，对于企业家来说，由于考虑到投资家提供的增值服务的质量，选择附属的风险投资家并不是最好的选择。同时，企业家努力水受到投资家提供的增值服务质量等的影响，总体来说，与附属的风险投资家合作时企业家的努力水平总是低于最优努力水平。

5.2.2　独立的投资家控制权配置分析

由于独立的风险投资家自身的资金受到约束，很难一直投资给创业企业，其希望在企业经营的中期阶段，将持有的企业股份出售给外部的投资家，从而实现从创业企业中退出。如果独立的风险投资家掌握着企业的控制权，其能够决定是清算企业，还是出售持有的企业股份给外部投资家。在 $t = 1$ 时刻，独立的投资家会向企业投入资金（I_1），付出管理监督的成本（m_S），企业家与投资家签订契约，约定如果在 $t = 2$ 时刻，企业被清算，独立的风险投资家可以获得的清算收益为 L_S；但是，如果独立的投资家将持有的企业股份出售给外部投资家，出售的价格为 P_S，外部投资家获得股份 φ。

假定独立的投资家出售股份获得的收益大于选择清算时获得的清算收益（$P_S > L_S$），因为如果该假定不成立，无论企业状态是好或是坏，投资家在投入初始阶段企业所需的资金后，总是会选择将企业进行清算。但是，投资家如果选择清算企业，其将会亏损，结果是，投资家将不会向企业投资。

如果式（5 - 6）成立，独立的投资家才会进行投资，即独立的投资家从出售股份中获得的收益减去投资额和管理监督成本后的剩余大于等于 0。

$$P_S - I_1 - m_S \geq 0 \qquad (5-6)$$

如果独立的风险投资家在中期阶段选择出售持有的股份，外部投资家不能根据观察到的独立投资家的决策来推断企业状态，只能根据企业状态好坏的概率计算其期望收益，因此，外部投资家的投资仅在下式成立才会发生：

$$\theta e\varphi R + (1 - \theta e)\varphi pR - I_2 - P_S \geq 0 \qquad (5-7)$$

表示外部投资家只有在期望收益大于等于其投资额和购买独立投资家的股份而投入的资金时，才会选择投资。

在此基础上，企业家的目标函数如下。

$$\max_{\varphi, e, P_S, L_S} \theta e(1 - \varphi)R + (1 - \theta e)(1 - \varphi)pR - \psi_S \frac{e^2}{2} \qquad (5-8)$$

该目标函数表示投资家根据获得的收益份额以及出售股份获得的收益，激励企业家付出更高的努力水平，从而最大化企业家的利润。

根据上述约束条件，经过简单推导，得到命题 2，该命题描述了独立的风险投资家拥有控制权时的契约参数。

命题 2　如果企业家选择独立的风险投资家进行投资，签订的契约参数如下。

$$P_S = I_1 + m_S，\Delta = \left[\frac{\theta^2 (1-p)^2 R^2}{\psi_S} + pR\right]^2 - 4\left[\frac{\theta^2 (1-p)^2 R^2}{\psi_S}\right] (I + m_S)，\varphi_2^*$$

$$= \frac{1}{2} + \frac{\psi_S (pR - \sqrt{\Delta})}{2\theta^2 (1-p)^2 R^2}。$$

证明：$e_S^* = \dfrac{\theta (1-\varphi) R (1-p)}{\psi_S}$。$P_S = I_1 + m_S$。企业家目标函数可以简化为：

$$\max_{\varphi, e} \theta e (1-\varphi) R (1-p) + (1-\varphi) pR - \psi_S \frac{e^2}{2}；s.t. \theta e \varphi R (1-p)$$

$+ \varphi pR - I - m_S = 0$。

将 e_S^* 代入简化后的企业家目标函数，可得：

$$\max_{\varphi, \epsilon} \frac{1}{2} \frac{\theta^2 (1-p)^2 (1-\varphi)^2 R^2}{\psi_S} + (1-\varphi) pR \qquad (5-9)$$

$$s.t. \frac{\theta^2 (1-\varphi)(1-p)^2 R^2}{\psi_S} \varphi + \varphi pR - I - m_S = 0 \qquad (5-10)$$

求解式（5-9）的最大值（F）关于 φ 的偏导，$\forall \varphi \in [0, 1]$，$\dfrac{\partial F}{\partial \varphi} =$

$- \dfrac{\theta^2 (1-p)^2 (1-\varphi) R^2}{\psi_S} - pR < 0$。

将式（5-10）用 φ 表示出来：

$$- \left[\frac{\theta^2 (1-p)^2 R^2}{\psi_S}\right] \varphi^2 + \varphi \left[\frac{\theta^2 (1-p)^2 R^2}{\psi_S} + pR\right] - I - m_S = 0 \quad (5-11)$$

式（5-11）有两个解，最小的解是：$\dfrac{1}{2} + \dfrac{\psi_S (pR - \sqrt{\Delta})}{2\theta^2 (1-p)^2 R^2}$，

其 仅 在 $\dfrac{\psi_s\ (pR-\sqrt{\Delta})}{2\theta^2\ (1-p)^2R^2} \leqslant \dfrac{1}{2}$ 时 小 于 等 于 1, 即 $-\sqrt{\Delta} \leqslant$

$R\left[\dfrac{\theta^2\ (1-p)^2R}{\psi_s} - p\right]$。

如果 $\left[\dfrac{\theta^2\ (1-p)^2R}{\psi_s} - p \geqslant 0\right]$, 不等式总是正确的, 可以得到: $\varphi_2^* =$

$\dfrac{1}{2} + \dfrac{\psi_s\ (pR-\sqrt{\Delta})}{2\theta^2\ (1-p)^2R^2}$。

综上所述, 当企业状态差时, 独立的投资家不会选择清算企业。由于企业继续经营的收益小于清算时的收益, 所以, 该契约会产生继续经营不好的企业这一无效的结果。然而, 独立的投资家不会考虑无效继续经营企业的后果, 其会为了获得更高的收益而继续经营企业, 因为不了解企业状态的外部投资家会以 P_s 的价格购买独立投资家的股份。因此, 独立的投资家总是会选择出售股份, 而不会向外部投资家揭示其私有信息。所以在契约的均衡条件下, 独立的投资家获得的收益等于初始阶段投入的资金和付出的管理监督成本之和。除此之外, 投资家获得的股份受到上述因素影响, 随着独立投资家投入的资金和付出的管理监督成本的增加, 其获得的企业股份随之增多; 当投资家投入的资金和管理监督成本之和大于企业状态差时获得的收益, 即 $(I+m_s) > pR$ 时, 随着企业盈利能力的增强, 独立的投资家获得的企业股份会随之增多, 反之其获得的股份会随之减少。

推论 2 企业家如果选择独立的投资家进行投资, 其付出的努力水平为:

$e_s^* = \dfrac{\theta\ (1-p)\ R}{2\psi_s} - \dfrac{(pR-\sqrt{\Delta})}{2\theta\ (1-p)\ R}$。

如果满足条件: $\varphi^* R - I_2 - L + (1-\varphi_2^*)\ pR > 0$, 企业家努力水平低于最优水平。

证明: 在均衡情况下, 企业家努力水平 $e_s^* = \dfrac{\theta\ (1-\varphi^*)\ (1-p)\ R}{\psi_s}$, 因为 $0 \leqslant \varphi^* \leqslant 1$, 所以 $e^* \geqslant 0$。

可以显示, $e_s^* < e^* \Leftrightarrow \dfrac{\theta\ (1-\varphi^*)\ (1-p)\ R}{\psi_s} < \dfrac{\theta\ (R-I_2-L)}{\psi_s} \Leftrightarrow (1-$

φ^*）（$1-p$）R＜（$R-I_2-L$）$\Leftrightarrow pR-I_2-L+\varphi^*$（$1-p$）R＞$0\Leftrightarrow\varphi^*R-I_2-$ L＋（$1-\varphi^*$）pR＞0。

因为独立投资家的激励约束条件是 P_s＞L，如果 $\varphi^*R-I_2-P_s$＞0 不正确，会违背外部投资家的参与约束，从而获得 e_s^*＜e^*，$e_s^*\leqslant1$，$\epsilon_s^*=$ $\dfrac{\theta（1-p）R}{2\psi_s}-\dfrac{（pR-\sqrt{\Delta}）}{2\theta（1-p）R}$。

推论表明企业家付出的努力水平有可能会高于最优努力水平，但是，当企业应该被清算但却被无效地继续经营时，企业家付出的努力水平会相对较高。然而，由于企业家获得的收益不足以使其付出更高的努力水平。因此，企业家努力水平低于最优努力水平。

同时，企业家付出的努力水平受到上述因素影响，随着独立投资家投入的资金和付出的管理监督成本的增加，企业家付出的努力水平会随之降低；当企业盈利能力高于临界值，即 $\theta＞\sqrt{\dfrac{2（pR）^2\psi_s}{p（1-p）R^2-2（1-p）R（I+m_s）}}$ 时，随着企业盈利能力的增强，企业家付出的努力水平会随之升高，否则，其付出的努力水平会殖之降低。

5.2.3　两类契约的比较分析

本书发现如果独立的风险投资家拥有控制权，其会选择出售股份而不是清算，这将会产生无效的经营结果，即不成功的企业不会被清算，反而会获得额外的资金。然而、独立的风险投资家提供的增值服务对于企业的成功十分重要，这也促使企业家付出更高的努力水平来增加企业成功的可能性。

接下来在前面的参与约束条件都得到满足的情况下，比较不同类型的投资家对企业净现值的影响。通过比较两种契约下的净现值，帮助企业家选择更适合的投资家，命题 3 得到了附属的风险投资家对于企业家来说更具有吸引力的条件。

命题 3　如果下面的条件得到满足，与附属的风险投资家签订契约中的净现值高于与独立的风险投资家签订契约中的净现值。

（1）θ（$R-L-I_2$）$> \sqrt{2\psi_L\eta(e_s)}$，即，当企业自然状态好时，企业继续经营所获得的收益减去企业清算收益的差额能够大于该临界值。

（2）企业家付出的努力水平为：

$$e_{L1} \leqslant \frac{\theta(R-L-I_2)+\sqrt{\theta^2(R-L-I_2)^2-2\psi_L\eta(e_s)}}{\psi_L}$$

其中，$\eta(e_s) = \left[-L-I_2+pR+\theta e_s R(1-p)-\dfrac{\psi_s e_s^2}{2}+(m_L-m_s)\right]$。

证明：独立的投资家投资时企业的净现值为$NPV_s = \theta e_s R+(1-\theta e_s)pR-I_1-I_2-\psi_s\dfrac{e_s^2}{2}-m_s$，

附属的投资家投资时企业的净现值为$NPV_L = L-I_1+\theta e_{L1}(R-L-I_2)-\psi_L\dfrac{e_L^2}{2}-m_L$，

需要确定在什么条件下与附属的投资家合作时，创业企业可以获得更多的 NPV。为了得到这个结论，需要 $NPV_L - NPV_s > 0$，则有：

$$\frac{-\psi_L e_{L1}^2}{2}+\theta e_{L1}(R-L-I_2)+L+I_2-pR-\theta e_s R(1-p)+$$

$$\frac{\psi_s e_s^2}{2}+(m_s-m_L)>0$$

可以看出，二项式函数 $a<0$，$b>0$，c 的符号无法判定。如果二项式是负的，$NPV_L - NPV_s < 0$。

判别式为：

$$\Delta = \theta^2(R-L-I_2)^2+2\psi_L\left[L+I_2-pR-\theta e_s R(1-p)+\right.$$

$$\left.\frac{\psi_s e_s^2}{2}+(m_s-m_L)\right]$$

如果下面两个条件中的一个成立，此判别式为正，即：

a. $c>0$

b. $\theta^2 (R - L - I_2)^2 > -2\psi_L \left[L + I_2 - pR - \theta e_S R (1 - p) + \dfrac{\psi_S e_S^2}{2} + (m_S - m_L) \right]$。

规定 $\eta (e_S) = -c = \left[-L - I_2 + pR + \theta e_S R (1 - p) - \dfrac{\psi_S e_S^2}{2} + (m_L - m_S) \right]$

那么，$\Delta = \theta^2 (R - L - I_2)^2 - 2\psi_L \eta (e_S)$，

假定 Δ 是正的，如果 $\eta (e_S) < 0$ 或 $\theta^2 (R - L - I_2)^2 > 2\psi_L \eta (e_S)$，通过假定 $NPV_S \geq 0$ 和 $L < I_1 + m$，很容易显示 $\eta (e_S) > NPV_S \geq 0$。

方程的两个根分别为 $\dfrac{-b - \sqrt{\Delta}}{2a} > 0$，$\dfrac{-b + \sqrt{\Delta}}{2a}$，如果 $c > 0$，后一个根为负，如果 $c < 0$，后一根为正。前一个根大于后一个根。

因为 $a < 0$，$b > 0$，$\dfrac{-b + \sqrt{\Delta}}{2a}$ 为正，因为 $(R - L - I_2) < \psi_S$，以及 $\psi_S < \psi_L$，$m_S > m_L$，根的值小于 1。$\dfrac{-b - \sqrt{\Delta}}{2a}$ 是正的，下面将显示 $e_{L1} \leqslant \dfrac{-b - \sqrt{\Delta}}{2a}$ 总是正确。

$$e_{L1} = \dfrac{\theta (R - L - I_2) + \sqrt{\theta^2 (R - L - I_2)^2 + 4\psi_L (L - I_1 - m_L)}}{2\psi_L},$$

简化不等式，因而有：

$4\theta (R - L - I_2) \sqrt{\theta^2 (R - L - I_2)^2 - 2\psi_L \eta (e_S)} + 4\theta^2 \left[(R - L - I_2)^2 - 2\psi_L \eta (e_S) \right] \geqslant 4\psi_L (L - I_1 - m_L)$

因为 $L < I_1 + m_L$，结果是 e_{L1} 总是低于二项式方程最大根。

该命题强调企业家如何在两类投资家之间进行选择，企业家需要在投资家提供的增值服务与采取无效的经营决策之间进行权衡，然后确定在特定条件下哪类投资家更好。

如果企业家选择的是独立的风险投资家，投资家有时会采取无效的经营决策；而如果选择的是附属的风险投资家，投资家总是会采取最佳的经营决策，但是此时企业家的努力成本较高，投资家增值服务质量较低。这表明与附属的风险投资家合作时，企业的经营收益应足够补偿投资家提供的增值服

务质量的不足。如果上述条件可以得到满足，选择附属的风险投资家对于企业家来说更具有吸引力。

5.3

企 业 家 控 制 权 配 置 分 析

如果企业家拥有控制权，可以在 t = 2 时刻决定企业是继续经营还是清算。分别比较企业家与两类投资家签订的契约参数，选择能给企业家带来较高收益的契约，在此基础上，确定在什么条件下，企业家与哪类投资家合作时，企业家拥有控制权可以实现相对较优配置。

5.3.1 选择附属的投资家时企业家控制权配置分析

如果企业家选择的是附属的风险投资家，对于前面讨论的结果（当投资家拥有控制权时）不会产生任何影响。在 t = 2 时刻，如果企业自然状态好，企业家与投资家均选择继续经营企业，获得较高的收益。如果企业状态差，企业家由于两个原因被迫选择清算企业：其一，因为了解到企业状态较差，投资家会拒绝继续向企业投资；其二，外部的投资家会拒绝投资，因为其推断出企业仅在状态差的时候才会出售。因此，清算企业是企业家在不能获得中期阶段资金时被迫选择的。所以，企业家会在企业状态好时继续经营企业，而在企业状态差时清算企业。

5.3.2 选择独立的投资家时企业家控制权配置分析

独立的风险投资家由于受到资金的约束，被迫或想要在中期阶段退出企业。如果企业家选择继续经营企业，独立的风险投资家会根据初始契约的条件向外部投资家出售其持有的股份。如果企业家决定清算企业，清算价值根据初始契约约定的条件在企业家与独立的风险投资家之间分配。

企业家根据关于企业状态的信号以及不同决策下的期望收益,决定企业是继续经营或是清算。当企业状态好时,企业家选择继续经营企业,从企业发展中获益。当企业状态差时企业家会选择不同的策略。接下来将分别分析两种情况:在第一种情况下,企业家选择继续经营企业;在第二种情况下,企业家选择清算企业。

(1) 企业家选择继续经营企业。

因为选择继续经营,对于企业家来说,是具有吸引力的,此时,企业家受到的激励约束条件是:

$$(1 - \varphi)pR \geq L_E \tag{5-12}$$

即企业家选择继续经营时获得的收益大于等于选择清算时获得的清算收益。L_E 表示企业家获得的清算收益,企业家通过下面条件最大化其利润:

$$\max_{\varphi, e, P_S} \theta e(1 - \varphi)R + (1 - \theta e)(1 - \varphi)pR - \psi_s \frac{e^2}{2} \tag{5-13}$$

即投资家根据获得的收益份额以及出售股份获得的收益,激励企业家付出更高的努力水平,从而最大化企业家的利润。

外部投资家在投资前不知道企业状态,因此,其通过估计企业状态好的可能性计算期望收益,当且仅当下式成立时投资:

$$\theta e\varphi R + (1 - \theta e)\varphi pR - I_2 - P_S \geq 0 \tag{5-14}$$

即外部投资家只有在获得的期望收益大于等于其投资额和购买独立投资家的股份付出的资金时,才会选择投资。

独立的投资家在 $t = 2$ 时刻的参与约束条件为:

$$P_S - I_1 - m_S \geq 0 \tag{5-15}$$

即投资家从出售股份中获得的收益大于等于付出的投资额和管理监督成本。

这些约束条件产生的结果与独立的投资家拥有控制权时的结果是一样的,契约的参数也是相同的。结论见命题4。

命题4　当企业家拥有控制权，在与独立的投资家合作时，如果企业家选择继续经营，则契约的参数与独立投资家拥有企业控制权时的契约参数相同。

在这种情况下，企业家拥有控制权与独立的投资家拥有控制权产生相同无效的结果，应该被清算的不好的企业总是被继续经营下去，这个结果也支持了很多学者研究所发现的：企业家总是倾向于选择继续经营企业。

（2）企业家选择清算企业。

假定，如果企业自然状态差，在企业中期阶段，选择清算企业对于企业家更好：

$$L_E \geqslant (1 - \varphi) pR \tag{5-16}$$

即企业继续经营时，企业家获得的收益小于等于清算时其获得的清算收益。

这种情况下剔除了无效的继续经营结果，因此，只有在企业状态好时外部投资家才可能进行投资。外部投资家的参与约束条件为：

$$\varphi R - I_2 - P_S \geqslant 0 \tag{5-17}$$

即当企业状态好时，外部投资家只有在获得的收益大于等于其投资额和购买独立投资家的股份付出的资金时，才会选择投资。

独立的投资家了解，当企业状态差时，企业会被清算，因此，其参与约束条件是：

$$\theta e P_S + (1 - \theta e) L_S - I_1 - m_S \geqslant 0 \tag{5-18}$$

即独立的投资家只有在获得的期望收益大于等于其付出的投资额和管理监督成本时，才会进行投资。

在此基础上，企业家的目标函数如下。

$$\max_{\varphi, e, L_E, P_S} \theta e (1 - \varphi) R + (1 - \theta e) L_E - \psi_S \frac{e^2}{2} \tag{5-19}$$

该目标函数表示企业家估计获得的收益份额、清算收益以及投资家出售股份获得的收益，选择付出的努力水平，从而最大化自身利润。

此时，企业家的策略与选择附属的风险投资家时的策略一样。然而，两个契约也存在一些显著差异：如果企业家拥有控制权，当企业状态差时，企业家如果选择的是附属的投资家，企业家清算时获得的清算收益为 0；而选择独立的投资家，企业家获得的清算收益需要满足条件 $L_E \geqslant (1-\varphi) pR$，这意味着清算收益应该足够大，以满足企业家的激励约束条件。

下面的命题根据企业家和投资家各自的激励约束和参与约束条件，得到了与独立的投资家合作时，企业家拥有控制权时的契约参数。

命题 5　当企业家掌握企业控制权时，如果其与独立投资家签订的契约允许在企业自然状态差时清算企业，则契约参数为：$P_S = $

$$\frac{\theta (R - L - I_2 + 2L_S) - \sqrt{\theta^2 (R - L - I_2)^2 + 4\psi_S (L_S - I_1 - m_S)}}{2\theta}, \ L_E = (R - I_2 - $$

$P_S) p$，$\varphi_3^* = \dfrac{\theta (R - L + I_2 + 2L_S) - \sqrt{\theta^2 (R - L - I_2)^2 - 4\psi_S (I_1 + m_S - L_S)}}{2\theta R}$。

证明：企业家付出的努力水平 $e_{S'}^* = \dfrac{\theta \left[(1-\varphi) R - L_E \right]}{\psi_S}$。将 $e_{S'}^*$ 代入独立投资家的参与约束条件，得到：$\theta \dfrac{\theta (1-\varphi) R - \theta L_E}{\psi_S} P_S + \left[1 - \theta \dfrac{\theta (1-\varphi) R - \theta L_E}{\psi_S} \right] L_S - I_1 - m_S \geqslant 0$，

$$P_S = \frac{\theta (R - L - I_2 + 2L_S) - \sqrt{\theta^2 (R - L - I_2)^2 + 4\psi_S (L_S - I_1 - m_S)}}{2\theta}，求$$

P_S 关于 L_S 的偏导，可以得到：$1 - \dfrac{\psi_S}{\theta \sqrt{\theta^2 (R - L - I_2)^2 + 4\psi_S (L_S - I_1 - m_S)}}$，

求 $e_{S'}$ 关于 L_S 的偏导，可以得到：

$\dfrac{1}{\sqrt{\theta^2 (R - L - I_2)^2 + 4\psi_S (L_S - I_1 - m_S)}}$，为了最大化其效用，企业家应该使 L_E 尽可能地低。

因为 $L_E^* \geqslant (1-\varphi) pR$，可以得到 $L_E = (1-\varphi) pR$，所以 $L_E = (R - I_2 - P_S) p$。

随着独立投资家投入的资金和付出的管理监督成本的增加、企业清算价值的增加、企业盈利能力的降低，其从企业获得的股份会随之增多。

推论 3 当企业家掌握企业控制权时，如果选择独立的投资家投资，那么企业家付出的努力水平 $e_{s'}^* = \dfrac{\theta\,(R-L-I_2) + \sqrt{\theta^2\,(R-L-I_2)^2 - 4\psi_S\,(-L_S + I_1 + m_S)}}{2\psi_S}$，低于最优水平。

证明：如果独立的投资家进行投资，企业家拥有控制权时的努力水平 $e_{s'}^* = \dfrac{\theta\,[\,(1-\varphi)\,R - L_E]}{\psi_S}$，可以得到：$\varphi = \dfrac{\theta\,(R+L+I_2-2L_E) - \sqrt{\theta^2\,(R-L-I_2)^2 + 4\psi_S\,(L_S - I_1 - m_S)}}{2\theta R}$，因此，

$$e_{s'}^* = \frac{\theta\,(R-L-I_2) + \sqrt{\theta^2\,(R-L-I_2)^2 + 4\psi_S\,(L_S - I_1 - m_S)}}{2\psi_S}。$$

上式为正，如果下式成立，$e_{s'}^* < 1$。

从假设 1 得到，$R-L-I_2 \leqslant \psi_S$，因为 $L_S \leqslant I_1 + m_S$，可以得到

$\sqrt{\theta^2\,(R-L-I_2)^2 + 4\psi_S\,(L_S - I_1 - m_S)} \leqslant \psi_S$，那么 $e_{s'}^* < 1$，然后检验 $e_{s'}^* - e^* < 0 \Leftrightarrow \theta\,(R-L-I_2) > \sqrt{\theta^2\,(R-L-I_2)^2 + 4\psi_S\,(L_S - I_1 - m_S)}$。

因为 $L_S < L < I_1 + m_S$，结果是企业家付出的努力水平总是低于最优水平。

上述因素会影响到企业家付出的努力水平，即随着独立投资家投入的资金和付出的管理监督成本的增加、企业清算价值的增加、企业盈利能力的降低，企业家付出的努力水平会随之降低。

该投资契约下，企业家会在企业状态差时，选择清算企业。然而，由于企业家会从中抽取一定比例的清算收益，所以该契约也无法获得最优的均衡结果。

5.3.3 两类契约的比较分析

根据上述研究发现，如果附属的投资家对创业企业进行投资，那么无论是附属的投资家或是企业家掌握企业的控制权，均会产生相同的契约参数，并实现创业企业控制权相对较优配置，即在企业自然状态好时，继续经营企业，而在企业自然状态差时，清算企业。

如果独立的投资家对创业企业进行投资，有可能会出现两种截然不同的契约。一种契约是，企业家将企业继续经营，这导致出现无效的结果：即应该被清算的企业被继续经营下去。而第二种契约可以剔除第一种契约出现的无效结果。该契约下，企业家会在企业自然状态差时将企业进行清算，但是，企业家会要求获得更多的清算收益，否则其不会清算企业。因此，在企业自然状态差时，由企业家掌握企业控制权会比由独立的投资家掌握企业的控制权更好。

<h1>5.4</h1>

<h1>数 据 模 拟</h1>

在研究两种类型投资家下的创业企业控制权配置时，由于数据可获得性方面的问题，无法获得关于两类风险投资机构的数据。因此，为了更加直观地观察关键因素对创业企业控制权最优配置的影响，本节基于上述理论分析，运用 Matlab R2016a 软件，采用数据模拟的方法，分别对两种类型投资家下的关于创业企业控制权配置的主要研究结论进行分析说明。

在研究各个因素如何影响企业控制权配置时，主要是通过各个因素对于企业家付出的努力水平、投资家股权比例的影响进行体现。能够使得企业家努力水平较高、投资家获得的股权较多的控制权配置可以实现最优。

（1）创业企业清算价值与企业家努力水平的关系。

令 $R = 500$，$I_1 = 40$，$\psi_L = 400$，$\psi_S = 300$，$\theta = 0.8$，$p = 0.2$，$m_L = 40$，$m_S = 60$　$L \in [20, 80]$，$I_2 = 80$。

运用 Matlab 进行数据模拟，得到在不同创业企业控制权配置情况下，企业清算价值与企业家努力水平的关系。控制权配置分别为附属的风险投资家控制、允许清算情况下独立的风险投资机构投资时企业家控制、不允许清算情况下独立的风险投资机构投资时企业家控制。

图 5-2 和图 5-3 中，——线表示，在企业清算价值、投资家投资额的影响下，企业家的最优努力水平。————线表示，在允许清算情况下，企业

家拥有控制时，企业家付出的努力水平。————线表示，附属的风险投资家拥有控制权时，企业家付出的努力水平。————线表示，不允许清算情况下，企业家拥有控制时，企业家付出的努力水平。

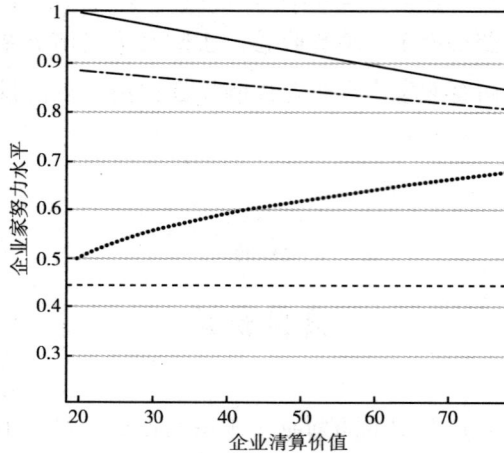

图 5 - 2　企业清算价值与企业家努力水平的关系

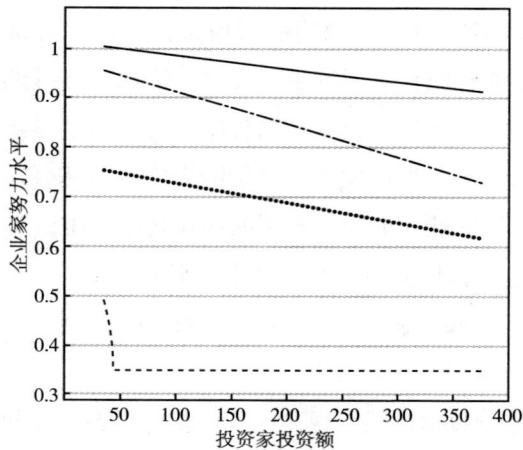

图 5 - 3　投资家投资额与企业家努力水平的关系

从图 5 - 2 中可以看到，允许清算情况下企业家控制优于附属的风险投资家控制，而附属的风险投资家控制优于在不允许清算情况下企业家控制。另外，随着企业清算价值增加，在允许清算情况下，如果企业家拥有控制权，其努力水平随之下降，附属的风险投资家拥有控制权时，企业家努力水平随之升高；在不允许清算情况下，如果企业家拥有控制权，其努力水平保持不变。上图很好地模拟了企业清算价值与企业家努力水平的关系，也进一步验证了推论 1、推论 2 和推论 3。

（2）风险投资家投资额与企业家努力水平的关系。

令 $R = 500$，$I_1 = 40$，$\psi_L = 400$，$\psi_S = 300$，$\theta = 0.8$，$p = 0.2$，$m_L = 40$，$m_S = 60$　$L = 80$，$I_2 \equiv [35, 375]$。

从图 5 - 3 中可以看到，在允许清算情况下企业家控制优于附属的风险投资家控制，而附属的风险投资家控制优于不允许清算情况下的企业家控制。另外，随着投资家投资额的增加，在不同控制权配置下，企业家努力水平均随之减少。上图很好地模拟了投资家投资额与企业家努力水平的关系，也进一步验证了推论 1、推论 2 和推论 3。

（3）企业盈利能力与企业家努力水平的关系。

令 $R = 500$，$I_1 = 40$，$\psi_L = 400$，$\psi_S = 300$，$p = 0.2$，$m_L = 40$，$m_S = 60$　$L = 80$，$\theta \in [0, 1]$，$I_2 = 80$。

运用 Matlab 进行数据模拟，得到不同创业企业控制权配置情况下，企业盈利能力与企业家努力水平的关系。图 5 - 4 中·········线表示，在企业盈利能力的影响下，允许清算的情况下，如果企业家拥有控制权，企业家付出的努

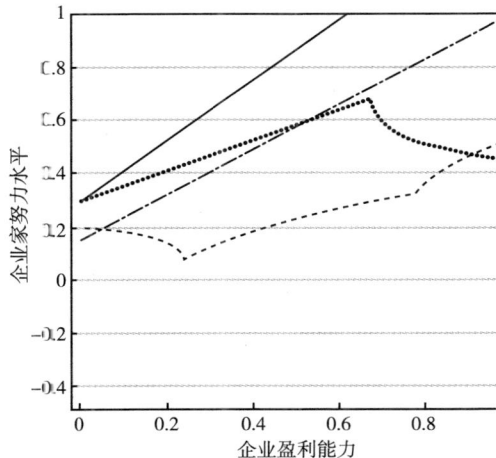

图 5 - 4　企业盈利能力与企业家努力水平的关系图

力水平。——线表示企业家的最优努力水平。┄┄┄线表示，在不允许清算情况下，如果企业家拥有控制权，企业家付出的努力水平。———线表示，附属的风险投资家拥有控制权时，企业家付出的努力水平。

从图 5 - 4 中可以看到，在一定条件下，允许清算情况下企业家控制优于附属的风险投资家控制，而附属的风险投资家控制优于在不允许清算情况下的企业家控制。另外，随着企业盈利能力的增加，不同控制权配置下，企业家努力水平均随之增加。上图很好地模拟了企业盈利能力与企业家努力水平的关系，也进一步验证了推论 1、推论 2 和推论 3。

（4）独立投资家投资时付出的管理监督成本与企业家努力水平的关系。

令 $R = 500$，$I_1 = 40$，$\theta = 0.8$，$\psi_S = 300$，$\psi_L = 400$，$p = 0.2$，$m_L = 40$，$L = 80$，$m_S \in [60, 100]$，$I_2 = 80$。

运用 Matlab 进行数据模拟，得到不同创业企业控制权配置情况下，投资家付出的管理监督成本与企业家努力水平的关系。

图 5 - 5 和图 5 - 6 中，┄┄┄线表示，在投资家管理监督成本影响下，允许清算情况下，如果企业家拥有控制权，企业家付出的努力水平。——线表示，企业家的最优努力水平。┄┄┄线表示，在不允许清算情况下，如果企业家拥有控制权，企业家付出的努力水平。———线表示，附属的风险投资家拥有控制权时，企业家付出的努力水平。

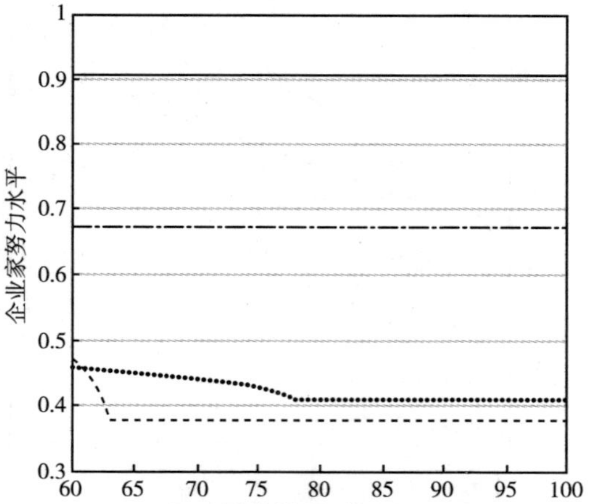

图 5 - 5　独立的风险投资家的管理监督成本与企业家努力水平的关系

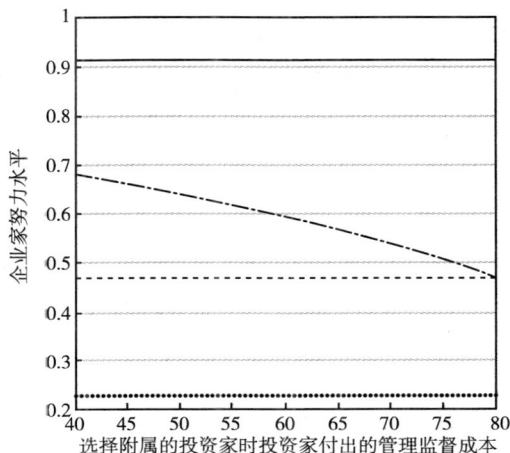

图 5 - 6　附属的风险投资家的管理监督成本与企业家努力水平的关系

从图 5 - 5 中可以看到，附属的风险投资家控制优于企业家控制，而在投资家管理监督成本较高时，在允许清算情况下的企业家控制优于不允许清算情况下的企业家控制。另外，随着投资家管理监督成本的增加，企业家控制时，企业家努力水平均随之减少。图 5 - 5 很好地模拟了投资家管理监督成本（m_S）与企业家努力水平的关系，进一步验证了推论 1、推论 2 和推论 3。

（5）附属的投资家投资时付出的管理监督成本与企业家努力水平的关系。

令 $R = 500$，$I_1 = 40$，$\theta = 0.8$，$\psi_S = 300$，$\psi_L = 400$，$p = 0.2$，$m_S = 60$，$L = 80$，$m_L \in [40，80]$，$I_2 = 80$。

从图 5 - 6 中可以看到，附属的风险投资家控制优于在不允许清算情况下企业家控制，而在不允许清算情况下企业家控制优于在允许清算情况下的企业家控制。另外，随着投资家管理监督成本的增加，附属的风险投资家控制下，企业家努力水平随之减少。图 5 - 6 很好地模拟了附属的风险投资家投资时投资家管理监督成本（m_L）与企业家努力水平的关系，也进一步验证了推论 1、推论 2 和推论 3。

（6）创业企业清算价值与投资家股权的关系。

令 $R = 500$，$I_1 = 40$，$\psi_L = 400$，$\psi_S = 300$，$\theta = 0.8$，$p = 0.2$，$m_L = 40$，$m_S = 60$　$L \in [20，80]$，$I_2 = 80$。

运用 Matlab 进行数据模拟，得到在不同创业企业控制权配置情况下，企业清算价值与投资家股权的关系。

图 5 - 7 和图 5 - 8 中，————线表示，附属的风险投资家拥有控制权时，投资家获得的股权比例。-----线表示，在允许清算情况下，如果企业家拥有控制权，投资家获得的股权比例。——线表示，在不允许清算情况下，如果企业家拥有控制权，投资家获得的股权比例。从图 5 - 7 中可以看到，在不允许清算情况下的企业家控制优于附属的风险投资家控制；附属的风险投资家控制优

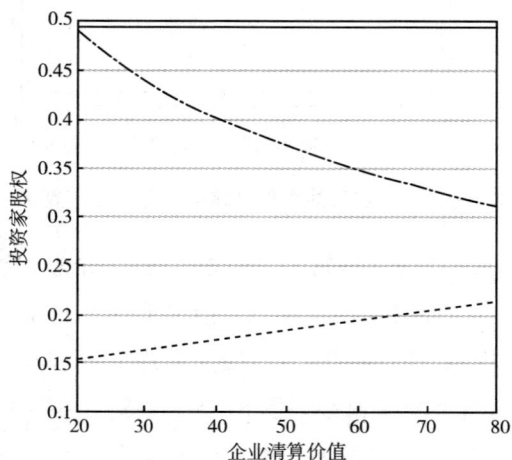

图 5 - 7 企业清算价值与投资家股权的关系

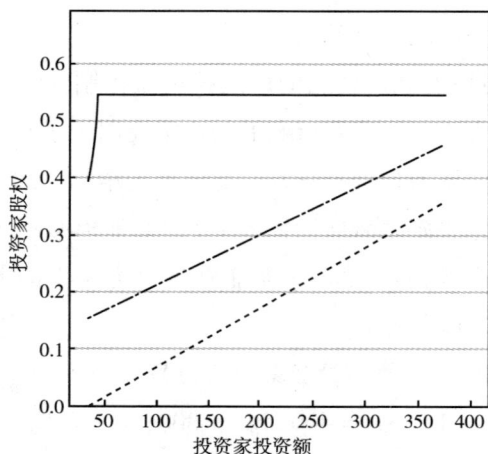

图 5 - 8 投资家投资额与投资家股权的关系

于允许清算情况下的企业家控制。另外，随着企业清算价值的增加，在允许清算情况下，企业家控制时，投资家的股权比例随着升高；附属的风险投资家拥有控制权时，投资家的股权比例随着下降。图 5－7 很好地模拟了企业清算价值与投资家股权比例的关系，也验证了命题 1、命题 2 和命题 5。

（7）风险投资家投资额与投资家股权的关系。

令 R ＝500，I_1 ＝40，ψ_L ＝400，ψ_S ＝300，θ ＝0.8，p ＝0.2，m_L ＝40，m_S ＝60　L ＝80，$I_2 \in$ ［35，375］。

运用 Matlab 进行数据模拟，得到不同企业控制权配置情况下，投资家的投资额与投资家股权的关系。从图 5－8 中可以看到，不允许清算情况下的企业家控制优于附属的风险投资家控制；附属的风险投资家控制优于允许清算情况下的企业家控制。另外，随着投资家投资额的增加，不同控制权配置下，投资家股权比例均随之增加。图 5－8 很好地模拟了投资家投资额与投资家股权比例的关系，也进一步部分验证了命题 1、命题 2 和命题 5。

（8）企业盈利能力与投资家股权的关系。

令 R ＝500，I_1 ＝40，ψ_L ＝400，ψ_S ＝300，p ＝0.2，m_L ＝40，m_S ＝60　L ＝80，θ $\in$ ［0，1］，I_2 ＝80。

运用 Matlab 进行数据模拟，得到不同创业企业控制权配置情况下，企业盈利能力与投资家股权的关系。

图 5－9 中，－－－－线表示，附属的风险投资家拥有控制权时，投资家获得的股权比例。——线表示，在不允许清算情况下如果企业家拥有控制权，投资家获得的股权比例。┄┄┄线表示，在允许清算情况下，如果企业家拥有控制权，投资家获得的股权比例。从图 5－9 中可以看到，在不允许清算情况下的企业家控制优于附属的风险投资家控制；附属的风险投资家控制优于在允许清算情况下的企业家控制。另外，随着企业盈利能力的增加，在允许清算情况下，企业家控制时，投资家的股权比例随之下降。附属的风险投资家拥有控制权时，投资家的股权比例随之下降。在不允许清算情况下企业家控制时，投资家的股权比例先上升后下降。上图很好地模拟了企业盈利能力与投资家股权比例的关系，也进一步验证了命题 1、命题 2 和命题 5。

（9）独立投资家投资时付出的管理监督成本与投资家股权的关系。

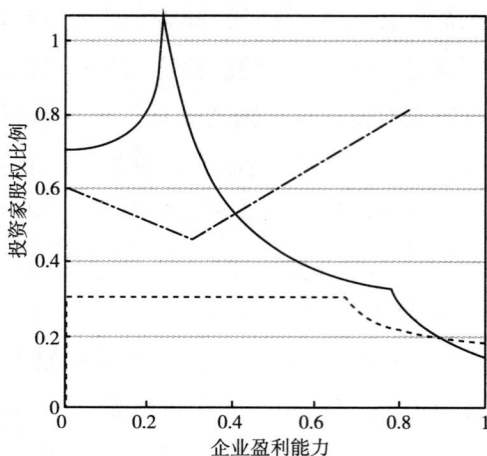

图 5-9 企业盈利能力与投资家股权的关系

令 $R = 500$，$I_1 = 40$，$\theta = 0.8$，$\psi_S = 300$，$\psi_L = 400$，$p = 0.2$，$m_L = 40$，$L = 80$，$m_S \in [60, 100]$，$I_2 = 80$。

运用 Matlab 进行数据模拟，得到不同创业企业控制权配置情况下，投资家管理监督成本与投资家股权的关系。

图 5-10 和图 5-11 中，------线表示，附属的风险投资家拥有控制权时，投资家获得的股权比例。——线表示，在不允许清算情况下，如果企业家拥有控制权，投资家获得的股权比例。-·-·-线表示，在允许清算情况下，

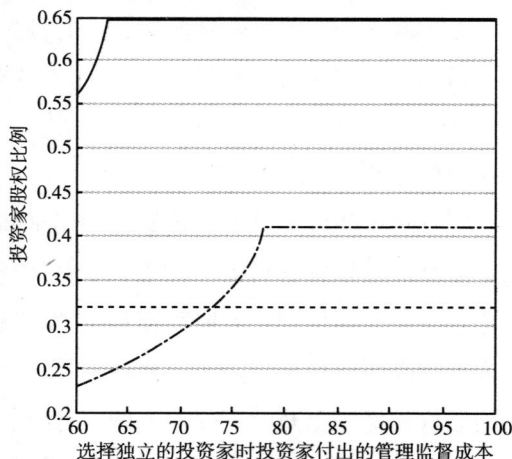

图 5-10 独立的风险投资家的管理监督成本与投资家股权的关系

如果企业家拥有控制权时，投资家获得的股权比例。从图 5 - 10 中可以看到，在不允许清算情况下的企业家控制优于在允许清算情况下的企业家控制，当投资家管理监督成本较高时，在允许清算情况下的企业家控制优于附属的风险投资家控制。另外，随着投资家管理监督成本（m_S）的增加，企业家控制时，投资家的股权比例随着增加；附属的风险投资家拥有控制权时，投资家的股权比例保持不变。图 5 - 10 很好地模拟了投资家管理监督成本（m_S）与投资家股权比例的关系，也进一步验证了命题1、命题2和命题5。

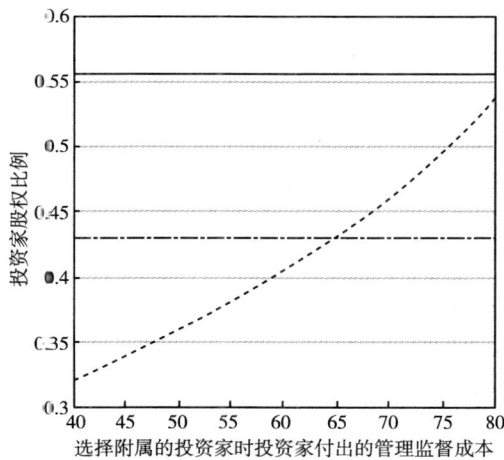

图 5 - 11 附属的风险投资家的管理监督成本与投资家股权的关系

（10）附属投资家投资时付出的管理监督成本与投资家股权的关系。

令 R = 500，I_1 = 40，θ = 0.8，ψ_S = 300，ψ_L = 400，p = 0.2，m_S = 60，L = 80，$m_L \in$ ［40，80］，I_2 = 80。

从图 5 - 11 中可以看到，在不允许清算情况下的企业家控制优于附属的风险投资家控制，当投资家管理监督成本较高时，附属的风险投资家控制优于在允许清算情况下的企业家控制。另外，随着投资家管理监督成本（m_L）的增加，附属的风险投资家拥有控制权时，投资家的股权比例随之增加；企业家控制时，投资家的股权比例保持不变。上图很好地模拟了投资家管理监督成本（m_L）与投资家股权比例的关系，也进一步验证了命题1、命题2和命题5。

综合以上分析可以发现，两类投资家下的创业企业控制权配置的数据模拟结果与本章理论模型的主要结论基本一致，从而证明了理论模型分析的有效性。

5.5

本章小结

本章以不完全契约为基础，在控制权配置理论的框架内，基于温顿、耶拉米利（2008）[15]；赫希、瓦尔兹（2013）[16]等学者的研究成果，同时，基于独立与附属的风险投资家在投资契约条款、投资期限、投资金额、增值服务等方面存在的差异，考虑了对企业家进行事前激励，引入企业家努力水平、投资家投资额和管理监督成本、企业清算价值等变量；在阶段化投资的条件下，构建了控制权配置模型，研究如何根据不同类型的投资家在投资期限、投资金额、增值服务等方面的不同，设计风险投资契约。在此基础上研究投资家投资额、付出的管理监督成本、企业家努力水平、企业清算价值等变量对企业经营决策的影响，以及在这些变量的影响下，哪种控制权可以实现相对较优配置。并且，运用 Matlab R2016a 软件，采用数据模拟的方法，分别对两种类型投资家下关于创业企业控制权配置的主要研究结论进行分析说明。

通过模型分析得到如下结论。

（1）如果企业家选择的是附属的风险投资家，这类投资家会采取最佳的企业经营决策，即在企业状态差时清算企业，在企业状态好时继续经营企业，确保创业企业获得较高的净现值。这种情况下，不论企业家或投资家谁拥有控制权，均可以产生相同的契约参数和决策行为，实现控制权相对较优配置。然而，由于附属的风险投资家没有像独立的投资家一样提供高质量的增值服务，企业家的努力成本也较高，无法实现控制权最优配置的条件，不能实现企业控制权的最优配置。另外，企业家努力水受到一些因素的影响，随着投资家投资额和管理监督成本的增加、企业盈利能力的下降，企业家努力水平随之降低；当企业家努力成本较高时，随着企业清算价值的增加，企业家努力水平随之升高，反之努力水平随之降低。总之，企业家的努力水平低于最优水平。

（2）如果企业家选择的是独立的风险投资家，当企业状态差时，为了获得更多的投资收益，独立的投资家不愿意清算企业，而是将企业股份出害给外部投资家，这产生了无效的结果，因为不好的企业被继续经营下去，然而对于这些企业来说清算是更好的选择。在这种情况下，由独立的风险投资家拥有控制权会导致企业净现值减少，而由企业家拥有控制权，如果给予企业家较高的清算收益，企业家会付出较高的努力水平，并且清算不好的企业，这样可以实现控制权相对较优配置。但是，由于企业家要求获得较高的收益，这导致企业总收益减少，所以，企业家控制配置也无法达到控制权最优配置的条件，不能实现企业控制权的最优配置。除此之外，企业家的努力水平受到一些因素的影响，随着投资家投资额和管理监督成本的增大、企业盈利能力的下降、企业清算价值的增加，企业家努力水平随之降低。总之，企业家的努力水平低于最优水平。

（3）基于理论研究得到的主要结论，运用 Matlab R2016a 对提出的 5 个命题和 3 个推论进行数据模拟，验证在关键因素的影响下两类投资家下的创业企业控制权如何实现最优配置，数据模拟结果与模型提出的命题和推论基本一致。

第6章

企业控制权配置对风险投资退出方式的影响研究

在风险投资过程中，风险投资机构的退出处于关键环节，是风险投资机构实现较高投资收益的重要途径，也是下一轮投资的起点。然而，一方面，由于风险投资机构与创业企业家目标函数的不一致，使得双方在投资机构退出方式的选择方面存在着很大的利益冲突[107]，投资家和企业家均会选择能够使得自身利益最大化的退出方式。另一方面，由于投资契约的不完全和创业企业内外部环境存在的不确定性，使得投资双方不能根据事后的企业经营状态决定风险投资机构的退出方式，只能在事前对投资契约中的控制权配置进行约定：在关于企业经营状态的信号揭示出来以后，由拥有控制权的一方决定投资机构的退出方式。所以，为了避免双方冲突，保证投资机构成功退出，风险投资退出过程中的创业企业控制权配置就变得十分重要。如果投资家拥有较多的控制权，其可能会为了尽早收回投资，实现较高投资收益，而忽视企业家对于企业控制权的追求，从而损害企业家的退出利益，最终选择以最大化自身收益的方式退出；而如果企业家拥有较多的控制权，其可能会为了获得更多的控制权收益而损害风险投资的投资利益，迫使投资机构以最大化企业家收益的方式退出。因此，风险投资退出过程中创业企业控制权的不同配置会影响双方的利益，进而会对风险投资退出方式产生重要影响。

在第2章对风险投资机构退出方式的影响因素分析的基础上，以及第3章对创业企业控制权配置对 IPO 和并购这两种退出方式影响分析的前提下，本章构建创业企业控制权配置影响风险投资机构退出方式的理论模型，深入研究企业控制权的不同配置对风险投资机构退出方式影响的作用机理。基于不完全契约、委托代理理论，引入投资家的投资额、付出的管理监督成本、投资家与企业家各自付出的努力水平和努力成本等变量，比较分析企业家控制、投资家控制、相机控制配置下的企业价值、企业家和投资家各自的收益，研究在结合可转换证券以后，风险投资机构如何根据企业控制权配置做出退出决策，即谁拥有控制权，谁决定风险投资机构是以并购方式退出，还是以 IPO 方式退出。

6.1

模 型 构 建

6.1.1　模型描述

本章假定创业企业家拥有一个好项目，但是由于自身缺乏资金，需要从外部具有竞争性的风险投资家筹集资金（I），假定投资家和企业家均是风险中性的，不考虑资金的时间价值。

模型存在 4 个时刻，0 – 3。在时刻 0，企业家拥有好的项目，需要资金为 I，为了实施该项目，需要向投资家融资；在时刻 1，企业家提供契约给投资家，双方签订契约，与此同时，投资家付出监督管理成本（m）；在时刻 2，企业可能失败，如果失败，企业收益为 0；企业也可能以 θ 为概率继续经营，在这种情况下，投资家需要做出退出决策，可以选择 IPO 或者并购，如果选择并购，并购价格为 p，如果选择 IPO，企业会在时刻 3 公开上市。选择 IPO 是有风险的，如果失败将没有回报。如果成功，IPO 情况下企业价值为 R，成功的概率为 sy。时刻 2 选择 IPO，企业家与投资家的期望收益分别为 u_E 和 u_V，$u = u_E + u_V$，在基本模型中，$u = syR$。假定关于 p 和 u 的信息在时刻 2 可以被证实。在基本的模型中，p 取值保持不变，u 仅存在两个值，$u_L < p < u_H$。u_L 代表 IPO 时取值较低或项目成功率较低，u_H 代表 IPO 时取值较高或项目成功率较高，取值高低的主要区别在于：当企业状态差时选择并购是最优的，而在企业状态好时选择 IPO 是最优的。用 θ_H（θ_L）表示企业状态好或差，$\theta_H + \theta_L = \theta$（$\leqslant 1$）。模型时序结构如图 6 - 1 所示。

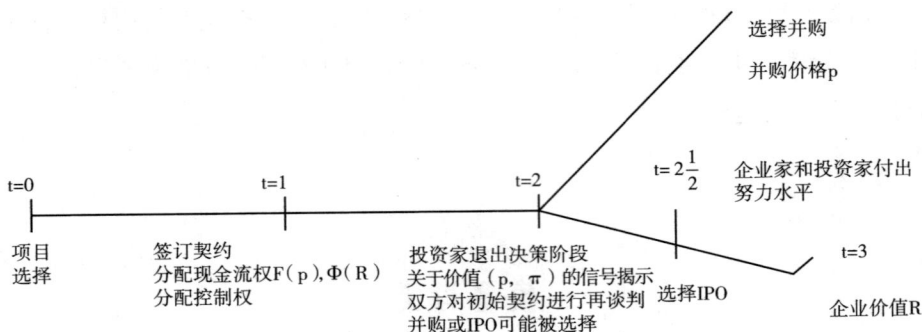

图 6 - 1　模型时序结构

6.1.2　风险投资契约的设计

在时刻 1，企业家和投资家签订契约。契约中规定了对现金流权和控制权的配置。模型中，控制权与投资家的退出决策相关，本章区分企业家控制、投资家控制、相机控制等三种控制权配置，控制权的配置取决于（p，u）的实现。在投资家做出退出决策之前，双方可以进行再谈判。由于企业家受到财富约束，需要从投资家筹集足够的资金才能经营，因此，为了简化，假定投资家拥有所有的讨价还价能力。

投资家选择并购和 IPO 情况下获得的现金流分别为：F（p）和 Φ（R）。在选择 IPO 时，如果使用的金融工具是债券，$F(p) = Min[p,d]$，$\Phi(R) = Min[R,d]$，d 是债券的面值。如果使用的是普通股，$F(p) = \beta p$，$\Phi(R) = \beta R$，β 为投资家获得的股权比例。如果使用的是可转换优先股，IPO 时具有自动转换权，如果 $p \leqslant d$，F（p）=p；如果 $p > d$，$F(p) = Max[d, \beta p]$；Φ（R）$= \beta R$。

6.2

企业控制权配置对风险投资退出方式的影响分析

6.2.1　基本模型下控制权配置对风险投资退出方式的影响分析

6.2.1.1　契约的激励约束条件

如果投资家选择以并购方式退出，其和企业家均会从创业企业中退出；而如果投资家选择以 IPO 方式退出，其会从企业退出，且将拥有的企业控制权转移给企业家，企业家会继续经营企业。相关文献已经发现对企业家和投资家的激励约束问题十分重要，如果对企业家和投资家激励不足，会出现双边道德风险问题。本章集中分析时刻 2 之后由于激励不足可能存在的双边道德风险问题，因此企业的成功率取决于企业家和投资家付出的努力水平，用 β^* 表示投资家获得的最优股权份额，即在满足对企业家与投资家激励约束的基础上，实现企业价值最大化时的股份。在基本模型中先不考虑企业家与投资家各自承担的努力成本。

6.2.1.2　金融工具的选择

当使用普通股时，如果投资家在企业状态差时选择并购，在企业状态好时选择 IPO，则投资家和企业家的期望收益分别为：

$$U_E = \theta_H(1-\beta^*)u_H + \theta_L(1-\beta^*)p \tag{6-1}$$

$$U_V = \theta_H\beta^* u_H + \theta_L\beta^* p - I - m \tag{6-2}$$

用 X 表示投资家的实际投资额，完全竞争性条件要求 $U_V = 0$，可以得到投资家实际投资额 $X = \theta_H\beta^* u_H + \theta_L\beta^* p - m = I_1$，因此，只要企业的融资需求较低，即 $I \leqslant I_1$，投资家可以获得最优股份 β^*。如果 $I > I_1$，创业企业需要更多资金，此时增加投资家股权份额，使得其高于 β^* 会导致无效的结果，因为这会降低对企业家的激励。因此，在企业融资需求较高时，使用普通股无法实现最优契约，使用可转换优先股可以实现最优契约，可转换优先股仅仅在投资家选择并购时增加其股份，同时并不会降低对企业家的激励。在使用可转换优先股时双方的期望收益分别为：

$$U_E = \theta_H(1 - \beta^*)u_H + \theta_L(p - d) \qquad (6-3)$$

$$U_V = \theta_H\beta^* u_H + \theta_L d - I - m \qquad (6-4)$$

通过上述条件得到可转换优先股转换之前，$d = \dfrac{(I + m - \theta_H\beta^* u_H)}{\theta_L}$。使用可转换优先股可以给投资家足够的回报，同时，在企业进行 IPO 时还可以保持对企业家和投资家的激励约束。因此，可转换优先股在创业企业需要更多资金时是最优的（$I > I_1$）。

6.2.1.3　控制权配置对风险投资退出方式的影响

接下来研究如何通过控制权的配置来确保风险投资采取最佳的退出策略，选择最优的退出方式。

（1）企业家控制权配置对风险投资退出方式的影响。当企业家拥有控制权，在企业状态差时，如果其从企业 IPO 时获得的收益大于并购时的收益［即 $(1 - \beta^*)u_L > p - d$］，企业家会迫使投资家选择 IPO 方式退出，但是投资家会与企业家进行再谈判，其会提出将收益降低至 $d^L = p - (1 - \beta^*)u_L$，这确保再谈判过程中企业家同意投资家选择并购方式退出。投资家会从再谈判过程中获益，因为 $d^L > \beta^* u_L$。此时，投资家的期望收益为：$U_V = \theta_H\beta^* u_H + \theta_L d^L - I - m \geqslant 0 \Leftrightarrow I \leqslant I_2 = \theta_H\beta^* u_H + p - (1 - \beta^*)u_L - m$。$I_1 < I_2$，因此，使用可转换优先股，由企业家拥有控制权扩大了企业的融资范围。

（2）投资家控制权配置对风险投资退出方式的影响。如果投资家拥有控制权，可以解决在企业状态差时被企业家迫使以 IPO 方式退出所出现的问题，因为 $d > \beta^* p > \beta^* u_L$，投资家总是会选择并购。但是如果投资家拥有控制权，在企业状态好时可能带来另一问题，因为投资家总是偏好于选择并购，当 $d > \beta^* u_H$ 时，如果投资家拥有控制权，投资家会要求获得高于 β^* 的股份，这会损害企业家的利益，但是由于企业家受到财富的约束，双方无法进行再谈判。因此，当选择并购时的收益高于 IPO 时的收益时，即 $d > \beta^* u_H$，该契约下会产生无效的退出结果，即在 IPO 是有效的退出方式的情况下，投资家会选择以并购方式退出。此时，企业家与投资家的期望收益分别为：$U_V = \theta d - I - m$，$U_E = \theta (p - d)$。总之，在投资家控制下，企业融资需求的可行性范围为 $I \leqslant \theta d - m = I_4$，大于企业家控制时的可行性范围，即 $I_2 < I_4$。

（3）相机控制权配置对风险投资退出方式的影响。除了企业家控制和投资家控制，控制权可以根据时刻 2 显示的关于企业状态的信号而相机配置。因为，当企业状态差时，如果企业家掌握企业控制权，可能会出现企业家套牢投资家的问题；而当企业状态好时，如果投资家掌握控制权，可能会出现套牢企业家的问题。而相机控制配置可以解决这些问题：在企业状态好时由企业家拥有控制权，而在企业状态差时由投资家拥有控制权。因为企业家总是偏好在企业状态好时迫使投资家选择 IPO 退出，而投资家总是偏好在企业状态差时选择并购退出。在相机控制配置下，企业融资需求的可行性范围为：$U_V = \theta_H \beta^* u_H + \theta_L p - I - m \geqslant 0 \Leftrightarrow I \leqslant I_3 = \theta_H \beta^* u_H + \theta_L p - m$，$I_2 < I_3$，因此相机控制扩大了企业家控制时融资需求的可行性范围，但是，对比投资家控制下的融资需求，可以发现 $I_3 < I_4$，相机控制未能扩大可行性范围。

6.2.2　扩展模型下控制权配置对风险投资退出方式的影响分析

扩展模型与基本模型类似，但是，由于基本模型简化了企业家与投资家之间存在的双边道德风险问题，同时，基本模型限制了并购价格 p 和 IPO 价值 u 的取值范围。所以需要对基本模型进行扩展。

基本模型中已经规定，企业成功 IPO 的概率为 sy，y 是影响企业成功率的外生性变量，s 是由企业家和投资家努力水平决定的内生性变量。规定 $\pi = yR$，π 表示 IPO 时投资双方对企业的估值。在时刻 2，双方均观察到关于 p 和 π 的信息。p 和 π 是相关的，因为好的企业并购时的价格和 IPO 时的价值均较高。p 和 π 是二元分布，分布函数为 Ω（p，yR），其密度函数为 θ（p，yR）。为了方便展示，假定 Ω（p，yR）为 $[0, \overline{p}] \times [0, \overline{yR}]$，$0 < \overline{p} < \infty$，$0 < \overline{yR} < \infty$。如果选择并购方式退出，投资家获得的现金流收益为 F（p）；如果选择 IPO，投资家获得的现金流收益为 Φ（R）。模型根据现金流收益和控制权配置对于风险投资机构退出方式的影响来确定最优契约。

6.2.2.1 契约的激励约束条件

在时刻 2，如果选择 IPO，在投资家完全退出企业之前，其和企业家会继续拥有和管理企业，企业的成功率为 sy，$s = Min[(e + a), 1]$[11]，e 和 a 分别表示企业家和投资家各自付出的努力水平。双方各自的努力成本分别为 $\frac{1}{2}\gamma e^2$，$\frac{1}{2}\alpha a^2$。系数 γ 和 α 分别表示企业家和投资家的边际努力成本。假定 $\gamma < \alpha$，表示企业家对于企业的贡献相对更大。

使用普通股时，投资家获得的现金流收益 Φ（R）= βR，接下来会显示最优的 β 是一个常数。

用 u_E 和 u_V 表示 IPO 时企业家和投资家各自获得的期望收益，则有：

$$u_E = (e + a)(1 - \beta)yR - \frac{1}{2}\gamma e^2 \qquad (6-5)$$

$$u_V = (e + a)\beta yR - \frac{1}{2}\alpha a^2 - m \qquad (6-6)$$

企业家付出的最优努力水平可以使得其期望收益（u_E）最大化。通过求导可以得到 $e^* = \frac{(1 - \beta)yR}{\gamma}$，投资家付出的最优努力水平可以使得其期望收益（$u_V$）最大化，通过求导可以获得 $a^* = \frac{\beta yR}{\alpha}$。可以看出，提高投资家所获的股份 β 可以提高其付出的努力水平，但是却会降低企业家付出的努力水平。

因此，存在双边道德风险问题下的模型不可能获得最优结果（最优条件下 $e = \frac{\beta yR}{\gamma}$，$a = \frac{\beta yR}{\alpha}$）。然而，在满足双方各自激励约束的前提下，可以在最大化企业家和投资家的共同收益的基础上获得有限约束条件下的结果。接下来得到的最优结果均是指在有限约束条件下的最优结果。投资家获得的最优股份 β^* 可以在 $e^* = \dfrac{(1-\beta)\ yR}{\gamma}$, $a^* = \dfrac{\beta yR}{\alpha}$ 的条件下最大化双方共同期望收益，$u(\beta) = u_V(\beta) + u_E(\beta) = (e+a)\ yR - \dfrac{1}{2}\alpha a^2 - \dfrac{1}{2}\gamma e^2$。

命题 1　企业进行 IPO 时普通股是最优的金融工具。此时，风险投资家获得的最优股份 $\beta^* = \dfrac{\alpha}{\alpha+\gamma}$。

如果投资家获得的股份较低，即 $\beta < \beta^*$，对于投资家的激励会较低；如果投资家获得的股份较高，即 $\beta > \beta^*$，对于企业家的激励会越低。

命题 1 显示出，在风险投资家选择以 IPO 方式退出时，普通股是最优的金融工具。这与现实中的风险投资契约十分接近。

证明：在契约的最优条件下可以得到 $e^* = \dfrac{(1-\beta)\ yR}{\gamma}$, $a^* = \dfrac{\beta yR}{\alpha}$。因此，企业家与投资家的期望收益为：$u_E(\beta) = \left[\dfrac{(1-\beta)\ yR}{\gamma} + \dfrac{\beta yR}{\alpha}\right]\ (1-\beta)\ yR - \dfrac{1}{2}\gamma\dfrac{(1-\beta)^2\ (yR)^2}{\gamma^2}$, $u_V(\beta) = \left[\dfrac{(1-\beta)\ yR}{\gamma} + \dfrac{\beta yR}{\alpha}\right]\beta yR - \dfrac{1}{2}\alpha\dfrac{\beta^2\ (yR)^2}{\alpha^2}$。

最大化 $u(\beta) = u_E(\beta) + u_V(\beta) = (e+a)\ yR - \dfrac{1}{2}\gamma e^2 - \dfrac{1}{2}\alpha a^2$，可以得到 $\beta^* = \dfrac{\gamma}{\gamma+\alpha}$。

如果 $\beta < \beta^*$，投资家可以增加其获得的股份至 β^*，从而增加所获得的收益；如果 $\beta > \beta^*$，企业总收益 u 随着 β 的增加而减少。

接下来研究 β^* 不依赖于 π，β^* 是常数。普通股是最优的金融工具。为了研究不同的 π 值下，保持 β 是个常数总是最优的，最大化 $\beta(yR)$ 可以得到 π，最优契约需要满足的条件为 $\theta(yR)\ u_E' + \lambda\theta(yR)\ u_V' = 0$，通过公式推导，可以得到投资家获得的股份 $\beta = \dfrac{(\lambda-1)\ \alpha+\gamma}{(2\lambda-1)\ \alpha + (2-\lambda)\ \gamma}$。

再次证明，最优股份 β 独立于 π，因此，普通股是最优的金融工具。

对于所有的证明，主要集中于研究 $\gamma \leq \alpha$ 的情况，企业家的努力水平相对于投资家对于企业更重要。对于 $\gamma > \alpha$ 的证明是类似的，不再赘述。对于 $\gamma < \alpha$ 的情况，通过 $u'_V = \dfrac{-\beta\,(yR)^2}{\alpha} + \dfrac{(1-2\beta)\,(yR)^2}{\gamma} + \dfrac{2\beta\,(yR)^2}{\alpha} = 0$，可以得到投资家的最大股份，即 $\bar{\beta} = \dfrac{\alpha}{2\alpha - \gamma}$。

对于 $\gamma = \alpha$ 的情况，$\beta^* = 0.5$，$\bar{\beta} = 1$。

通过证明，可以看到，在时刻 2 如果企业进行 IPO，在时刻 3，企业会有两种可能的结果，如果企业成功的话，可以获得收益 R，如果企业失败，则收益为零。投资家获得的最优股份 β^* 不依赖于企业盈利能力 y 和企业现金流收益 R。投资家的最优现金流收益为 Φ（R）$= \beta^* R$。此时，普通股是唯一最优的金融工具。

模型集中对投资家的边际成本高于企业家边际成本的情况进行研究（即 $\alpha \geqslant \gamma$）。因为，企业家对于企业的影响和贡献更大，为了研究的方便，下面集中研究 $\alpha = \gamma$ 的情况，此时 $\beta^* = 0.5$。$\alpha > \gamma$ 的情况会在命题的证明中显示，主要的研究结论是一致的。

6.2.2.2 再谈判情况下企业控制权配置对风险投资退出方式的影响

接下来研究投资家如何根据企业控制权的配置做出退出决策，即谁拥有控制权，谁决定风险投资是以并购方式退出，还是以 IPO 方式退出。

企业家和投资家选择 IPO 与并购时的收益之差分别为：$\Delta_E = u_E$（β，yR）$-$ [$p - F$（p）]，$\Delta_V = u_V$（β，yR）$- F$（p）。能够使得企业家和投资家共同收益最大化的退出决策是有效的。这意味着当企业家与投资家在 IPO 与并购时的收益之差大于零时（即 $\Delta_E + \Delta_V > 0$），应选择以 IPO 方式退出，当双方在 IPO 与并购时的收益之差小于零时（即 $\Delta_E + \Delta_V < 0$），应选择以并购方式退出。

退出决策依赖于企业家或投资家是否拥有控制权。为了研究再谈判过程，本书规定四个重要的企业绩效的取值。

当企业家拥有控制权时：在再谈判之前，如果其从 IPO 获得的收益高于从并购获得的收益（即 $\Delta_E > 0$），其会迫使投资家同意以 IPO 方式退出；如果其从 IPO 获得的收益低于从并购获得的收益（即 $\Delta_E < 0$），其会与投资家意见一致，选择以并购方式退出。所以，规定企业绩效 $\hat{R}_E$，使得 Δ_E（$y\hat{R}_E$）= 0。因此，在再谈判之前，当企业绩效较高（即 $R > \hat{R}_E$）时，企业家会迫使风险投资家以 IPO 方式退出；当企业绩效较低（即 $R < \hat{R}_E$）时，企业家会同意风险投资家以并购方式退出。

当投资家拥有控制权时：在再谈判之前，如果其从 IPO 获得的收益高于从并购获得的收益（即 $\Delta_V > 0$），其会选择以 IPO 方式退出；如果其从 IPO 获得的收益低于从并购获得的收益（即 $\Delta_V < 0$），其会迫使企业家同意选择以并购方式退出。规定 Δ_V（$y\hat{R}_V$）= 0，当企业绩效较高（即 $R > \hat{R}_V$）时，投资家会选择以 IPO 方式退出，当企业绩效较低（即 $R < \hat{R}_V$）时，投资家会选择以并购方式退出。

上述企业绩效的取值决定拥有控制权的一方是否想要进行再谈判。除此之外，还需要决定企业家与投资家之间的再谈判是否可行。如果企业家资金充足，没有受到财富约束，那么企业家与投资家之间进行再谈判很容易，因为双方可以通过收益的转移达成有效的协议。但是如果企业家面临财富约束，为了从风险投资获得所需资金，企业家需要放弃一部分现金流权。如果选择并购方式退出，则不会对企业家产生激励。但是如果选择 IPO 方式退出，放弃现金流权会减少对企业家的激励，会减少其从 IPO 获得的收益。

另外两个重要的企业绩效，一个是 $\hat{R}_A$，其可以满足 u（β，$y\hat{R}_A$）= p，当企业绩效低于再谈判后选择并购时的绩效（即 $R < \hat{R}_A$）时，双方再谈判后选择并购退出是可行的；否则，再谈判后选择并购退出是不可行的。另一个重要的企业绩效是 $\hat{R}_I$，当企业绩效高于再谈判后选择 IPO 时的绩效（即 $R > \hat{R}_I$）时，双方再谈判后选择 IPO 是可行的；否则，再谈判后选择 IPO 是不可行的。

从前面的论述可以了解到，投资家不愿意持有少于其最优水平的股份，因此，接下来集中于分析 $\beta \geq \beta^* = 0.5$ 的情况，研究创业企业控制权配置如何影响风险投资机构退出方式的选择。

命题 2

（1）如果企业家拥有控制权：当企业绩效较高，高于再谈判后选择并购时的绩效（即 $R > \hat{R}_A$）时，再谈判后企业家会迫使风险投资机构以 IPO 方式退出；否则，企业家会同意风险投资机构以并购方式退出。

（2）如果投资家拥有控制权：a. 当企业绩效较高，高于再谈判后选择 IPO 时的绩效（即 $R > \hat{R}_I$）时，再谈判后投资家与企业家意见一致，会选择以 IPO 方式退出；b. 当企业绩效较低，低于再谈判后选择 IPO 时的绩效（即 $R < \hat{R}_I$）时，投资家会选择以并购方式退出；c. 当企业绩效处于再谈判后选择并购与 IPO 时的企业绩效范围之间（即 $\hat{R}_A < R < \hat{R}_I$），投资家与企业家无法进行再谈判，因此投资家会选择以并购方式退出；d. 当企业绩效处于再谈判之前选择并购与再谈判后选择 IPO 时的企业绩效范围之间（即 $\hat{R}_I < R < \hat{R}_V$），双方进行再谈判后，企业家同意投资家以 IPO 方式退出。

证明：$u_E = (yR)^2 z_E$，$u_V = (yR)^2 z_V$，$u = (yR)^2 z$。函数 z 不依赖于 yR。规定 $\Pi = \pi^2 = (yR)^2$。选择并购时投资家获得的现金流收益为 $F(p) = (\beta^* + \varepsilon) p$。

$\hat{R}_E$ 来自 $(y\hat{R}_E)^2 = (1 - \beta^* - \varepsilon) p / z_E (\beta^*)$。$\hat{R}_V$ 来自 $(y\hat{R}_V)^2 = (\beta^* + \varepsilon) p / z_V (\beta^*)$。为了得到 $\hat{R}_A$，当 $p \geq u (\beta^*)$，双方进行再谈判后会选择并购，即选择并购时的绩效高于选择 IPO 时的绩效。$\hat{R}_A$ 由 $(y\hat{R}_A)^2 = \dfrac{p}{z(\beta^*)}$ 给定。最后，双方进行再谈判后选择 IPO 要求 $u(\beta^L) \geq p$，β^L 是再谈判后投资家获得的股份。因为企业家受到财富约束，那么 $\beta^L > \beta^*$，这种情况下，$\hat{R}_V$ 由 $u(\beta^L) = p$ 给定，$u_E(\beta^L) = (1 - \beta^* - \varepsilon) p$。

先分析 $\alpha = \gamma$ 的情况。此时，$\beta = \beta^* = \dfrac{1}{2}$，$F(p) = \dfrac{p}{2}$。企业家和投资家在 IPO 时均获得等于 $\dfrac{u(\beta^*)}{2}$ 的收益，在并购时获得等于 $\dfrac{p}{2}$ 的收益。当 $R > \hat{R}_A$ 时，企业家和投资家均偏好于选择 IPO，可以得到 $\hat{R}_E = \hat{R}_A = \hat{R}_I = \hat{R}_V$。

当 $F(p) > \beta^* p \Leftrightarrow \varepsilon > 0$ 时，$(y\hat{R}_V)^2 > \dfrac{p}{z(\beta^*)}$，$(y\hat{R}_E)^2 < \dfrac{p}{z(\beta^*)} =$

$(y\hat{R}_A)^2$。为了显示 $\hat{R}_A < \hat{R}_I$，$\hat{R}_I$ 满足 $(y\hat{R}_I)^2 = \dfrac{p}{z(\beta^R)}$，$\beta^L > \beta^* \Leftrightarrow z(\beta^L) < z(\beta^*) \Leftrightarrow (y\hat{R}_I)^2 > (y\hat{R}_A)^2$，为了显示 $\hat{R}_I < \hat{R}_V$，$\hat{R}_I$ 满足 $(y\hat{R}_I)^2 = \dfrac{F(p)}{z_V(\beta^L)}$，对于 $\beta^L > \beta^*$，$z_V(\beta^L) > z_V(\beta^*) \Leftrightarrow (y\hat{R}_I)^2 < (y\hat{R}_V)^2$，最终得到 $\hat{R}_E < \hat{R}_A < \hat{R}_I < \hat{R}_V$。

为了证明命题，需要规定变量 R 的取值范围：①$R < \hat{R}_E$；②$\hat{R}_E < R < \hat{R}_A$；③$\hat{R}_A < R < \hat{R}_I$；④$\hat{R}_I < R < \hat{R}_V$；⑤$R > \hat{R}_V$。

如果企业家拥有控制权，$R < \hat{R}_E$，选择 IPO 时企业绩效较低，再谈判前后企业家均会选择并购退出。$\hat{R}_E < R < \hat{R}_A$，$\Delta_E > 0$，在再谈判之前，因为企业绩效较高，企业家偏好于选择 IPO；而并购时的收益大于零，即 $\Delta(\beta^*) < 0$，因此再谈判后选择并购是可行的，再谈判后企业家同意投资家选择并购方式退出。$\hat{R}_A < R$，$\Delta_E > 0$，企业家偏好选择 IPO，再谈判后，企业家会迫使投资家选择 IPO 方式退出。

如果投资家拥有控制权，$R < \hat{R}_A$，企业绩效较低，投资家愿意选择并购方式退出。$\hat{R}_A < R < \hat{R}_I$，投资家愿意选择并购，甚至这是无效的结果。再谈判后双方会选择并购方式退出。$\hat{R}_I < R < \hat{R}_V$，在再谈判之前，投资家愿意选择并购，在再谈判之后选择 IPO 是可行的，因此投资家会与企业家意见一致，选择 IPO 方式退出。$R > \hat{R}_V$，在再谈判前后，投资家均愿意选择 IPO 方式退出。

为了完成证明，接下来分析 $\alpha > \gamma$ 的情况。规定 $\eta = \dfrac{z_V(\beta^*)}{\beta^* z(\beta^*)} > 1$，那么 $(y\hat{R}_V)^2 = \dfrac{(\beta^* + \varepsilon)p}{\eta\beta^* z(\beta^*)}$，$(y\hat{R}_E)^2 = \dfrac{(1 - \beta^* - \varepsilon)p}{(1 - \eta\beta^*)z(\beta^*)}$。于是 $(y\hat{R}_V)^2 > (y\hat{R}_E)^2 \Leftrightarrow \varepsilon > (\eta - 1)\beta^*$，$(y\hat{R}_E)^2 < (y\hat{R}_A)^2 \Leftrightarrow \varepsilon > (\eta - 1)\beta^*$，对于较高的 ε 值，$(y\hat{R}_E)^2 < (y\hat{R}_A)^2 < (y\hat{R}_V)^2 \Leftrightarrow \varepsilon > (\eta - 1)\beta^*$。注意 $\hat{R}_A < \hat{R}_I < \hat{R}_V$ 的证明与前面的证明类似。对于较低的 ε 值，如果 $\hat{R}_V < \hat{R}_A < \hat{R}_E$，在再谈判过程中不会产生无效结果。对于 $\hat{R}_V < R < \hat{R}_A < \hat{R}_E$，企业家与投资家可以通过再

谈判，选择并购方式退出。对于 $\hat{R}_V < \hat{R}_A < R < \hat{R}_E$，企业家与投资家再谈判后选择 IPO 是有效的。

当投资家选择并购时的收益 F（p）= β，获得的股份 β = 0.5，此时，企业家和投资家获得相同的股份，双方的利益是一致的，双方对于风险投资退出方式的选择不存在分歧。但是如果投资家从并购获得更多的现金流权，其会偏好于选择并购退出。

综上所述，如果企业家拥有控制权：当企业绩效较高，即 $R > \hat{R}_A$ 时，双方再谈判后其会迫使投资家选择 IPO 方式退出；当企业绩效较低，即 $R < \hat{R}_E$ 时，企业家会同意投资家以并购方式退出；当企业绩效处于上述两值之间（即 $\hat{R}_E < R < \hat{R}_A$），再谈判之前，企业家会迫使投资家以 IPO 方式退出；再谈判后会同意投资家以并购方式退出。因为投资家可以通过降低股份来使得企业家同意其选择并购方式退出，这可以确保投资家有效退出。

当投资家拥有控制权时，如果企业绩效处于再谈判之前选择并购退出与再谈判后选择 IPO 退出时的企业绩效范围之间（即 $\hat{R}_I < R < \hat{R}_V$），再谈判之前，投资家会偏好于选择并购方式退出。双方再谈判后投资家会由并购退出改为 IPO 方式退出，但是这会降低对企业家的激励；如果企业绩效处于再谈判后选择并购退出与 IPO 退出时的企业绩效范围之间（即 $\hat{R}_A < R < \hat{R}_I$），投资家会选择并购。这种情况下，双方无法进行再谈判，因为企业家需要放弃大量股份，这会导致降低对企业家的激励，此时选择 IPO 也不再有效。

接下来，在对企业控制权配置影响风险投资退出方式进行研究的基础之上，进一步研究实现最优契约的条件。

6.2.2.3 实现最优契约的条件

影响最优契约实现的一个重要因素是投资家的投资额，规定投资额的取值：

$$I_1 = \int_0^{\bar{p}} \int_0^{\hat{R}_A(\beta)} \beta p d\Omega(p, yR) + \int_0^{\bar{p}} \int_{\hat{R}_A(\beta)}^{\bar{R}} u_V(\beta) d\Omega(p, yR) \quad (6-7)$$

$$I_2 = \int_C^{\bar{p}} \int_0^{\hat{R}_A(\beta)} (p - u_E(\beta)) d\Omega(p,yR) + \int_0^{\bar{p}} \int_{\hat{R}_A(\beta)}^{\bar{R}} u_V(\beta) d\Omega(p,yR)$$

$$(6-8)$$

$$I_3 = \int_0^{\bar{p}} \int_C^{\hat{R}_A(\beta)} p d\Omega(p,yR) + \int_0^{\bar{p}} \int_{\hat{R}_A(\beta)}^{\bar{R}} u_V(\beta) d\Omega(p,yR) \quad (6-9)$$

$$I_4 = \int_0^{\bar{p}} \int_0^{\hat{R}_V(\beta)} p d\Omega(p,yR) + \int_0^{\bar{p}} \int_{\hat{R}_V(\beta)}^{\bar{R}} u_V(\beta) d\Omega(p,yR) \quad (6-10)$$

在投资家获得的股份 $\beta = 0.5$ 时可以得到投资额 I_1，I_2，I_3 的表达式，而在投资家获得的股份 $\beta = 1$ 时可以得到投资额 I_4 的表达式，后面的证明会显示如何得到投资额的表达式。

为了确定实现最优契约的条件，首先，需要确定满足创业企业融资需求的投资家投资额；其次，需要确定能够实现最优契约的企业现金流权和控制权的配置；再次需要选择能够实现最优契约的金融工具；最后，根据控制权配置对于风险投资退出方式的影响，确定不同条件下风险投资的最优退出方式。

命题3　最优契约实现的条件。

（1）当投资家投资额较低（即 $I < I_1$）时：①无论企业家或投资家谁拥有控制权均可实现最优配置。②当企业绩效较低（$R < \hat{R}_A$）时，投资家会选择以并购方式退出；当企业绩效较高时（$R > \hat{R}_A$），投资家会选择以 IPO 方式退出。③投资家选择 IPO 时获得的现金流收益 $\Phi(R) = \beta^* R$，此时普通股是最优的金融工具。

（2）当投资家投资额较高（即 $I_1 < I < I_3$）时：①如果投资额相对较低（即 $I_1 < I < I_2$），企业家拥有控制权可以实现最优配置；如果投资额相对较高（即 $I_2 < I < I_3$），相机控制可以实现最优配置。即当企业绩效较低（即 $R < \hat{R}_A$）时，由投资家拥有控制权，投资家会选择以并购方式退出；而当企业绩效较高（即 $R > \hat{R}_A$）时，由企业家拥有控制权，再谈判后企业家会迫使投资家同意以 IPO 方式退出。②投资家选择 IPO 时获得的现金流收益 $\Phi(R) = \beta^* R$，而投资家选择并购时获得的现金流收益 $F(p) > \beta^* p$。此时可转换优先股是最优的金融工具。

（3）在投资家投资额很高时（即 $I_3 < I < I_4$）：①相机控制可以实现最优配置，当企业绩效较低（即 $R < \hat{R}_C$）时，由投资家拥有控制权，投资家会选择以并购方式退出；当企业绩效较高（即 $R > \hat{R}_C$）时，由企业家拥有控制权，再谈判后企业家会迫使投资家同意以 IPO 方式退出。②投资家在选择 IPO 时获得的现金流收益 $\Phi(R) = \beta R$，而投资家选择并购时获得的现金流收益 $F(p) = p$。此时可转换优先股是最优的金融工具。

综上所述，如果投资家投资额较低（即 $I < I_3$），当企业绩效较低（即 $R < \hat{R}_A$）时，投资家拥有控制权，其会选择以并购方式退出；当企业绩效较高（即 $R > \hat{R}_A$）时，企业家拥有控制权，再谈判后其会促使投资家同意以 IPO 方式退出。

如果投资家投资额较高（即 $I_3 < I < I_4$），该契约下可能会存在无效激励的问题，可能会做出无效退出决策。

证明：实现最优契约需要确定最优的现金流权和控制权配置。如果企业家拥有控制权，控制权配置方式用 $\varphi = 0$ 表示，如果投资家拥有控制权，控制权配置方式用 $\varphi = 1$ 表示。控制权配置方式 φ 取决于投资家选择并购或者 IPO 时的企业价值（p，yR）的实现。

从命题 2 得到的企业绩效取值的范围，不同取值范围下的企业家和投资家的收益分别为：

$$U_j = \int_0^{\bar{p}} \int_0^{\hat{R}_E} U_j^1 + \int_0^{\bar{p}} \int_{\hat{R}_E}^{\hat{R}_A} U_j^2 + \int_0^{\bar{p}} \int_{\hat{R}_A}^{\hat{R}_I} U_j^3 + \int_0^{\bar{p}} \int_{\hat{R}_I}^{\hat{R}_V} U_j^4 + \int_0^{\bar{p}} \int_{\hat{R}_V}^{\bar{R}} U_j^5 \quad (6-11)$$

$$U_E^1 = p - F, U_V^1 = F \quad (6-12)$$

$$U_E^2 = \varphi(p - F) + (1 - \varphi) u_E(\beta), U_V^2 = \varphi F + (1 - \varphi)[p - u_E(\beta)]$$
$$(6-13)$$

$$U_E^3 = \varphi(p - F) + (1 - \varphi) u_E(\beta), U_V^3 = \varphi F + (1 - \varphi) u_V(\beta)$$
$$(6-14)$$

$$U_E^4 = \varphi(p - F) + (1 - \varphi) u_E(\beta), U_V^4 = \varphi u_V(\beta^L) + (1 - \varphi) u_V(\beta)$$
$$(6-15)$$

$$U_E^5 = u_E(\beta), U_V^5 = u_V(\beta) \tag{6-16}$$

从命题 1 得到，最优契约下投资家获得的最优股份 $\beta^* = 0.5$。从命题 2 得到：当企业绩效较低（即 $R < \hat{R}_A$）时，投资家会选择并购退出；当企业绩效较高（即 $R > \hat{R}_A$）时，投资家会选择 IPO 退出。这些条件在投资家投资额较低（即 $I < I_3$）时均可满足，为了获得 I_3，在满足约束条件情况下，企业家给予投资家最高的回报，给定其在并购时获得的收益和股份分别为 $F = p$，$\beta = 0.5$，$I_3 = \int_0^{\bar{p}} \int_0^{\hat{R}_A} p + \int_0^{\bar{p}} \int_{\hat{R}_A}^{\bar{R}} u_V$。为了获得 I_1，使用普通股和 $F = \dfrac{1}{2}p$，$\beta = 0.5$，可以得到 $I_1 = \int_0^{\bar{p}} \int_0^{\hat{R}_A} \dfrac{p}{2} + \int_0^{\bar{p}} \int_{\hat{R}_A}^{\bar{R}} u_V$。为了得到 I_4，给定 $F = p$，$\beta = 1$，当 $\hat{R}_I = \hat{R}_V = \dfrac{p}{z_V}$ 时，可以得到 $I_4 = \int_0^{\bar{p}} \int_0^{\hat{R}_V} p + \int_0^{\bar{p}} \int_{\hat{R}_V}^{\bar{R}} u_V$。

当投资家的投资额较低（即 $I < I_1$）时，规定投资家在并购时的收益为 $F = \dfrac{1}{2}p$，$\beta = 0.5$ 来满足投资家的参与约束条件。在投资家的投资额相对较高（即 $I_1 < I < I_3$）时，需要规定投资家在并购时的收益为 $F > \dfrac{1}{2}p$，才能满足投资家的参与约束条件。在投资家的投资额很高（即 $I_3 < I < I_4$）时，规定投资家在并购时的收益 $F = p$ 才能满足投资家的参与约束条件，该契约条件下才能实现最优。

为了研究命题中的最优契约部分，仅需要分析投资家投资额很高（即 $I_3 < I < I_4$）的情况，确定最优的股份，以及最优退出决策。为了分析最优的退出决策，用临界值 $\hat{R}_C$ 进行分析，该临界值满足条件 $\hat{R}_A < \hat{R}_C \leqslant \hat{R}_I$，因此，当企业绩效较低（即 $R < \hat{R}_C$）时，投资家选择并购方式退出；当企业绩效较高（即 $R > \hat{R}_C$）时，投资家选择 IPO 方式退出。契约的最优化问题可以通过最大化 $L = U_E + \lambda(U_V - I - m)$ 来实现，其中，$U_E = \int_0^{\bar{p}} \int_{\hat{R}_C(p)}^{\bar{R}} u_E(\beta)$，$U_V = \int_0^{\bar{p}} \int_0^{\hat{R}_C(p)} p + \int_0^{\bar{p}} \int_{\hat{R}_C(p)}^{\bar{R}} u_V(\beta)$。为了最大化上式，可以选择 β 和 $\hat{R}_C$。对于

β，由 $\dfrac{dL}{d\beta} = \theta\ (p,\ yR)\ u'_E\ (\beta)\ +\lambda\theta\ (p,\ yR)\ u'_V(\beta)\ =0$ 给出。对于

$(y\hat{R}_C)^2\ (p)$，由 $\dfrac{dL}{d\ (y\hat{R}_C)^2} = -\theta\ [p,\ (y\hat{R}_C)^2]\ u'_E[\beta,\ (y\hat{R}_C)^2]\ +\lambda\theta\ [p,$

$(y\hat{R}_C)^2]\ (p-u'_V[\beta,\ (y\hat{R}_C)^2])$ 给出。因此，$\dfrac{d\ (y\hat{R}_C)^2}{dp} = \dfrac{(1+\mu)}{z\ (\beta)\ +\mu z_V\ (\beta)}$

>0，表示 $(y\hat{R}_C)^2$ 是 p 的增函数。

为了研究最优退出决策满足条件 $\hat{R}_C \leqslant \hat{R}_I$，采用反证法，假定 $\hat{R}_C > \hat{R}_I$，如果投资家在并购时的收益 $F = p$，$\beta^L = 1 > \beta$，企业家与投资家的效用分别为

$$U_E\ =\ \int_0^{\bar{p}}\int_{\hat{R}_C(p)}^{\bar{R}} u_E(\beta),\ U_V\ =\ \int_0^{\bar{p}}\int_0^{\hat{R}_I} p\ +\ \int_0^{\bar{p}}\int_{\hat{R}_I}^{\hat{R}_C(p)} u_V(\beta^L)\ +\ \int_0^{\bar{p}}\int_{\hat{R}_C(p)}^{\bar{R}} u_V(\beta)$$。这个

结果是无效的，因此，规定 $\hat{R}_C = \hat{R}_I$ 是有效的。

已经描述了最优契约所具备的条件，接下来分析实现最优契约需要用到的金融工具。对于企业融资需求较低的情况，即 $I < I_1$，使用 $F = \dfrac{1}{2}p$，$\beta = 0.5$ 的普通股是最优的。从命题 2 可以得到，普通股将企业家和投资家对于并购和 IPO 的偏好完美地结合在一起。无论谁拥有控制权，当企业绩效较低（即 $R < \hat{R}_A$）时，投资家会选择以并购方式退出；当企业绩效较高（即 $R > \hat{R}_A$）时，投资家会选择 IPO 方式退出。为了满足投资家的参与约束条件，规定 $U_V = I_1 > I$。

当企业融资需求较高（即 $I > I_1$）时，此时企业家拥有控制权，投资家获得的股份 $\beta = 0.5$ 是最优的。投资家的事前效用为：

$$U_V\ =\ \int_0^{\bar{p}}\int_0^{\hat{R}_E} Max(Min[p,d],\frac{p}{2})\ +\ \int_0^{\bar{p}}\int_{\hat{R}_E}^{\hat{R}_A}(p-u_E)\ +\ \int_0^{\bar{p}}\int_{\hat{R}_A}^{\bar{R}} u_V\ -\ I\ -m\ =0$$，该

契约当 $I \geqslant I_2$ 时是可行的，此时 $d = \bar{p}$，$\hat{R}_E = 0$，因此 $I_2 = \int_0^{\bar{p}}\int_0^{\hat{R}_A}(p-u_E)\ +$

$\int_0^{\bar{p}}\int_{\hat{R}_A}^{\bar{R}} u_V\ -m$。

当企业融资需求相对较高（即 $I_2 < I < I_3$）时，投资家需要额外的现金流

权，此时由投资家拥有全部的控制权不是最优的。为了获得有效的结果，需
要进行相机控制。使用可转换优先股，规定转换之前的 d，使得投资家的效

用为 $U_V = \int_0^{\bar{p}} \int_0^{\hat{R}_A} Max(Min[p,d], \frac{p}{2}) + \int_0^{\bar{p}} \int_{\hat{R}_A}^{\bar{R}} u_V - I - m = 0$。相机控制下：当

企业绩效较低（即 $R < \hat{R}_A$）时，由投资家拥有控制权，投资家选择有效的并
购退出；当企业绩效较高（即 $R > \hat{R}_A$）时，由企业家拥有控制权，企业家选
择有效的 IPO 退出。

当企业融资需求很高时，即 $I_3 < I < I_4$，可以采用类似的方法选择实现
最优契约的金融工具，此时相机控制依赖于企业绩效的临界值 $\hat{R}_C$。最优的
金融工具要求投资家并购时的收益 $F = p$。投资家获得的最优股份 β 满足：

$$U_V = \int_0^{\bar{p}} \int_0^{\hat{R}_C} p + \int_0^{\bar{p}} \int_{\hat{R}_C}^{\bar{R}} u_V(\beta) - I - m = 0。$$

本书也分析了现金流权，如果企业融资需求 $I \in [I_2, I_3]$，那么投资家
拥有控制权，如果企业绩效较低，即 $R < \hat{R}_A$，投资家选择并购时的收益 $F >$
$\frac{1}{2}p$；而如果企业绩效较高，即 $R > \hat{R}_A$，投资家选择并购时的收益 $F = \frac{1}{2}p$。
如果企业融资需求 $I \in [I_3, I_4]$，如果企业绩效高于临界值，即 $R > \hat{R}_C$，$F =$
βp，该条件无法确保在没有再谈判的情况下投资家会选择 IPO。

模型假定投资家拥有所有的谈判能力，再谈判仅仅会在企业融资需求
$I \in [I_1, I_2]$ 时发生，如果企业家拥有一定的谈判能力，其会从再谈判中抽
取更多的收益，这减少了企业家拥有控制权时创业企业的融资需求的范围，

可以得出，$I_2 = \int_0^{\bar{p}} \int_C^{\hat{R}_A} u_V + \rho(p - u) + \int_0^{\bar{p}} \int_{\hat{R}_A}^{\bar{R}} u_V - m$，此时用 $\rho \in [0,1]$ 测量
投资家具有的谈判能力。

从命题3得到以下结论。

首先，当企业所需资金较少时，使用普通股可以实现最优契约，企业家
与投资家所做的退出决策是一致的。因此，企业控制权的配置无关紧要。

其次，当企业所需资金较多时，使用可转换优先股可以实现最优契约。
如果创业企业最终实现公开上市，可转换优先股保持了企业家与投资家之间

的激励平衡，但是，如果企业最终被并购，可转换优先股则允许投资家获得额外的收益。可转换优先股在 IPO 时的自动转换权可以确保额外的现金流权仅在投资家选择并购时获取。

如果企业家拥有控制权，其对退出决策的偏好可以通过与投资家进行再谈判进行纠正。如果投资家的投资额的取值在 $I \in [I_1, I_2]$ 范围之内，由企业家拥有控制权可以实现最优契约；但是，如果投资额的取值在 $I \in [I_2, I_3]$ 范围，相机控制才能实现最优契约。

对于创业企业所需资金很高情况的分析是类似的，除了更难满足风险投资家的参与约束条件以外，还需要增加投资家的现金流权和控制权。投资家需要获得高于最优水平的股份（即 $\beta > \beta^*$），但是这会导致出现无效激励的问题；同时该契约下扩大了投资家拥有控制权时企业绩效的范围（即 $\hat{R}_C > \hat{R}_A$），这会导致投资家做出无效的退出决策。因此，最优契约需要在无效的激励与无效退出决策之间进行权衡。

6.3

实 证 研 究

本书的第 2 章通过文献梳理，对影响风险投资机构退出方式的因素进行了总结，第 3 章针对创业企业控制权配置如何影响 IPO 和并购这两种风险投资机构的主要退出方式进行了理论分析。在本章前面几节，通过构建理论模型，研究了创业企业控制权配置对风险投资退出方式的影响机理。但是理论模型的应用和推广还必须经过中国情境下的实证检验，并且取得实践中的支持数据，这就要求通过实证研究来对模型得出的结论加以检验，并对实证检验结果进行分析讨论。本节的主要目的在于对理论模型得到的命题进行验证，进行创业企业控制权配置对风险投资退出方式影响机理的实证检验和分析。

在实证研究过程中，根据理论模型所得到的主要命题，以风险投资机构的 IPO 或并购这两种退出方式为因变量，将投资家控制、企业家控制这两种控制权配置作为自变量，分析创业企业控制权的不同配置影响风险投资退出方式的作用机理。由于理论模型中的相机控制配置是根据企业绩效的高低，决定控制权在企业家与投资家之间转移。因此，考虑到数据可获得性的问题，为了便于进行变量的测量，本书根据企业绩效的高低，将相机控制配置进一步细分为投资家控制和企业家控制配置，即当企业绩效较高时，由企业家拥有控制权；当企业绩效较低时，由投资家拥有控制权，然后分别研究企业家控制和投资家控制配置对风险投资机构 IPO 或并购退出方式的影响。最终形成了基于不完全契约理论、委托代理理论的创业企业控制权配置对风险投资机构退出方式影响的实证研究框架，如图 6-2 所示。

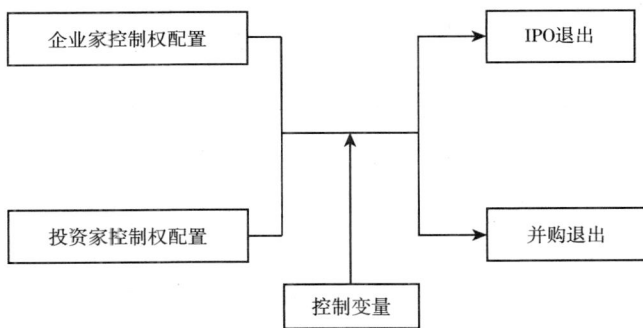

图 6-2 实证研究的框架

6.3.1 研究假设的提出

由于风险投资家与创业企业家的目标函数不一致，使得双方在风险投资退出方式的选择方面存在着巨大的利益冲突[208]，投资家和企业家均会选择能够最大化各自收益的方式退出。因此，为了避免双方之间的利益冲突，保证风险投资成功退出，创业企业控制权的合理配置就显得十分重要[22]。企业控制权配置会对退出过程中投资家和企业家的利益产生影响，进而会对风险投资机构退出方式的选择产生影响。那么究竟企业控制权的不同配置如何影响风险投资机构退出方式的选择，风险投资机构是选择以 IPO 方式退出，还是以并购方式退出？本章将退出阶段的企业控制权配置与风险投资退出方式联系起来，从 IPO 和并购两种退出方式的角度，对企业控制权配置与风险投资退出方式的关系进行研究，然后提出假设。

除此之外，根据前几节的理论分析，以及理论模型得到的主要研究结论，本节还分别从风险投资机构投资给创业企业的资金、创业企业发展阶段、联合投资规模等方面展开研究，研究这些因素如何影响风险投资机构退出方式的选择，对理论研究中获得的主要结论进行验证。

6.3.1.1 企业家控制权配置对风险投资退出方式的影响

与其他退出方式相比，以 IPO 方式退出可以给企业家带来更高的收益。一方面，如果通过 IPO 方式退出，投资家会将拥有的企业控制权转移给企业家，投资家在企业中的控制权和影响力会逐渐减弱，拥有的可转换证券也会转换为普通股并变现退出，附带的一些权利也随之消失，拥有的董事会席位和对重要决策具有的权利也随之消失[238]。企业家重新获得企业控制权，其会因为企业控制权的重新分配而获得激励。此时，企业家掌握企业控制权，获得相应的控制权收益。因此，通过 IPO 方式退出，可以对企业家形成有效的隐性激励[247]，有利于促使企业家提高努力水平，将自身利益与企业的利益联系在一起，从而实现两者利益的统一，可以在提升企业绩效的同时，实现自身价值的最大化[248]。另一方面，由于企业家和投资家之间存在着高度的信息不对称，投资家无法准确评估企业的实际经营状况以及企业家的努力水平。因此，通过 IPO 方式退出可以向市场释放关于创业企业经营状况良好的信号，同时也能够引进新的管理团队获得新的管理经验。此外，创业企业家的创新能力、管理能力会得到外界的认可，也能够获得其他投资者的信任，从而可以提高企业家的声誉。

除此之外，通过 IPO 方式退出，还可以增强创业企业的融资能力，改善企业的治理水平，增加企业长期收益，有助于实现风险投资家和其他股东的收益最大化，也能够给予企业家付出的努力水平以股权补偿，这对继续持有控制权的企业家来说更为有利。

因此，如果企业家拥有较多的控制权，为了获得更大的期权激励[249]，企业家会通过提高自身努力水平，加强对企业日常经营的管理，提升企业绩效，最终促使投资家通过 IPO 方式退出。

同时，从本章的命题 2 和命题 3 得到：如果企业家拥有控制权，当企业绩效较高时，企业家会迫使投资家同意以 IPO 方式退出。

综合以上分析，本书提出：

假设 1　当企业绩效较高时，企业家控制与 IPO 退出呈现正相关关系，企业家拥有的控制权越多，投资家通过 IPO 方式退出的可能性越大。

6.3.1.2　投资家控制权配置对风险投资退出方式的影响

由于受到资金的约束，投资家必须在规定的时间内向其投资者返还现金流（Gompers & Lerner，1998）[223]，而并购退出有利于投资家尽早收回投资，实现投资收益。所以，与企业家相比，投资家更愿意选择以并购方式退出。一方面，如果企业经营状况不太理想，通过并购方式退出有利于投资家尽可能早地从企业退出，实现资本回报，获得退出收益。与比同时，由于风险投资家除了提供资金给创业企业，还为企业的经营决策提供咨询，对企业家的经营活动进行监督。通过一系列的增值服务帮助企业筛选出好的项目，培育企业家，从中获得投资收益。所以，选择并购方式退出有利于投资家将回收的资本投资给其他创业企业，在新企业中继续发挥其专业化优势，凭借提供的管理、监督、认证等增值服务，获得更高的投资收益。

另一方面，投资家选择以并购方式退出，会使得企业家失去创业企业控制权，这有利于减少企业家凭借拥有的企业控制权从创业企业获得私人收益，也有利于缓解企业家为追求私人利益所产生的道德风险。除此之外，由于并购方通常与创业企业处于相同或近似的行业，能够将自身的产品和技术与创业企业的产品和技术进行融合，这样既能提高核心竞争力、实现协同效应，又能避免产品与技术被竞争对手获得。所以，如果选择以并购方式退出，并购方能够给创业企业带来较好的管理监督服务，也有能力评估企业价值，还有能力实现与创业企业的技术融合，从而有利于解决企业家与投资家之间存在的信息不对称问题。

因此，如果投资家拥有较多的控制权，在企业经营状况较差、企业绩效较低时，其可能会为了尽早收回投资，获得投资收益；为了对企业家形成有效的激励约束，减少企业家私人收益；以及为了给创业企业带来更好的增值服务，引入新的并购方，而选择以并购方式退出。

同时，从本章的命题 2 和命题 3 得到：如果风险投资家拥有控制权，当企业绩效较低时，其会选择以并购方式退出。

综合以上分析，本书提出：

假设 2　当企业绩效较低时，投资家控制与并购退出呈现正相关关系，投资家拥有的控制权越多，其选择并购方式退出的可能性越大。

在对创业企业控制权配置对风险投资退出方式的影响进行分析以后，接下来从创业企业特征、风险投资机构特征等方面研究这些主要的因素如何影响风险投资退出方式，主要包括创业企业发展阶段、投资家的投资额、联合投资等。

6.3.1.3　企业发展阶段对风险投资退出方式的影响

创业企业所处的发展阶段不同，风险投资机构拥有的关于创业企业经营状况、财务状况的信息不同，掌握的企业控制权也不同，这些因素导致风险投资机构选择不同的方式退出。对于处于初创期的企业来说，由于其成立的时间较短，企业未来收益的不确定性较大，存活率较低，并且，关于企业绩效的历史数据较少，所以，风险投资机构在投资时付出的调查成本较高，而在退出时面临的风险和不确定性依然较大，在退出时也很难解决与企业家之间存在的信息不对称问题。因此，为了尽快收回资金，控制投资风险，风险投资机构有可能会选择并购方式退出（Murray，1994[250]；Cumming & Johan，2008[108]）。与之相对应，对于处于成熟阶段的创业企业来说，一方面，企业的经营收益相对稳定，不确定性和风险均较低，企业的相关数据也十分齐备，风险投资机构的调查成本较低；另一方面，风险投资机构通过获得风险投资契约中规定的控制权，对创业企业实施有效的控制，这样有助于缓解投资双方之间存在的信息不对称问题；除此之外，对于处于成熟阶段的创业企业来说，其上市融资的路径更为清晰。因此，风险投资更倾向于通过 IPO 方式退出。

综合以上的分析，本书提出：

假设 3　若企业处于早期发展阶段，投资家越有可能通过并购方式退出；若企业处于成熟阶段，投资家越有可能通过 IPO 方式退出。

6.3.1.4　联合投资对风险投资退出方式的影响

由于进行的是高风险投资，风险投资机构在进行投资时，会面临很大的风险，为了降低投资风险，增加其投资组合的分散性，投资机构往往选择会寻找其他有经验的投资机构给予支持，与其他的投资机构进行联合投资，共担风险，分享信息和经验、共同监督治理企业，并且对创业企业进行再估值检查和管理监督（Lerner，1994b[215]）。由于联合投资有利于将不同风险投资机构所拥有的信息优势和资源（诸如决策、经验、专业知识、资金以及时间精力）进行整合，并可以通过加强监督来解决创业企业家存在的道德风险问题，这样可以在不降低投资收益的前提下，利用不同风险投资机构所拥有的信息优势（Bruno & Perotti，2003[240]）和人力资本（Lerner，1994[125]），为创业企业提供互补性的增值服务，促进企业快速发展。除此之外，风险投资机构在进行联合投资时，其监督创业企业的次数会减少，监督调查的成本会降低，同时，联合投资能够更好地解决创业企业融资问题，还可以给企业提供更好的增值服务。所以联合投资情况下，创业企业上市的可能性将会增大（Puri & Zarutskie，2012[190]），因而风险投资机构以 IPO 方式退出的可能性会增大。

综合以上分析，本书提出：

假设 4　如果风险投资契约中包含联合投资条款，则风险投资有可能通过 IPO 方式退出。

6.3.1.5　投资家的投资额对风险投资退出方式的影响

由于向创业企业投入较多的资金会限制风险投资家向其他企业进行投资，所以，投资家在进行投资时往往会面临很高的机会成本。因此，当选择投资大量资金给创业企业，风险投资家会根据创业企业未来的发展前景、经营状况，精心选择投资的企业，而企业成功获得风险投资的资金可以作为企业发展前景良好的信号。另外，当风险投资投入创业企业的资金较多时，为了最大化自身成功退出的可能性，风险投资进行潜在的"窗饰"的动力会减少，因为风险投资家的声誉会随着参与创业企业的程度增加而提高。除此之外，风险投资家投入创业企业的资金越多，投资家对企业越重视，会更加关注企业的长远发展，为了实现资本的增值，越有可能选择 IPO 等方式实现成功退出。因此，投入创业企业的资金越多，风险投资通过 IPO 方式成功退出的可能性越大。

综合以上分析，本书提出：

假设 5　投资家投资额与 IPO 退出存在正相关关系。即随着投资额的增加，投资家通过 IPO 方式退出的可能性越大。

研究假设汇总见表 6 - 1。

表 6 - 1　　　　　　　　　　　　假设汇总

假设	假设内容
假设 1	当企业绩效较高时，企业家控制权配置与 IPO 退出呈现正相关关系
假设 2	当企业绩效较低时，投资家控制权配置与并购退出呈现正相关关系
假设 3	企业发展阶段与 IPO 退出呈现负相关关系，与并购退出呈现正相关关系
假设 4	投资家的联合投资与 IPO 退出呈现正相关关系
假设 5	投资家投资额与 IPO 退出呈现正相关关系

6.3.2　变量选取与测度

实证研究的重要基础性研究内容之一，就是对涉及的变量的测量工具设计及检验。本研究使用中投集团 CVSource 数据库和清科数据库的数据。

6.3.2.1　因变量

本节中的因变量是风险投资的退出方式。风险投资可以选择多种方式退出，但 IPO 和并购是最主要、也是最重要的两种退出方式，还是投资家获得投资收益最高、最受学者关注的两种退出方式。这两种退出方式下，投资家在公开与非公开的市场出售自己持有的企业股权，由于获得的退出收益较高而被公认为是较为成功的退出方式。在 IPO 和并购两种退出方式下会产生不同的控制权收益。因此，本书从 IPO 和并购这两种退出方式的视角，研究创业企业控制权配置对风险投资退出方式的影响。如果风险投资通过 IPO 方式退出，则衡量 IPO 退出方式的变量取值为 1，否则取值为 0；如果风险投资通过并购方式退出，则衡量并购退出方式的变量取值为 1，否则取值为 0。

6.3.2.2 自变量

本节的自变量是企业控制权，控制权是指投资家或者企业家运用自身拥有的资源对企业的权力构成、决策制定、经营效果产生影响的能力。企业控制权主要体现在董事会席位权与投票权等方面。本书借鉴卡普兰、斯特伦贝格（2004）[61]、萨尔曼（Sahlman，1990）[252]、王雷（2008[72]）、吴斌等（2011）[57]、德贝蒂涅斯（2008）[49] 等的研究，采用投票权以及董事会权、清算权、特殊控制权等两类变量来衡量创业企业的控制权。考虑到数据可得性的问题，以及企业家与投资家拥有的控制权比例合计为 100%，所以，企业家拥有的控制权比例可以用"100% - 投资家拥有的控制权比例"来替代。因此，本书仅对投资家拥有的控制权进行衡量。投票权用其所持企业股权的比例来衡量，董事会权、清算权、特殊控制权是指投资家具有的选举董事会或多数董事以及清算、一票否决等的权利，如果投资家具有这类特殊控制权，则该变量的取值为 1，否则变量的取值设为 0。

6.3.2.3 控制变量

根据对已有学者的研究成果进行分析，并对上述理论分析的总结，本书加入了如下控制变量。

（1）企业绩效。企业经营绩效的高低会对企业家和投资家各自获得的收益产生影响，进而会影响风险投资退出方式的选择。马克斯（1998）[137] 研究表明，不同的退出方式对企业家和投资家的收益有着不同的影响，应当根据企业的经营状况、绩效选择适当的退出方式，以保证对投资双方的激励作用，使得双方的投资对于创业企业的价值有增值作用。因此，为控制企业绩效对风险投资退出方式的影响，本书在控制变量中引入企业绩效。本书借鉴卡普兰、斯特伦贝格（2004）[61]的研究，采用企业净利润指标来衡量企业经营绩效。

（2）风险投资家的投资额。为控制投资额对风险投资退出方式的影响，本书在控制变量中引入风险投资家的投资额。该变量采用风险投资机构向创业企业的投资总额来衡量。

（3）联合投资规模。为控制联合投资对风险投资退出方式的影响，本书在控制变量中引入联合投资规模。联合投资规模采用联合投资于某一项目的投资机构数量来衡量。

（4）风险投资管理资金规模。冈帕斯等（1998）[223]指出，如果风险投资管理的资金规模较大，那么其在创业资本市场获得的声誉也会较高，其会倾向于推动企业成功退出。因此，为控制风险投资的管理资金规模对其退出方式的影响，本书在控制变量中引入风险投资的管理资金规模。该变量采用投资机构管理的资金总额来衡量。

（5）企业发展阶段。创业企业发展阶段不同，风险投资拥有的关于企业经营状况等信息也不同，从而导致其选择不同的方式退出。对于处于初创期的企业来说，由于其成立的时间较短，企业未来收益的不确定性较大，关于企业绩效的历史数据也较少，所以，为了尽快收回资金，控制投资风险，风险投资会选择并购方式退出。相反，对于处于成熟阶段的企业来说，企业经营收益相对稳定，不确定性和风险均较低，所以风险投资会选择 IPO 方式退出。因此，为控制企业发展阶段对风险投资退出方式的影响，本书在控制变量中引入企业发展阶段。将企业发展阶段设为虚拟变量，如果属于早期发展阶段（包括种子期和发展期），取值为 1，其他阶段设为 0。

（6）宏观经济环境特征方面的变量采用国内生产总值增长率来衡量。

本书还在回归模型中加入了虚拟变量来控制企业的行业和投资年份的固定效应。

6.3.3　样本选择与数据来源

本章以 2000 年 1 月 1 日至 2017 年 12 月 31 日所有的投资和退出事件作为研究样本，收集了 CVSource 和清科数据库的数据。根据研究需要，采用下列标准筛选样本：①剔除 PE-PIPE 事件的样本；②剔除数据缺少的样本；③以风险投资和创业企业为研究对象，使得创业企业在某一轮次的不同风险投资只有一条记录；④合并相同投资轮次中同一投资机构的相关数据[184]；⑤剔除未实现退出的样本。如果风险投资存在联合投资的情形，则使用主投的数据，主投是根据三个步骤进行确认的：①参与了首轮的投资；②首轮投资的多家投资机构中，参与每一轮投资的机构；③累计投资额最多的投资机构。条件①为先，条件②和③为次[245]。根据上述标准处理，最终得到风险投资机构投资的 900 家创业企业数据，其特征是每家企业仅有一家风险投资机构投资和退出情况的记录。

在理论分析的基础上，为了检验创业企业控制权配置对风险投资机构退出方式的影响，本书采用以下计量经济模型来对本书的理论模型与研究假设进行检验。由于衡量风险投资退出方式的变量是 0，1 变量，所以对创业企业控制权配置与风险投资退出方式关系的经验检验采用二值离散选择模型中的 Logit 模型。模型如下。

$$Logit(Exit_i) = \alpha_0 + \alpha_1 Control\ Rights_i + \alpha_2 VCsize + \alpha_3 Investment +$$
$$\alpha_4 Syndication\ size + \alpha_5 Stage + \alpha_6 Industry + \alpha_7 GDP\ growth + \alpha_8 Year + \varepsilon$$

$$(6-17)$$

$Exit_i$ 表示风险投资的退出方式，采用两个变量衡量，分别是 IPO 或并购退出；$Control\ Rights_i$ 表示创业企业控制权，分别用两个变量衡量，包括投票权和其他特殊控制权。为了避免变量之间存在多重共线性，各个变量分别进入回归模型。VC size 表示风险投资管理资金的规模；Investment 表示风险投资的投资额；Syndication size 表示联合投资规模；Stage 表示企业发展阶段；Industry 表示企业行业；GDP growth 表示 GDP 增长率；Year 表示投资年份；ε

表示随机干扰项。相关变量具体定义见表6-2。

表6-2　　　　　　　　　　　　变量定义

变量类型	变量		变量符号		变量定义
因变量	创业企业退出方式		IPO		如果投资家通过IPO退出，则取值为1，否则取值为0
			Acquisition		如果投资家通过并购退出，则取值为1，否则取值为0
自变量	控制权	投票权	Control rights	Voting rights	风险投资所持创业企业股权比例
		其他特殊控制权		Special control	投资家具有的选举董事会或多数董事以及清算、一票否决等的权利，如果具有该控制权，则该变量取值为1，否则取值为0
控制变量	风险投资规模		VC size		风险投资管理资金总额的自然对数
	风险投资家投资额		Investment		风险投资家投资额的自然对数
	联合投资规模		Syndication size		联合投资于某一项目的投资机构数量
	创业企业发展阶段		Stage		如果创业企业处于早期发展阶段设为1，其他阶段设为0
	创业企业绩效		Performance		创业企业净利润的自然对数
	国内生产总值增长率		GDP growth		统计局公布的国内生产总值增长率
	年份		Year		如果企业是处于该年度，则取值为1，否则取值为0
	行业		Industry		如果企业是处于该行业，则取值为1，否则取值为0

6.3.4　实证结果与分析

6.3.4.1　描述性统计与相关性分析

从表6-3可以看到，衡量IPO和并购退出方式的变量的均值分别为

0.7985 和 0.2015，表明风险投资成功退出的项目中有 79.85% 和 20.15% 分别通过 IPO 和并购方式退出，相比之下，风险投资较多通过 IPO 方式退出。投资家拥有的企业投票权和其他特殊控制权的均值分别为 13.852 和 0.3543，表明投资家拥有相对较多的企业控制权；投资家投资额的均值为 61.42 百万元，风险投资管理资金规模的均值为 1614.05 百万元，风险投资联合投资规模的均值为 1.679。此外，创业企业绩效为 35.18 百万元，不同企业的绩效相差较大，表明创业企业绩效不同，会对风险投资退出方式的选择产生不同的影响；投资于企业早期阶段的风险投资较多，占样本的 50.6%，表明其倾向于在企业早期发展阶段投资。

表 6 - 3　　　　　　　　　　　　　样本描述性统计

变量	均值	最大值	最小值	标准差
IPO	0.7985	1.00	0.00	0.401
并购	0.2015	1.00	0.00	0.401
风险投资家投票权（%）	13.852	99.08	0.04	12.208
其他特殊控制权	0.3543	1.00	0.00	0.479
投资家投资额（百万元）	61.424	2953.659	0.05	1.858
风险投资规模（百万元）	1614.047	1258964.354	2	2.575
企业绩效（百万元）	35.184	21641.759	0.07	1.543
联合投资规模（个）	1.679	10.00	1.00	1.085
企业发展阶段	0.506	1.00	0.00	0.5
GDP 增长率（%）	9.938	11.900	7.4	1.319

从表 6 - 4 的相关系数矩阵可以发现，投资家拥有的控制权与 IPO 退出存在显著负相关性，而与并购退出存在显著正相关性，这在一定程度上证明投资家拥有的控制权越多，越有可能选择并购方式退出；而企业家拥有的控制权越多，就越有可能迫使投资家通过 IPO 方式退出。另外，企业处于早期发展阶段与并购退出存在显著正相关关系，表明如果投资于企业早期阶段，风险投资有可能为了尽快收回投资而选择通过并购方式退出。

除此之外，风险投资的投资额与 IPO 退出均存在显著正相关关系，表明投资额越大，其越有可能通过 IPO 方式退出；而风险投资管理资金的规模与

表 6 - 4

Pearson 相关矩阵

变量	IPO	acquisition	Voting rights	Special control	Investment	VC size	Syndication size	Performance	Stage	GDP growth
IPO	1.000									
Acquisition	-1.000**	1								
Voting rights	-0.113**	0.113**	1							
Special control	-0.176**	0.176**	0.192**	1						
Investment	0.517**	-0.517**	0.144**	0.035	1					
VC size	0.636**	-0.636**	0.114**	0.005	0.435**	1				
Syndication size	0.003	-0.003	0.082*	0.052	0.031	0.184**	1			
Performance	0.461**	-0.461**	-0.143**	-0.187**	0.312**	0.366**	0.221**	1		
Stage	-0.254**	0.254**	0.198**	0.176**	-0.093**	-0.208**	-0.164**	-0.313**	1	
GDP growth	0.084*	-0.084*	-0.019	-0.045	0.154**	0.104**	0.079*	0.119**	-0.137**	1

注: * Correlation is significant at the 0.05 level (2-tailed). ** Correlation is significant at the 0.01 level (2-tailed).

IPO 退出存在显著正相关性，与并购退出存在显著负相关性，表明规模越大，风险投资的经验越丰富，越有可能通过 IPO 方式退出，获得较高的退出收益。同时，联合投资规模与 IPO 退出存在正相关性，但是结果不显著。GDP 增长率与 IPO 退出存在显著正相关性，即随着 GDP 的增长，风险投资有可能通过 IPO 方式退出。

由于相关关系仅仅是两变量之间的关系，并没有考虑其他因素的影响，因而依据相关关系作出的推断仅能作为一种参考。因此，相关矩阵的主要作用在于直观地展示样本数据，而不是用来推断总体。

6.3.4.2　回归结果分析

本书采用 Excel 2013 对原始数据进行处理，以下的统计分析，采用 SPSS 24.0 对创业企业控制权配置影响风险投资机构退出方式的研究假设进行多元回归分析。

为了研究不同创业企业控制权的配置对 IPO 和并购这两种风险投资退出方式的影响，本书将按照创业企业绩效变量的中位数将全样本分为两部分，一部分是企业绩效相对较高的样本，另一部分是企业绩效相对较低的样本。

表 6－5 是以 IPO 和并购这两种退出方式为因变量的回归结果。在控制了风险投资的规模、风险投资机构的投资额、联合投资规模、企业发展阶段、GDP 增长率等因素的影响，并剔除了企业行业、投资年份的固定效应后，研究创业企业控制权配置对风险投资退出方式的影响。为了避免出现多重共线性的问题，模型 2.2～模型 2.6 分别引入衡量企业控制权的投票权、其他特殊控制权等变量。

模型 2.1 和模型 2.4 表示仅考虑控制变量（风险投资的规模、风险投资的投资额、联合投资规模、企业发展阶段、GDP 增长率）对风险投资机构退出方式的影响。结果显示，不论创业企业绩效是高或是低，风险投资的投资额、管理资金的规模和 GDP 增长率在 0.01 的显著性水平上对 IPO（并购）退出方式产生显著的正向（负向）影响，联合投资规模和企业发展阶段分别在 0.01 和 0.05 的显著性水平上对 IPO（并购）退出方式产生显著的负向（正向）影响，表明，风险投资投入的资金越多，规模越大，GDP 增长越快，风险投资越有可能选择 IPO 的方式退出。而风险投资选择联合投资的机构数量越多，其向创业企业投资越早，其越有可能选择并购方式退出。

表 6 - 5　　　　　创业企业控制权配置对 VC 退出方式影响的回归分析

变量	创业企业绩效较高的样本			创业企业绩效较低的样本		
	IPO			并购		
	模型 2.1	模型 2.2	模型 2.3	模型 2.4	模型 2.5	模型 2.6
Intercept	9.361 *** (1.707)	10.361 *** (2.095)	9.414 *** (1.751)	8.831 *** (3.179)	8.831 *** (3.242)	9.795 *** (3.389)
Voting rights		-1.011 *** (0.353)			0.796 ** (0.345)	
Special control			-0.748 * (0.414)			1.166 *** (0.344)
Investment	1.949 *** (0.646)	2.767 *** (0.859)	2.249 *** (0.695)	-1.581 *** (0.409)	-1.689 *** (0.454)	-1.708 *** (0.490)
VC Size	3.111 *** (0.616)	3.351 *** (0.699)	3.050 *** (0.608)	-3.026 *** (0.494)	-3.066 *** (0.506)	-3.339 *** (0.561)
Syndication size	-1.586 *** (0.463)	-1.742 *** (0.520)	-1.659 *** (0.482)	2.054 *** (0.612)	2.341 *** (0.651)	2.680 *** (0.729)
Stage	-1.732 ** (0.756)	-1.720 ** (0.842)	-1.627 ** (0.782)	1.679 *** (0.354)	1.525 *** (0.345)	1.569 *** (0.358)
GDP growth	1.658 ** (0.745)	1.686 ** (0.834)	1.603 ** (0.786)	-1.190 *** (0.354)	-1.184 *** (0.359)	-1.300 *** (0.376)
Year fixed effect	Yes	Yes	Yes	Yes	Yes	Yes
Industry fixed effect	Yes	Yes	Yes	Yes	Yes	Yes
N	495	495	495	425	425	425
-2 倍对数似然值	57.360	50.641	53.820	95.643	88.939	81.394

注：*** 、** 、* 分别表示在显著性水平为 0.01、0.05、0.1 的水平上显著。

模型 2.2 和模型 2.3 以及模型 2.5 和模型 2.6 是在模型 2.1 和模型 2.4 的基础上，加入投资家拥有的投票权和其拥有的其他特殊控制权等自变量，研究创业企业控制权如何影响风险投资机构退出方式的选择。结果显示，模型 2.2 和模型 2.3 比模型 2.1 的解释能力显著增加（-2 倍对数似然值从

57.360 减少到 50.641 和 53.820），模型 2.5 和模型 2.6 比模型 2.4 的解释能力显著增加（ -2 倍对数似然值从 95.643 减少到 88.939 和 81.394），模型 2.2 和模型 2.3 以及模型 2.5 和模型 2.6 中控制变量的影响方向与影响水平与模型 2.1 和模型 2.4 相比，均未发生显著改变。结果表明：（1）投资家拥有的投票权和其他特殊控制权分别在 0.01 和 0.1 的显著性水平上对 IPO 退出产生显著的负向影响，在其他因素相同的条件下，当企业绩效较高时，如果投资家拥有的控制权越多，投资家通过 IPO 方式退出的可能性越小；与之相反，企业家拥有的控制权越多，风险投资通过 IPO 退出的可能性就越大，这证明了假设 1。（2）投资家拥有的投票权和其他特殊控制权分别在 0.05 和 0.01 的显著性水平上对并购退出产生显著的正向影响，在其他因素相同的条件下，当企业绩效较低时，如果投资家拥有的控制权越多，其通过并购方式退出的可能性就越大。

6.3.4.3 稳健性检验

为了保证研究结论的可靠性，本部分从以下三方面进行了稳健性检验。

（1）模型设定。在前文中，使用 Logit 模型研究创业企业控制权对风险投资机构退出方式的影响，虽然该模型在实证研究中使用广泛，但这种模型设定方法未必是最准确的，有可能会存在偏误。为此，本书进一步使用 probit 模型检验了企业控制权配置对风险投资机构退出方式的影响，检验结果没有发生实质性改变。

（2）内生性问题。在研究企业控制权以及各因素对风险投资机构退出方式的影响时，为了解决内生性问题，采取的第一种方法是在不同的时间点取值。风险投资机构投入的资金、联合投资规模等因素的取值时间点均超前于风险投资机构退出方式选择的时间点，把过去的各因素与未来的退出相联系。第二种方法是选取工具变量，使用两阶段最小二乘法对回归模型进行估计。首先，分别构建以投资额、联合投资规模等因素为因变量的回归模型，得到残差；其次，将残差作为工具变量，代入原模型重新进行检验，检验结果与之前的主要结论相一致。通过这些方法，排除内生性问题出现的可能性。

（3）样本剔除。剔除其他发展阶段的数据，仅对属于企业早期阶段的样本进行研究，分析上述研究结论是否会受到临近退出阶段的企业数据的影响。以 IPO 和并购这两种退出方式为因变量，构造 Logit 模型进行分析，回归结果显示，与包括企业所有发展阶段的数据一致，仅包括企业早期阶段数据的检验结果没有发生实质性改变。为节约篇幅，回归结果没有在正文中报告出来。

6.3.4.4 实证结果分析与讨论

本书提出的假设 1－5，分别描述了企业控制权配置，以及风险投资家的特征和创业企业（家）的特征等方面的因素对风险投资机构退出方式的影响。假设检验结果汇总见表 6－6。实证检验结果表明，创业企业控制权配置会对退出过程中投资家和企业家的利益产生影响，进而会对风险投资退出方式的选择产生影响。当企业绩效较高时，投资家控制配置与 IPO 退出呈现显著负相关关系，企业家控制配置与 IPO 退出呈现显著正相关关系；当企业绩效较低时，投资家控制配置与并购退出呈现显著正相关关系。投资家的投资额与 IPO 退出存在显著正相关关系，与并购退出存在显著负相关关系。企业发展阶段与并购退出存在显著正相关关系，与 IPO 存在显著负向关系。联合投资规模与 IPO 退出呈现负相关关系，与并购退出存在显著正向关系。5 个假设中有 4 个获得了统计支持。接下来，本书将对上述检验结果进行讨论。

表 6－6   假设检验结果汇总

假设	假设内容	验证结果
假设 1	当企业绩效较高时，企业家控制权配置与 IPO 退出呈现正相关关系	通过
假设 2	当企业绩效较低时，投资家控制权配置与并购退出呈现正相关关系	通过
假设 3	企业发展阶段与 IPO 退出呈现负相关关系，与并购退出呈现正相关关系	通过
假设 4	联合投资与 IPO 退出呈现正相关关系	未通过
假设 5	投资家投资额与 IPO 退出呈正相关关系	通过

（1）回归结果显示，当企业绩效较高时，企业家控制配置与 IPO 退出呈现显著正相关关系。与其他退出方式相比，以 IPO 方式退出可以给企业家带来更高的收益。一方面，如果通过 IPO 方式退出，投资家会将拥有的企业控

制权转移给企业家，投资家在创业企业中的控制权和影响力会逐渐减弱，拥有的董事会席位和对重要决策具有的权利也随之消失[28]。此时，企业家掌握创业企业控制权，获得相应的控制权收益，因此，可以对企业家形成有效的隐性激励[29]。另一方面，由于企业家和投资家之间存在着高度的信息不对称，投资家无法准确评估企业的实际经营状况以及企业家的努力水平，因此通过 IPO 方式退出可以向市场释放关于创业企业经营状况良好的信号。同时也能够引进新的管理团队获得新的管理经验。因此，如果企业家拥有较多的控制权，其会通过提高自身努力水平，提升企业绩效，最终促使风险投资通过 IPO 方式退出。

（2）回归结果显示，当企业绩效较低时，投资家控制配置与并购退出呈现显著正相关关系。由于并购退出有利于风险投资尽早收回投资，实现投资收益，所以，如果投资家拥有控制权，其会愿意选择以并购方式退出。一方面，如果创业企业经营状况不太理想，通过并购方式退出有利于风险投资尽可能早地从企业退出，实现资本回报，获得退出收益；同时，选择以并购方式退出也有利于风险投资将回收的资本投资给其他创业企业，在新企业中继续发挥其专业化优势，凭借提供的管理、监督、认证等增值服务，获得更高的投资收益。另一方面，风险投资选择以并购方式退出，会使得企业家失去创业企业控制权，这有利于减少企业家凭借其拥有的企业控制权从创业企业获得私人收益，也有利于缓解企业家为追求私人利益所产生的道德风险。因此，如果投资家拥有较多的控制权，在企业经营状况较差、企业绩效较低时，其可能会为了尽早收回投资，获得投资收益；为了对企业家形成有效的激励约束，减少企业家私人收益；以及为了给创业企业带来更好的增值服务，引入新的并购方，而选择以并购方式退出。

（3）回归结果显示，投资家的投资额与 IPO 退出存在显著正相关关系。当投资家投资大量资金给创业企业，其会精心选择投资的企业，而创业企业成功获得风险投资的资金可以作为企业发展前景良好的信号。此外，当投入创业企业的资金较多时，投资家进行潜在的"窗饰"的动力会减少，因为投资家的声誉会随着参与创业企业的程度而提高。因此，投资家投入企业的资金越多，风险投资通过 IPO 方式成功退出的可能性越大。

（4）回归结果显示，联合投资与 IPO 退出存在显著负相关关系，与并购退出存在显著正相关关系。研究假设没有得到检验结果支持。一方面，从统计性描述可以看出，大多数投资事件是由风险投资家独立完成的，表明联合投资带来的投资多样化、促进信息流动和监控的作用未能得以充分发挥。另一方面，由于多个风险投资机构的联合，导致风险投资各方关于企业发展状况及企业绩效等方面存在着严重的信息不对称，这加剧了各方利用信息等因素所造成的道德风险。同时，各个投资机构在联合投资中的地位不同，对于企业未来的发展前景关注程度不同，向企业投入的资源和努力水平也存在很大的差异。这使得联合投资过程中的道德风险问题变得更加复杂。存在的道德风险主要包括：①由于难以量化各个投资机构付出的努力水平和产生的贡献，一些投资机构投入的努力水平相对较低，但他们依然会按照约定的比例获得投资收益，而其他的投资机构付出的努力水平与获得的收益不对等，这就容易出现"搭便车（free-rider）"的现象。②主投资机构可能利用信息优势与创业企业家联合，隐瞒关于企业的经营状况、盈利能力等信息，欺骗跟投机构，导致产生与企业家"合谋"的道德风险。③主投资机构可能凭借拥有的企业核心机密和技术等，离开企业，选择与其他企业进行合作，导致出现"窃取"创业企业核心技术的道德风险等。

总之，由于选择联合投资可能带来的道德风险会导致联合投资带来的投资多样化、促进信息流动和监控的作用不能得以充分发挥，导致联合投资情况下，风险投资机构未能实现以 IPO 的方式成功退出。因此，为了减少由联合投资可能引起的道德风险、降低投资风险、加快回收资金，风险投资机构可能会选择以并购方式退出。

（5）回归结果显示，企业发展阶段与并购退出存在显著正相关关系，与 IPO 退出存在显著负向关系。对于处于初创期的企业，由于其成立的时间较短，企业未来收益的不确定性较大，关于企业绩效的历史数据较少，所以，风险投资在退出时面临的风险和不确定性依然较大。因此，为了尽快收回资金，控制投资风险，风险投资会选择并购方式退出。而对于处于成熟阶段的企业来说，企业的不确定性和风险均会降低，风险投资与创业企业的信息不对称程度会降低，因此，风险投资会愿意选择 IPO 方式退出。

6.4

本章小结

本书基于巴亚尔、切姆马努尔（2011）[17]；耶拉米利（2006）[13]；王雷、党兴华等（2009）[18]；赫尔曼（2002）[19]等学者的研究，在此基础上，首先，本书在不完全契约理论与委托代理理论的框架内，研究创业企业控制权配置的内在机理，进而消除创业企业家与投资家之间存在的双边道德风险；其次，将企业控制权的配置和可转换优先股联系起来，研究企业控制权的不同配置如何对风险投资机构的退出方式产生影响；再次，分别从 IPO 和并购这两种成功退出方式的视角研究创业企业控制权配置对风险投资退出方式的影响作用；最后，引入投资家的投资额、投资家付出的管理监督成本、企业家与投资家各自付出的努力水平和努力成本等变量，构建创业企业控制权配置影响风险投资机构退出方式的理论分析模型，比较在企业家控制、投资家控制、相机控制配置下的企业家、投资家收益和企业绩效，确定在不同企业控制权配置方式下风险投资的最优退出策略，具体结论如下。

（1）如果企业家拥有控制权，当企业绩效较高，高于再谈判后选择并购时的绩效（即 $R > \hat{R}_A$）时，企业家会迫使投资家以 IPO 方式退出；否则，企业家会同意投资家以并购方式退出。（2）如果投资家拥有控制权，a. 当企业绩效较高，高于再谈判后选择 IPO 时的绩效（即 $R > \hat{R}_I$）时，投资家与企业家意见一致，会选择以 IPO 方式退出；b. 当企业绩效较低，低于再谈判后选择 IPO 时的绩效（即 $R < \hat{R}_I$）时，投资家会选择以并购方式退出。c. 当企业绩效处于再谈判后选择并购与 IPO 时的企业绩效范围之间（即 $\hat{R}_A < R < \hat{R}_I$），企业家与投资家无法进行再谈判，因此投资家会选择以并购方式退出。d. 当企业绩效处于再谈判之前选择并购与再谈判后选择 IPO 时的企业绩效范围之间（即 $\hat{R}_I < R < \hat{R}_V$），双方进行再谈判后，企业家同意投资家以 IPO 方式退出。

基于上述理论研究得到的主要结论，使用中国风险投资机构、创业企业数据，运用多元回归分析方法，进行实证研究，验证不同创业企业控制权配置对风险投资退出方式的影响，实证研究结果与模型提出的定理和推论基本一致。

第 7 章

研究结论与展望

本章是本书的总结性章节，主要包括如下三方面内容：首先对本书的主要研究结论进行总结，其次概述本书研究的主要创新点，最后探讨本书研究存在的不足以及未来研究可考虑的拓展方向。

7.1
主 要 研 究 结 论

本书基于不完全契约理论、控制权配置理论、金融契约理论等，研究了创业企业控制权配置及其对风险投资机构退出方式的影响。具体包括以下五个方面。

第一，本书在对国内外学者的研究成果进行梳理的基础上，结合不完全契约理论、金融契约理论和控制权配置理论，构建了创业企业控制权配置及其对风险投资机构退出方式影响的理论分析框架。首先，从套牢的视角分析了创业企业控制权配置在对企业家产生激励、缓解企业家与投资家之间柜互套牢等方面产生的作用；同时，考虑到不同类型的风险投资机构存在异质性，他们在资金约束、投资期限以及为创业企业提供的增值服务等方面存在巨大的差别，本书进一步研究了不同类型的风险投资机构各自具有的特征以及这些特征如何影响创业企业控制权的配置。其次，针对创业企业控制权配置对风险投资机构退出方式的影响展开了研究。

第二，本书以不完全契约为基础，在金融契约和控制权配置理论的框架内，运用博弈分析的方法，从缓解企业家与投资家相互套牢问题的角度，在扩展企业家风险偏好、假设企业状态变量不可证实的基础上，通过引入企业家事前努力水平、企业家与投资家讨价还价能力、企业中期绩效信号、投资家投资额、管理监督成本、企业清算价值等变量，建立了创业企业控制权动态配置模型，通过比较不同控制权配置下的双方收益与企业价值，确定控制权最优配置，得到以下三个方面的主要结论：（1）相机控制优于企业家控制和反相机控制，创业企业存在两种最优控制权配置，即投资家控制与相机控制。相机控制相比投资家控制，减少了企业家在企业状态好时被投资家套牢问题，在企业盈利能力较强、企业继续经营收益和清算价值较高、企业家讨价还价能力较低时是最优的。（2）两种控制权配置根据企业家相对投资家的讨价还价能力、企业中期绩效信号、投资家投资额、管理监督成本、企业清算价值的变化交替实现最优：①当企业家讨价还价能力 $\rho \geqslant \rho_{vc}^+$ 时，或虽然企业家讨价还价能力的取值范围为 $\rho_{vc}^- < \rho < \rho_{vc}^+$，但是企业中期绩效信号 $\gamma < \hat{\gamma}$ 时，投资家控制配置最优；②当企业家讨价还价能力 $\rho < \rho_{vc}^+$ 时，如果企业中期绩效信号 $\gamma \geqslant \hat{\gamma}$，同时，投资家的投资额和管理监督成本较低，企业清算价值较高时，相机控制配置最优。（3）企业家讨价还价能力、企业中期绩效信号、投资家投资额和管理监督成本、企业清算价值会对最优企业价值产生影响：①当企业家讨价还价能力 $\rho \geqslant \rho_{vc}^+$ 时，或虽然企业家讨价还价能力 $\rho < \rho_{vc}^+$，但企业中期绩效信号 $\gamma < \hat{\gamma}$ 时，企业价值不会随着企业中期绩效信号而变化；②当企业家讨价还价能力 $\rho < \rho_{vc}^+$ 时，如果企业中期绩效信号 $\gamma \geqslant \hat{\gamma}$ 时，企业价值随着企业中期绩效信号升高而增加；③当企业家讨价还价能力 $\rho < \rho_{vc}^+$ 时，并且 $\rho \leqslant \hat{\rho}$，企业价值随着企业家讨价还价能力增强而减少；如果企业家讨价还价能力 $\rho > \hat{\rho}$，企业价值随着企业家讨价还价能力增强而增加；④当企业家讨价还价能力 $\rho \geqslant \rho_{vc}^+$ 时，企业价值不会随着企业家讨价还价能力而变化；⑤随着企业清算价值增加，投资家投资额和管理监督成本的减少，企业价值随之增加。

第三，本书以不完全契约为基础，在控制权配置理论的框架内，考虑了对企业家进行事前激励，并引入企业家努力水平、投资家投资额和管理监督成本、企业清算价值等变量，在阶段化投资的条件下，构建了控制权配置模型，研究如何根据不同类型的投资家在投资金额、增值服务等方面的差异设计风险投资契约，在此基础上研究在各变量的影响下，哪种控制权配置可以实现相对较优。得到以下两个方面的主要结论：（1）如果企业家选择的是附属的风险投资家，投资家会采取最佳的经营决策，即在企业状态差时清算企业；在企业状态好时，继续经营企业。在这种情况下，不论企业家或投资家谁拥有控制权，均可以产生相同的契约参数和决策行为，实现控制权相对较优配置。然而，附属的风险投资家不能像独立的风险投资家一样提供高质量的增值服务，不能实现控制权的最优配置。另外，企业家的努力水平低于最优水平。（2）如果企业家选择的是独立的风险投资家，当企业状态差时，为了获得更多的投资收益，独立的投资家不愿意清算企业，而是将其出售给外部投资家，这产生了无效的结果，不好的企业被继续经营下去，然而，对于这些企业来说，清算是更好的选择。在这种情况下，由独立的风险投资家拥有控制权会导致企业净现值减少，而由企业家拥有控制权，如果给予企业家较高的清算收益，企业家会付出较高的努力水平，并且清算不好的项目，这样可以实现控制权相对较优配置。但是，由于企业家要求获得较高的清算收益，这导致企业总收益减少，所以，企业家控制配置也无法达到控制权最优配置的条件，不能实现企业控制权的最优配置。除此之外，企业家的努力水平低于最优水平。

第四，本书基于委托代理理论和不完全契约理论，在金融契约理论与企业控制权配置理论的框架内，通过引入投资家的投资额、投资家付出的管理监督成本、投资家与企业家各自付出的努力水平和努力成本等变量，构建了创业企业控制权配置影响风险投资机构退出方式的理论模型，研究创业企业控制权的不同配置对风险投资机构退出方式影响的作用机理。比较分析企业家控制、投资家控制、相机控制配置下的企业绩效、企业家和投资家各自的收益，研究在结合可转换优先股以后，风险投资机构如何根据企业控制权的配置做出退出决策，即谁拥有控制权，谁决定企业是选择以并购方式退出，还是以 IPO 方式退出。得到以下主要结论：（1）如果企业家拥有控制权，当企业绩效较高，高于再谈判后选择并购时的绩效（即 $R > \hat{R}_A$）时，企业家会迫使投资家以 IPO 方式退出；否则，企业家会同意投资家以并购方式退出。
（2）如果投资家拥有控制权，a. 当企业绩效较高，高于再谈判后选择 IPO 时的绩效（即 $R > \hat{R}_I$）时，投资家与企业家意见一致，会选择以 IPO 方式退出；b. 当企业绩效较低，低于再谈判后选择 IPO 时的绩效（即 $R < \hat{R}_I$）时，投资家会选择以并购方式退出。c. 当企业绩效处于再谈判后选择并购与 IPO 时的企业绩效范围之间（即 $\hat{R}_A < R < \hat{R}_I$），企业家与投资家无法进行再谈判，因此投资家会选择以并购方式退出。d. 当企业绩效处于再谈判之前选择并购与再谈判后选择 IPO 时的企业绩效范围之间（即 $\hat{R}_I < R < \hat{R}_V$），双方进行再谈判后，企业家同意投资家以 IPO 方式退出。

第五，为了验证理论研究中提出的主要命题，本书运用实证研究的方法对我国创业企业控制权配置及其对风险投资机构退出方式的影响进行了大样本的经验研究，运用多元回归分析模型对研究假设进行了检验。检验结果表明：（1）在创业企业控制权配置过程中，风险投资家的投资额、风险投资家付出的管理监督成本、风险投资家具有的讨价还价能力对其拥有的控制权产生显著的正向影响；不论投资家具有的讨价还价能力是强还是弱，企业中期绩效对投资家拥有的控制权均产生显著的负向影响；联合投资规模对投资家拥有的控制权产生显著的正向影响。（2）创业企业控制权配置会对退出过程中投资家与企业家的利益产生影响，进而会对风险投资退出方式的选择产生影响。当企业绩效较高时，企业家控制配置与 IPO 退出呈现显著正相关关系；当企业绩效较低时，投资家控制配置与并购退出呈现显著正相关关系。投资家的投资额与 IPO 退出存在显著正相关关系。企业发展阶段与并购退出存在显著正相关关系，与 IPO 存在显著负向关系。联合投资规模与 IPO 退出呈现显著负相关关系，与并购退出存在显著正向关系。

7.2

本书创新点

（1）基于不完全契约与套牢理论，从缓解双边套牢问题的视角，借鉴卡萨马塔（2003）[11]、赫尔曼（2006）[12]、耶拉米利（2006）[13]、安德里乌（2011）[14]等学者的研究，构建了创业企业控制权动态配置模型。与已有研究不同的是，首先在引入企业家与投资家讨价还价能力、企业中期绩效信号等变量的基础上，比较企业家控制、相机控制、反相机控制等配置下使得双方收益最大的控制权配置，确定了两种可能的最优控制权配置；然后确定在企业家事前努力水平、双方讨价还价能力、企业中期绩效信号、投资家投资额、管理监督成本、企业清算价值等因素影响下哪种控制权配置可以实现企业价值的最大化。研究发现，创业企业存在两种最优控制权配置，即投资家控制与相机控制。两种控制权配置根据企业家相对投资家的讨价还价能力、企业中期绩效信号、投资家投资额、管理监督成本、企业清算价值的变化交替实现最优：①企业家讨价还价能力 $\rho \geqslant \rho_{vc}^+$ 时，或虽然企业家讨价还价能力的取值范围为 $\rho_{vc}^- < \rho < \rho_{vc}^+$，但是企业中期绩效信号 $\gamma < \hat{\gamma}$ 时，投资家控制配置最优；②当企业家讨价还价能力 $\rho < \rho_{vc}^+$ 时，如果企业中期绩效信号 $\gamma \geqslant \hat{\gamma}$，同时，投资家的投资额和管理监督成本较低，企业清算价值较高时，相机控制配置最优。从缓解相互套牢风险的视角来优化控制权配置，对于分析风险投资契约中的权利配置，以及完善风险投资契约有着重要的价值，对于金融契约、公司治理和不完全契约理论的发展也是重要的补充。

（2）本书以不完全契约为基础，在控制权配置理论的框架内，基于温顿、耶拉米利（2008）[15]；赫希、瓦尔兹（2013）[16]等学者的研究，在阶段化投资的条件下，构建了两阶段控制权配置模型，研究如何设计两种类型投资家下的风险投资契约，以确定创业企业控制权的最优配置。与已有研究不同的是，本书基于附属公司或银行的风险投资机构与独立的投资机构在投资期限、投资金额、增值服务等方面存在的差异，考虑了对企业家进行事前激励，并引入企业家努力水平、投资家投资额和管理监督成本、企业清算价值等变量，分别研究投资家控制与企业家控制下风险投资契约参数，在此基础上确定可能的创业企业最优控制权配置。研究发现，当企业家选择附属的风险投资家，不论是企业家还是投资家拥有控制权，均可以产生相同的契约参数和决策行为，实现控制权相对较优配置；当企业家选择独立的投资家，由企业家拥有控制权可以实现控制权相对较优配置。从不同的风险投资机构存在异质性的视角来研究创业企业控制权配置，为提升企业绩效，完善公司治理和风险投资契约理论提供了一个新的研究视角。

（3）基于不完全契约、委托代理理论，从缓解创业企业家与投资家之间存在的双边道德风险的视角，借鉴巴亚尔、切姆马努尔（2011）[17]；耶拉米利（2006）[13]；王雷、党兴华等（2009）[18]；赫尔曼（2002）[19]等学者的研究，通过引入投资家的投资额、投资家付出的管理监督成本、投资家与企业家各自付出的努力水平和努力成本等变量，构建了创业企业控制权配置影响风险投资机构退出方式的理论模型，比较企业家控制、投资家控制、相机控制等配置下的企业家、投资家收益和企业绩效，确定不同企业控制权配置下风险投资的最优退出策略。与已有研究不同的是，本书将企业控制权配置与可转换优先股联系起来，研究创业企业控制权的配置如何影响风险投资机构退出方式的选择。研究发现：①如果企业家拥有控制权，当企业绩效较高（即 $R > \hat{R}_A$）时，企业家会迫使投资家以 IPO 方式退出；否则，企业家会同意投资家以并购方式退出。②如果投资家拥有控制权：a. 当企业绩效较高（即 $R > \hat{R}_I$）时，投资家会选择以 IPO 方式退出；b. 当企业绩效较低（即 $R < \hat{R}_I$）时，投资家会选择以并购方式退出；c. 当企业绩效处于上述两值范围之间（即 $\hat{R}_A < R < \hat{R}_I$），企业家与投资家无法进行再谈判，因此投资家会选择以并购方式退出；d. 当企业绩效处于该范围之间（即 $\hat{R}_I < R < \hat{R}_V$），双方再谈判后，企业家同意投资家以 IPO 方式退出。从 IPO 和并购这两种退出方式的视角，研究创业企业控制权的配置对风险投资机构退出方式的影响，对于风险投资机构选择最优的退出方式，实现成功退出，获得较高投资收益，以及促进风险投资的成功与发展，提升创业企业绩效意义重大。

（4）在理论研究的基础上，本书通过使用中国风险投资机构、创业企业数据进行实证研究，并采用数据模拟的方法，揭示了创业企业控制权配置及其对风险投资机构退出方式影响的作用机理，这对于完善创业企业控制权配置，促进风险投资成功退出具有重要的实践意义。

7.3

研究局限与展望

本书主要的研究不足和下一步研究可考虑的拓展方向主要集中在以下几个方面。

第一，本书在研究两类投资家下的创业企业控制权配置时，通过构建理论模型，研究在各变量的影响下，哪种控制权可以实现相对较优配置。由于数据可获得性等方面的原因，无法获得两种类型风险投资机构的数据，无法使用大型商业数据库的数据作为研究样本，对理论模型的结论进行实证检验。因此，本书仅运用 Matlab R2016a 软件对理论模型得到的结论采用数据模拟的方法来加以进一步的分析说明。虽然在现阶段由于数据的限制无法对两类投资家下的创业企业控制权如何配置进行实证研究，但随着我国风险投资业的发展，有关风险投资的统计也会更加丰富，未来可考虑收集相关数据，验证模型的结论，以提高研究结论的准确性和可靠性。

第二，本书综合运用了理论分析、数理模型、实证分析等研究方法。其中，在研究创业企业控制权配置及其对风险投资机构退出方式影响时，主要是采用数理建模方法。数理模型都是建立在一定假设基础之上，然而这些假设在现实中并非普遍存在。虽然本书应用统计数据、实证研究为本书理论模型得出的某些主要结论提供了经验数据的支持，但是考虑到关于风险投资机构特征、创业企业特征的一些数据难以直接获取，因此个别数理模型的结论没有用实证方法进行检验。风险投资领域的一些数据需要在恰当选择指标的基础上，以调研等方式才能获得，因此未来可以对相关的理论分析和数理建模得出的结论进一步予以定量研究。

第三，本书基于控制权是"0-1"的离散变量的假设，从企业家控制、投资家控制和相机控制的视角，研究创业企业控制权配置。但现实中创业企业控制的配置要复杂得多。因此，未来的研究中应结合创业企业的治理特征和相关理论，进一步扩展创业企业可能的控制配置类型，使研究更符合现实，进而扩展本研究的应用领域。

第四，本书在研究创业企业控制权配置的过程中，以不完全契约理论为基础，在金融契约和控制权配置理论的框架内，运用博弈论、信息经济学的方法和思路研究企业控制权的配置。但是风险投资契约是不完全的，契约的不完全是由于投资家和企业家双方的有限理性，而演化博弈论的有限理性基础则允许博弈的参与者可以只拥有有限的认知能力，因此，运用演化博弈的思路和方法来对创业企业控制权的最优配置进行研究，这在后续的研究当中是需要进一步解决的问题。

此外，本书在研究创业企业控制权配置对风险投资机构退出方式影响时，只集中对 IPO 和并购这两种成功的退出方式进行研究，限制了本书的研究结果推广到风险投资机构选择的其他退出方式。

参 考 文 献

［1］郑晓博，吴晓晖. 风险投资治理行为与新创企业绩效———一个中介模型及讨论［J］. 研究与发展管理，2012，24（2）：67 - 78.

［2］陈治，张所地. 我国风险投资对技术创新的效率研究［J］. 科技进步与对策，2010（7）：14 - 16.

［3］SJ Grossman，Oliver D. Hart. The costs and benefits of ownership：a theory of vertical and lateral integration［J］. Journal of Political Economy，1986，94：691 - 719.

［4］Hart. O，Moore J. Property Rights and Nature of Firm［J］. Journal of Political Economy，1990，98（6）：1119 - 1139.

［5］Aghion Phillippe，Patrick Bolton. An incomplete contracts approach to financial contracting［J］. Review of Economic Studies，1992，59：473 - 494.

［6］杨瑞龙，聂辉华. 不完全契约理论：一个综述［J］. 经济研究，2006，2：104 - 115.

［7］刘清海. 不完全契约、敲竹杠与投资激励：一个文献综述［J］. 贵阳学院学报：社会科学版，2014，2：107 - 114.

［8］石琳，党兴华，韩瑾，陈敏灵. 不完全契约下风险企业控制权配置方式演化博弈［J］. 系统管理学报，2016，25（3）：448 - 457.

［9］孙慧，叶秀贤. 不完全契约下 PPP 项目剩余控制权配置模型研究［J］. 系统工程学报，2013，28（2）：227 - 233.

［10］徐细雄. 参照点契约理论：不完全契约理论的行为与实验拓展［J］. 外国经济与管理，2012，34（11）：52 - 60.

［11］C Casamatta. Financing and Advising：Optimal Financial Contracts with

Venture Capitalists [J]. The Journal of Finance, 2003, 58 (5): 2059 – 2086.

[12] Hellmann T. IPO's, Acquisitions and the Use of Convertible Securities in Venture Capital [J]. Journal of Financial Economics, 2006, 81 (3): 649 – 679.

[13] Vijay Yerramilli. Joint control and redemption rights in venture capital contracts [R]. Working Paper, December, 2006, SSRN: http: //ssrn. com/ abstract = 967323.

[14] Guillaume Andrieu. Optimal Allocation of Control Rights in Venture Capital Contracts [R]. Working Paper, May, 2011, SSRN: http: //ssrn. com/abstract = 1833417.

[15] Winton, A., Yerramilli, V. Entrepreneurial finance: banks versus venture capital [J]. Journal of Financial. Economics, 2008, 88 (1): 51 – 79.

[16] Julia Hirsch, Uwe Walz. Why do contracts differ between venture capital types [J]. Small Business Economics, 2013, 40 (3): 511 – 525.

[17] Bayar, O., Chemmanur, T. J. IPOs versus acquisitions and the valuation premium puzzle: a theory of exit choice by entrepreneurs and venture capitalists [J]. J. Financ. Quant. Anal. 2011, 46 (6): 1755 – 1793.

[18] 王雷, 党兴华, 贺利平. 基于不完全契约的高新技术创业企业控制权结构选择及其影响因素研究 [J]. 中国管理科学, 2009, 17 (5): 166 – 174.

[19] Thomas Hellmann, Manju Puri. Venture Capital and the Professionalization of Start-up Firms: Empirical Evidence [J]. The Journal of Finance, 2002, 57 (1): 169 – 197.

[20] 郭明杉, 姜振寰. 信息不对称条件下风险投资退出方式选择研究 [J]. 哈尔滨工业大学学报: 社会科学版, 2008, 10 (3): 114 – 118.

[21] 姚佐文, 陈晓剑, 崔浩. 可转换优先股与风险投资的有效退出 [J]. 管理科学学报, 2003, 6 (1): 92 – 96.

[22] 付雷鸣, 万迪昉, 张雅慧. 创业企业控制权配置与风险投资退出问题探讨 [J]. 外国经济与管理, 2009, 31 (2): 8 – 14.

[23] Berlin. A, Means G. The Modern Corporation and Private Property

[M]. New York: Macmillan Press, 1932.

[24] EF Fama, MC Jensen. Separation of Ownership and Control [J].
Journal of Law and Economics, 1983, 26 (2): 301 – 325.

[25] 张维迎. 所有制、治理结构和委托—代理关系 [J]. 经济研究,
1996, 9: 3 – 15.

[26] 高建明. 基于实际控制权结构的上市公司治理模式研究 [D]. 上
海: 复旦大学, 2004.

[27] 颜光华, 沈磊, 蒋士成. 基于资产专有性的企业控制权配置 [J].
财经论丛, 2005 (2): 17 – 21.

[28] 胡晓阳. 企业控制权的契约分析 [J]. 经济论坛, 2006 (7):
81 – 83.

[29] 胡继立. 企业控制权理论研究 [D]. 吉林: 吉林大学, 2011.

[30] 李益娟. 控制权配置对企业 R & D 投资行为的影响——基于我国
上市公司的经验证据 [D]. 江苏: 苏州大学, 2016.

[31] 易阳, 宋顺林, 谢新敏, 谭劲松. 创始人专用性资产、堑壕效应
与公司控制权配置 [J]. 会计研究, 2016, 1: 63 – 70.

[32] Andrei Shleifer, Robert Vishny. A survey of corporate governance [J].
Journal of Finance, 1997, 52: 737 – 783.

[33] Kaplan Steven, P. Strömberg. Financial Contracting Theory Meets The
Real World: An Empirical Analysis of Venture Capital Contracts [J]. Review of
Economic Studies, 2003, 70 (2): 281 – 315.

[34] Jeremy S. S. Edwards, Alfons J. Weichenrieder. Control rights, pyra-
mids, and the measurement of ownership concentration [J]. Journal of Economic
Behavior & Organization, 2009, 72 (1): 489 – 508.

[35] Hellmann T. The Allocation of Control Rights in Venture Contracts
[J]. Rand Journal of Economics, 1998, 29 (1): 57 – 76.

[36] Z. Fluck. Optimal Financial Contracting: Control Rights, Incentives,
and Entrepreneurship [J]. Strategic Change, 2010, 19 (1 – 2): 77 – 90.

[37] Guillaume Andrieu, Alexander Peter Groh. Active Hot Hands Investors

vs. The Crowd: Trading-Off Investment Horizon, Support Quality and the Allocation of Control Rights in Entrepreneurial Finance [R]. Working Paper, May, 2013, SSRN: http://ssrn.com/abstract = 2311946.

[38] Brian Broughman U. C. Berkeley Independent Directors and Shared Board Control in Venture Finance [R]. Working Paper, April, 2012, SSRN: http://ssrn.com/abstract = 1123840.

[39] 王声凑, 曾勇. 阶段融资框架下的风险投资企业控制权配置研究 [J]. 管理评论, 2012, 24 (1): 139 – 145.

[40] 史玉伟, 和丕禅. 企业控制权内涵及配置分析 [J]. 石河子大学学报: 哲学社会科学版, 2003, 3 (1): 36 – 40

[41] 董秀良, 高飞. 上市公司控制权结构: 问题与对策 [J]. 当代经济研究, 2002, 3: 26 – 30.

[42] Hart O. Corporate Governance: Some Theory and Implication [J]. The Economic Journal, 1995, 105 (5): 678 – 689.

[43] 刘磊, 万迪昉. 企业中的核心控制权与一般控制权 [J]. 中国工业经济, 2004, 191 (2): 68 – 76.

[44] Aghion Philippe, Jean Tirole. Formal and Real Authority in Organization [J]. Journal of Political Economy, 1997 (105): 1 – 29.

[45] Dessein W. Information and Control in Alliances Ventures [J]. The Journal of Finance, 2005, 60 (3): 2513 – 2549.

[46] 安维东. 企业家社会网络、控制权配置与家族企业成长 [D]. 北京: 首都经济贸易大学, 2016.

[47] 李金龙, 李勇昭, 李电生. 风险投资中名义与实际控制权的转移 [J]. 2009, 8 (41): 175 – 178.

[48] 陈森发, 刘瑞翔. 控制权在创业企业中的分配机制研究 [J]. 东南大学学报: 哲学社会科学版, 2006, 8 (5): 12 – 16.

[49] Jean Etienne de Bettignies. Financing the Entrepreneurial Venture [J]. Management Science, 2008, 54 (1): 151 – 166.

[50] Carsten Bienz, Uwe Walz. Venture capital exit rights [J]. Journal of

Economics & Management, 2010, 19 (4): 1071 – 1116.

[51] 王季. 控制权配置与公司治理效率——基于我国民营上市公司的实证分析 [J]. 经济管理, 2009, 8: 45 – 51.

[52] 朱海英. 控制权配置视角下上市公司股权激励效应的研究 [D]. 四川: 西南财经大学, 2014.

[53] 窦炜, 马莉莉, 刘星. 控制权配置、权利制衡与公司非效率投资行为 [J]. 管理评论, 2016, 28 (12): 101 – 115.

[54] 角雪岭. 基于配置视角的公司控制权内涵研究 [J]. 商业时代, 2006 (16): 49 – 51.

[55] 蒋哲昕. 企业控制权结构探讨 [J]. 学术界, 2010 (4): 168 – 172.

[56] 傅瑜, 申明浩. 控制权配置形式对企业关联交易的影响分析——基于 A 股家族类上市公司的实证研究 [J]. 当代财经, 2013, 5: 59 – 70.

[57] 吴斌, 黄明峰. 企业绩效、高管人力资本特征与控制权配置——基于我国中小企业板风险企业的经验数据 [J]. 中国软科学, 2011, 4: 161 – 174.

[58] Chan Y S, Siegal D, Thakor A V. Learning, corporate control and performance requirements in venture capital contracts [J]. Intimation Economic Review, 1990, 31 (2): 365 – 381.

[59] George Gebhardt, Klaus M. Schmidt. Conditional Allocation of Control Rights in Venture Capital Finance [R]. CEPR Discussion Paper, NO. 5758, July 2006. Available at SSRN: http://ssrn.com/abstract = 911527.

[60] Vijay Yerramilli. Moral hazard, hold-up, and the optimal allocation of control rights. [J]. Rand Journal of Economics, 2011, 42 (4): 705 – 728.

[61] Kaplan Steven, P. Strömberg. Characteristics, Contracts, and Actions: Evidence from Venture Capitalist Analyses [J]. The Journal of Finance, 2004, 5: 2177 – 2210.

[62] 付玉秀, 张洪石. 风险报酬、控制权与声誉: 创业企业家的激励与约束 [J]. 中国科技论坛, 2003, 5: 102 – 106.

[63] DR Skeie. Money and Modern Bank Runs [R]. Working Paper, De-

cember，2004，SSRN：http：//ssrn. com/abstract =676053.

［64］燕志雄，费方域. 企业融资中的控制权安排与企业家的激励 ［J］. 经济研究，2007（2）：111 – 123.

［65］劳剑东，李湛. 控制权的相机分配与创业企业融资 ［J］. 财经研究，2004，30（12）：28 – 33.

［66］Brian Broughman U. C. Berkeley. Independent Directors and Board Control in Venture Finance ［C］. American Law & Economics Association Annual Meetings，May，2008.

［67］张波，王倩茹，张根明. 双边道德风险与风险投资契约中的最优控制权配置 ［J］. 科技管理研究，2016，22：197 – 202.

［68］Berglöf E. A control theory of venture capital finance ［J］. The Journal of Law Economics and Organization，1994，10（2）：247 – 267.

［69］Andrei A. Kirilenko. Valuation and Control in Venture Finance ［J］. Journal of Finance，2001，56（2）：565 – 587.

［70］Jukka Vauhkonen. An Incomplete Contracts Approach to Financial Contracting：a Comment ［J］. Economics Bulletin，2002，7（1）：1 – 3.

［71］Giacinta Cestone. Venture Capital Meets Contract Theory：Risky Claims or Formal Control? ［J］. Review of Finance，2014，18（3）：1097 – 1137.

［72］王雷，党兴华. 剩余控制权、剩余索取权与公司成长绩效——基于不完全契约理论的国有上市公司治理结构实证研究 ［J］. 中国软科学，2008，8：128 – 138.

［73］侯剑平. 上市公司控制权结构与企业绩效间内生性关系研究 ［J］. 经济经纬，2012，5：92 – 96.

［74］鲁银梭，郝云宏. 创业企业控制权初始配置影响企业成长的机理研究 ［J］. 华东经济管理，2013，27（1）：113 – 117.

［75］Sridhar Arcot. Participating convertible preferred stock in venture capital exits ［J］. Journal of Business Venturing，2014，29（1）：72 – 87.

［76］朱心来. 信息不对称性与创业企业相机控制权安排的关系分析 ［J］. 商业研究，2007，（6）：66 – 68.

［77］朱心来. 科技创业企业控制权分配的经验分析［J］. 经济经纬，2008（5）：86 – 88.

［78］Helmut Bester，Daniel Krähmer. The optimal allocation of decision and exit rights in organizations［J］. RAND Journal of Economics，2017，48（2）：309 – 334.

［79］Guillaume Andrieu，Alexander Peter Groh. Specialist versus generalist investors：Trading off support quality，investment horizon and control rights［J］. European economic review，2018，101：459 – 478.

［80］王雷，党兴华，王修来. 基于不完全契约的创业企业控制权配置影响因素研究［J］. 科研管理，2010，31（4）：59 – 66.

［81］Carsten Bienz，Uwe Walz. Evolution of Decision and Control Rights in Venture Capital Contracts：An Empirical Analysis［R］. Norwegian School of Economics and Business Administration（NHH）and Goethe University Frankfurt Institute of Economics Working Paper，March 1，2007. Available at SSRN：http：// ssrn. c om/abstract = 966155.

［82］Dirk De Clercq，Harry J. Sapienza and Akbar Zaheer. Firm and Group Influences on Venture Capital Firms' Involvement in New Ventures［J］. Journal of Management Studies，2008，45（7）：1169 – 1194.

［83］李金龙，费方域，谈毅. 创业资本的分阶段融资激励与控制权分配——基于信息不对称的视角［J］. 山西财经大学学报，2006，28（1）：90 – 96.

［84］张岚，张炜，姜彦福. 风险投资家与创业企业家关系研究综述［J］. 外国经济与管理，2003，25（11）：2 – 6.

［85］吴斌，刘灿辉. 风投企业高管人力资本特征与控制权配置关系研究——来自深圳中小板的证据［J］. 软科学，2010，24（10）：113 – 117.

［86］Steffen Jorgensen，Peter M. Kort，Engelbert J. Dockner. Venture capital financed investments in intellectual capital［J］. Journal of Economic Dynamics& Control，2006，30：2339 – 2361.

［87］Massimo，Colombo，Grilli. Effects of international R & D alliances on performance of high-tech start-ups: a longitudinal analysis [J]. Strategic Entrepreneurship Journal, 2009, 3 (4): 346 – 368.

[88] Yunfei Li, Zongfang Zhou. Research on the Allocation of Cash Flow Rights and Control Rights in Venture Capital Financing Contract [J]. Modern Economy, 2012, 3: 54 – 60.

[89] 王春艳, 林润辉, 袁庆宏, 李娅, 李飞. 企业控制权的获取和维持——基于创始人视角的多案例研究 [J]. 中国工业经济, 2016, 7: 144 – 160.

[90] 王雷. 公司风险投资支持企业控制权配置实证研究 [J]. 管理科学, 2016, 29 (4): 80 – 93.

[91] 高闯, 张清. 创业企业家和风险投资者的控制权争夺 [J]. 经济与管理研究, 2017, 38 (6): 105 – 112.

[92] 吴萌, 赖绍永. 风险企业家的持续性努力对风险投资决策的影响研究 [J]. 管理工程学报, 2013, 27 (4): 22 – 32.

[93] Hermalin, Benjamin E., Weisbach, Michael S. Boards of Directors as an Endogenously Determined Institution: A Survey of the Economic Literature [J]. Economic Policy Review, 2003, 9: 7 – 26.

[94] KJ Murphy. Executive Compensation [J]. Handbook of labor economics, 1999, 3 (2): 2485 – 2563.

[95] 钟田丽, 刘起贵, 孟晞. 基于控制权的创业企业最优融资契约模型 [J]. 东北大学学报: 自然科学版, 2010, 31 (7): 1050 – 1053.

[96] Marcos Vergara, Claudio A. Bonilla, Jean P. Sepulveda. The complementarity effect: Effort and sharing in the entrepreneur and venture capital contract [J]. European journal of operational research, 2016, 254 (3): 1017 – 1025.

[97] Stefano Caselli, Emilia Garcia-Appendini, Filippo Ippolito. Contracts and returns in private equity investments [J]. Journal of financial intermediation, 2013, 22: 201 – 207.

[98] Matthew J. Higgins. The allocation of control rights in pharmaceutical alliances [J]. Journal of Corporate Finance, 2007, 13: 58 – 75.

［99］P. Schmitz. Incomplete Contracts, the Hold-up Problem, and Asymmetric Information ［J］. Economics Letters, 2008, 99（1）: 119 – 122.

［100］崔鼎昌，曾楚宏. 基于信任的家族企业控制权配置及其演化研究［J］. 中央财经大学学报，2014（5）：79 – 85.

［101］Umit Ozmel, Deniz Yavuz, Jeff Reuer, Todd Zenger. Network Prominence, Bargaining Power, and the Allocation of Value Capturing Rights in High-Tech Alliance Contracts ［J］. Organization Science, 2017, 28（5）: 947 – 964.

［102］Gompers P. A. Ownership and Control in Entrepreneurial Firms: An Examination of convertible Securities in Venture Capital Investment ［R］. Working Papers, Harvard Business School, 1997. http: //www. people. hbs. edu/pgompers/Convert. PDF.

［103］尹哲. 基于不同成长阶段的我国中小企业控制权转移问题研究［D］. 湖南：中南大学，2008.

［104］Edward M. Iacobucci, George G. Triantis. Economic and Legal Boundaries of Firms ［J］. Virginia Law Review, 2007, 93（3）: 515 – 570.

［105］王声凑，曾勇. 阶段融资、再谈判与风险投资企业控制权的配置［J］. 系统工程学报，2011, 26（3）：291 – 297.

［106］Igor Salitskiy. Optimal Dynamic Contracts in Financial Intermediation: With an Application to Venture Capital Financing ［R］. Working Papers, Society for Economic Dynamics, 2014. https: //economicdynamics. org/meetpapers/2014/paper_355. pdf.

［107］Jens Burchardt, Ulrich Hommel, Dzidziso Samuel Kamuriwo, Carolina Billitteri. Venture Capital Contracting in Theory and Practice: Implications for Entrepreneurship Research ［J］. Entrepreneurship Theory and Practice, 2014, 38（3）: 449 – 712.

［108］D. Cumming, S. Johan. Preplanned Exit Strategies in Venture Capital ［J］. European Economic Review, 2008, 52（7）: 1209 – 1241.

［109］王培宏，刘卓军. 多阶段风险投资过程中控制权转移范围研究［J］. 中国管理科学，2008, 16（6）：29 – 32.

［110］Stefano Bonini, Senem Alkan, Antonio Salvi. The Effects of Venture Capitalists on the Governance of Firms ［J］. Corporate Governance: An International Review, 2012, 20（1）: 21 -45.

［111］Joseph Rosenstein, Albert V. Bruno, William D. Bygrave, Natalie T. Taylor. The CEO, Venture Capitalists and the Board ［J］. Journal of Business Venturing, 1993, 8（2）: 99 -113.

［112］XuanTian, Gregory F. Udell, XiaoyunYu. Disciplining Delegated Monitors: When Venture Capitalists Fail to Prevent Fraud by Their IPO Firms ［J］. Journal of Accounting & Economics, 2016, 61（3）: 526 -544.

［113］董静, 汪江平, 翟海燕, 汪立. 服务还是监控: 风险投资机构对创业企业的管理——行业专长与不确定性的视角 ［J］. 管理世界, 2017, 6: 82 -103.

［114］邢斐. 高新技术企业控制权分配: 基于合作博弈解释 ［J］. 云南财贸学院学报, 2005, 21（5）: 15 -19.

［115］Dwan-Fang Sheu, Hui-Shan Lin. Impact of Venture Capital on Board Composition and Ownership Structure of Companies: An Empirical Study ［J］. International Journal of Management, 2007, 24（3）: 573 -581.

［116］Derek Eldridge. Optimal allocation of decision rights for value-adding in venture capital ［J］. Management Decision, 2007, 45（5）: 897 -909.

［117］Laura Bottazzi, Marco Da Rin, Thomas Hellmann. Who are the active investors? Evidence from venture capital ［J］. Journal of Financial Economics, 2008, 89（3）: 488 -512.

［118］Roberta Dessí. Start-up finance, monitoring, and collusion ［J］. The Rand Journal of Economics, 2005, 36（2）: 255 -274.

［119］Bengtsson O, Sensoy. Investor abilities and financial contracting: Evidence from venture capital ［J］. Journal of Financial Intermediation, 2011, 20（4）: 477 -502.

［120］Maria Rosario Correia, Raquel F Ch Meneses. Venture Capital and the Use of Convertible Securities and Control Rights Covenants: A Fuzzy Set Approach [R]. The German University in Cairo, Faculty of Management Technology Working Papers, April, 44, 2017.

[121] Wang L, Zhou F Z, An Y B. Determinants of Control Structure Choice between Entrepreneurs and Investors in Venture Capital-backed Startups [J]. Economic Modeling, 2017, 63: 215 – 225.

[122] David H. Hsu. What do entrepreneurs pay for venture capital affiliation? [J]. The Journal of Finance, 2004, 59 (4): 1805 – 1844.

[123] Nahata R. Venture Capital Reputation and Investment Performance [J]. Journal of Financial Economics, 2008, 90 (2): 127 – 151.

[124] S. N. Kaplan, A. Schoar. Private Equity Performance: Returns, Persistence, and Capital Flows [J]. The Journal of Finance, 2005, 60 (4): 1791 – 1823.

[125] Lerner J. The Syndication of Venture Capital Investments [J]. Financial Management, 1994, 23 (3): 16 – 27.

[126] David G. Sirmon, etc. Resource Orchestration to Create Competitive Advantage Breadth Depth and Life Cycle Effects [J]. Journal of Management, 2011, 37 (5): 1390 – 1412.

[127] Iftekhar Hasan, Arif Khurshed, Abdulkadir Mohamed, FanWang. Do venture capital firms benefit from a presence on boards of directors of mature public companies? [J]. Journal of Corporate Finance, 2018, 49: 125 – 140.

[128] de Bettignies, J., Chemla, G. Corporate venturing, allocation of talent, and competition for star managers [J]. Management Science, 2008, 54: 505 – 521.

[129] Thomas J. Chemmanur, Elena Loutskina, Xuan Tian. Corporate Venture Capital, Value Creation, and Innovation [R]. Working Paper, November 5, 2013, SSRN: http://ssrn.com/abstract = 1364213.

[130] Guillaume Andrieu, Raffaele Stagliano. The entrepreneur's choice of a venture capital firm: Empirical evidence from two VC fund portfolios [J]. Finance Research Letters, 2016, 17: 141 – 145.

［131］Samuele Murtinu, Douglas Cumming. Banks Joining Venture Capital Investments: Portfolio Selection, Strategic Objectives, Performance and Exit ［R］. Working Papers, SSRN Electronic Journal, 2017. DOI: 10. 2139/ssrn. 3064680.

［132］DeMeza, D. & Webb, D. C. Too much investment: A problem of asymmetric information ［J］. The Quarterly Journal of Economics, 1987, 102: 281 – 292.

［133］DeMeza, D. & Webb, D. C. Efficient credit rationing ［J］. European Economic Review, 1992, 36: 1277 – 1290.

［134］Stiglitz, J., Weiss, A. Credit rationing in markets with imperfect information ［J］. American Economic Review, 1981, 73: 393 – 409.

［135］Brennan, M. J., Kraus, A. Efficient financing under asymmetric information ［J］. Journal of Finance, 1987, 42: 1225 – 1243.

［136］Giacinta Cestone, Lucy White. Anticompetitive financial contracting: The design of financial claims ［J］. The Journal of Finance, 2003, 5: 2109 – 2141.

［137］Leslie M. Marx. Efficient venture capital financing combining debt and equity ［J］. Review of Economic Design, 1998, 3（4）: 371 – 387.

［138］Roberta Dessí. Implicit Contracts, Managerial Incentives, and Financial Structure ［J］. Journal of Economics & Management Strategy, 2001, 10（3）: 359 – 390.

［139］罗慧英. 风险投资的控制权分配与双边道德创业激励 ［J］. 华东经济管理, 2009, 23（12）: 93 – 95.

［140］王声凑, 曾勇. 创业企业中的控制权与可转换证券研究 ［J］. 系统工程学报, 2010, 25（2）: 209 – 215.

［141］Lerner J, Hardymon F, Leamon A. Venture capital and private equity: A casebook ［M］. Newyork: John Wiley & Sons Inc, 2000.

［142］郭文新, 曾勇. 风险投资中的证券设计: 转换权与清算权 ［J］. 管理工程学报, 2010, 1: 101 – 109.

［143］Neher, D. V. Staged financing: An agency perspective ［J］. The

Review of Economic Studies, 1999, 66: 255 – 274.

[144] Grossman, S. J., O. Hart. One share-one Vote and the market for corporate control [J]. Journal of Financial Economics, 1988 (20): 175 – 202.

[145] 郝宇, 韩文秀. 创业企业控制权配置研究 [J]. 天津大学学报, 2005, 7 (2): 102 – 105.

[146] 矢心来, 和丕禅. 创业企业控制权安排的博弈分析 [J]. 软科学, 2003, 17 (4): 46 – 48.

[147] 矢心来. 风险投资中道德创业和可转换证券关系的分析 [J]. 经济经纬, 2006 (2): 150 – 153.

[148] Jaime F. Zender. Optimal Financial Instruments [J]. The Journal of Finance, 1991, 46 (5): 1645 – 1663.

[149] 张维迎. 企业理论与中国企业改革 [M]. 北京: 北京大学出版社, 1999.

[150] 张勇, 吴传文. 在有限执行假设下对最优契约的扩展模型研究 [J]. 运筹与管理, 2005 (1): 123 – 127.

[151] 欧阳凌, 欢阳令南, 周红霞. 风险投资企业的控制权配置与非效率投资行为 [J]. 系统工程理论方法应用, 2005, 14 (2): 104 – 107.

[152] MHarris, A Raviv. Corporate governance: Voting rights and majority rules [J]. Journal of Financial Economics, 1988, 20: 203 – 235.

[153] D Bergemann, U Hege. Venture capital financing, moral hazard, and learning [J]. Journal of Banking & Finance, 1998, 22 (6 – 8): 703 – 735.

[154] A Bascha, U Walz. Convertible securities and optimal exit decisions in venture capital finance [J]. Journal of Corporate Finance, 2001, 7 (3): 285 – 306.

[155] Cinthia Daniela Bertan Ribeiro. Financial contracting choices in Brazil does the Brazilian legal Environment allow Private equity groups to enter into complex contractual arrangements with Brazilian companies [J]. Law and Business Review of the Americas, Spring 2007, 13 (2): 355 – 380.

[156] 李心合. 利益相关者财务论 [J]. 会计研究, 2003 (10):

10 - 15.

[157] 张兆国. 论利益相关者合作逻辑下的企业财权安排 [J]. 会计研究, 2004 (2): 47 -51.

[158] Clement K. Wang, Bee Lian Ang. Determinants of Venture Performance in Singapore [J]. Journal of Small Business Management, 2004, 42 (4): 347 -363.

[159] Laura Lindsey. Blurring Firm Boundaries: The Role of Venture Capital in Strategic Alliances [J]. The Journal of Finance, 2008, 3: 1137 -1168.

[160] RW Masulis, Rajarishi Nahata. Financial contracting with strategic investors: Evidence from corporate venture capital backed IPOs [J]. Journal of Financial Intermediation, 2009, 18 (4): 599 -631.

[161] 李金龙, 费方域, 胡海鸥. 风险投资中控制权分配及其影响因素的研究 [J]. 财经研究, 2005, 31 (12): 107 -115.

[162] Yong Li. Duration analysis of venture capital staging: A real options perspective [J]. Journal of Business Venturing, 2008, 23: 497 -512.

[163] 张帏, 姜彦福. 创业企业中的所有权和控制权配置研究 [D]. 北京: 清华大学中国经济研究中心, 2003.

[164] R Salomons, E Sterken. Corporate control rights and the long-run equity risk premium [J]. Journal of International Financial Markets, Institutions and Money, 2009, 19 (1): 63 -76.

[165] Greg Nini, David C. Smith, AmirSufi. Creditor control rights and firm investment policy [J]. Journal of Financial Economics, 2009, 92: 400 -420.

[166] B Holmstrom, P Milgrom. The firm as an incentive system [J]. The American Economic Review, 1994, 84 (4): 972 -991.

[167] 张维迎. 从现代企业理论看中国国有企业的改革 [J]. 改革与战略, 1994 (6): 18 -20.

[168] 杨瑞龙, 周业安. 论利益相关者合作逻辑下的企业共同治理机制 [J]. 中国工业经济, 1998 (1): 38 -45.

[169] 韩洪云, 赵连阁. 灌区资产剩余控制权安排——理论模型及政策

含义 [J]. 经济研究，2004，(4)：117 - 124.

[170] 侯合银，王完尘. 创业资本家创业规避条件下的高新技术 - 创业资本整合系统演化战略 [J]. 上海交通大学学报，2005 (3)：496 - 499.

[171] 孙淑伟，俞春玲. 社会关系网络与风险投资的退出业绩——基于效率与效益视角的双重考察 [J]. 外国经济与管理，2018，40 (1)：107 - 123.

[172] Ball E., Chiu H., Smith R. Can VCs Time the Market? An Analysis of Exit Choice for Venture-Backed Firms [J]. Review of Financial Studies, 2011, 24 (9): 3105 - 3138.

[173] 党兴华，董建卫，吴红超. 风险投资机构的网络位置与成功退出：来自中国风险投资业的经验证据 [J]. 南开管理评论，2011 (2)：82 - 91.

[174] 万俊毅，罗明忠. 风险投资的退出方式：比较与选择 [J]. 华南金融研究，2004，19 (3)：58 - 63.

[175] 金永红. 风险投资退出机制的国际比较与我国的现实选择 [J]. 科技管理研究，2007，11：117 - 120.

[176] WD Bygrave, JA Timmons. Venture Capital at the crossroads [M]. Boston: Harvard Business Press, 1992.

[177] L Phalippou, O Gottschalg. The Performance of Private Equity Funds [J]. Review of Financial Studies, 2009, 22 (4): 1747 - 1776.

[178] Amit, R., Brand, J. & Zott, C. Why do venture capital firms exist? Theory and Canadian evidence [J]. Journal of Business Venturing, 1998, 13 (6): 441 - 466.

[179] 王维周. 论产权市场与风险投资退出 [J]. 华东经济管理，2001 (3)：76 - 77.

[180] Relander, K., Syrjanen, A. & Miettnen, A. Anaalysis of the trade sale as a venture capital exit route [J]. Realizing investment value, 1994: 132 - 196.

[181] Jeng, L. A, & Wells, P. C. The determinants of venture capital finding: evidence across countries [J]. Journal of corporate Finance, 2000, 6 (3): 241 - 289.

［182］Barry et al. The role of venture capital in the creation of public companies: Evidence from the going public process ［J］. Journal of Financial Economics, 1990（27）: 447 – 471.

［183］Gompers P A. Grandstanding in the venture capital industry ［J］. Journal of Financial Economics, 1996（43）: 133 – 156.

［184］叶小杰. 风险投资声誉、成功退出与投资收益——我国风险投资行业的经验证据 ［J］. 经济管理, 2014, 8: 98 – 108.

［185］叶小杰, 沈维涛. 风险投资声誉、联合投资与成功退出 ［J］. 山西财经大学学报, 2013, 35（12）: 46 – 55.

［186］刘萍萍. 风险投资运作机理与投资决策研究 ［D］. 天津: 天津大学, 2003.

［187］Gompers, P. A. Optimal investment, monitoring, and the staging of venture capital ［J］. The Journal of Finance, 1995, 50（5）: 1461 – 1489.

［188］Popov, Alexander, Peter Roosenboom. Venture Capital and Industrial Innovation: Evidence from Europe ［J］. Economic Policy, 2012, 27: 447 – 82.

［189］焦跃华, 黄永安. 风险投资与公司创新绩效——基于创业板公司的经验分析 ［J］. 科技进步与对策, 2014, 31（10）: 84 – 89.

［190］Puri, M. & Zarutskie, R. On the Life Cycle Dynamics of Venture Capital and NonVenture Capital Financed Firms ［J］. The Journal of Finance, 2012, 67（6）: 2247 – 2293.

［191］JK Paglia, MA Harjoto. The effects of private equity and venture capital on sales and employment growth in small and medium-sized businesses ［J］. Journal of Banking & Finance, 2014, 47: 177 – 197.

［192］Hochberg Y. Venture Capital and Corporate Governance in the Newly Public Firm ［J］. Review of Finance, 2011, 16（2）: 429 – 480.

［193］郑秀田, 许永斌. 高声誉风险投资机构参股能否提升企业公开市场募资能力？——来自中国创业板 IPO 的经验证据 ［J］. 商业经济与管理, 2015, 7: 56 – 64.

［194］张学勇, 廖理, 罗远航. 券商背景风险投资与公司 IPO 抑价——

基于信息不对称的视角 [J]. 中国工业经济, 2014 (11): 90 - 101.

[195] Roberto Ragozzino, Dane P. Blevins. Venture-Backed Firms: How Does Venture Capital Involvement Affect Their Likelihood of Going Public or Being Acquired? [J]. Entrepreneurship Theory and Practice, 2016, 40 (5): 991 - 1016.

[196] Ola Bengtsson, Dan Bernhardt. Different Problem, Same Solution: Contract-Specialization in Venture Capital [J]. Journal of Economics & Management Strategy, 2014, 23 (2): 396 - 426.

[197] Whittington K B, Owen-Smith J, Powell W W. Networks, Propinquity and Innovation in Knowledge-Intensive Industries [J]. Administrative Science Quarterly, 2009, 54 (1): 90 - 122.

[198] Luukkonen, Deschryvere M, Bertoni F. The Value Added by Government Venture Capital Funds Compared with Independent Venture Capital Funds [J]. Technovation, 2013, 33 (4): 154 - 162.

[199] Bertoni F, Tykvová T. Does Governmental Venture Capital Spur Invention and Innovation? Evidence fromYoung European Biotech Companies [J]. Research Policy, 2015, 44 (4): 925 - 935.

[200] 陈伟. 风险投资的资本来源影响企业技术创新的机理分析和实证研究——基于非资本增值视角 [J]. 商业经济与管理, 2013 (9): 87 - 96.

[201] 于博. 风险投资与企业价值创造研究——基于中国的理论与实证分析 [D]. 浙江: 浙江大学, 2013.

[202] Douglas J. Cumming, Luca Grilli, Samuele Murtinu. Governmental and independent venture capital investments in Europe: a firm-level performance analysis [J]. Journal of Corporate Finance, 2017, 42: 439 - 459.

[203] 王雷, 周方召. 公司风险投资比独立风险投资更能促创新吗?——基于上市公司的实证研究 [J]. 科学学与科学技术管理, 2017, 38 (10): 120 - 134.

[204] 唐霖露, 谈毅. 中国风险投资机构联合投资绩效研究——来自中国 IPO 市场的实证研究 [J]. 复旦学报: 自然科学版, 2015, 54 (3): 336

－342.

［205］YE Riyanto, A Schwienbacher. The strategic use of corporate venture financing for securing demand ［J］. Journal of Banking & Finance, 2006, 30 (10): 2809 –2833.

［206］Massimo G. Colombo, Samuele Murtinu. Venture Capital Investments in Europe and Portfolio Firms' Economic Performance: Independent Versus Corporate Investors ［J］. Journal of Economics & Management Strategy, 2016, 26 (1): 35 –66.

［207］侯建仁, 李强, 曾勇. 风险投资、股权结构与创业绩效 ［J］. 研究与发展管理, 2009, 4: 10 –19.

［208］April M. Knill. Venture capitalists' managerial involvement in entrepreneurships: Is too much of a good thing bad? ［R］. Working Paper, August, 2010, SSRN: http: //ssrn. com/abstract = 1337110.

［209］Cummings J L, Teng B S. Transferring R & D knowledge: the key factors affecting knowledge transfer success ［J］. Journal of Engineering and technology management, 2003, 20 (1): 39 –68.

［210］蒋伟良. 风险投资退出策略选择及股权拍卖机制研究 ［D］. 湖北: 武汉大学, 2013.

［211］Josh, Lerner. Venture capitalists and the oversight of private firms ［J］. The Journal of Finance, 1995, 50 (1): 301 –318.

［212］张青. 基于契约关系的风险投资运作机制与投资决策研究 ［D］. 天津: 天津大学, 2008.

［213］Masulis, R. W. Nahata, R. Venture capital conflicts of interest: Evidence from acquisitions of venture-backed firms ［J］. Journal of Financial and Quantitative Analysis, 2011, 46 (2): 395 –430.

［214］罗吉, 党兴华. 我国风险投资网络社群: 结构识别与投资绩效 ［J］. 系统工程, 2017, 35 (6): 65 –73.

［215］Lerner J. The Syndication of Venture Capital Investment ［J］. Financial Management, 1994b, 23 (3): 16 –27.

［216］徐欣，夏芸. 风险投资特征、风险投资 IPO 退出与企业绩效——基于中国创业板上市公司的实证研究［J］. 经济管理，2015，5：97 – 107.

［217］汪炜，于博. 上市还是并购：信息不对称视角下的风投退出方式选择［J］. 经济学家，2013，7：69 – 78.

［218］Hochberg，Yael，Alexander P. Ljungqvist，Yang Lu. Whom you know matters：Venture capital networks and investment performance［R］. Working paper，December，2004，SSRN：http：//ssrn. com/abstract = 1294481.

［219］Umit Ozmel，DavidT. Robinson，Toby E. Stuart. Strategic alliances，venture capital，and exit decisions in early stage high-tech firms［J］. Journal of Financial Economics，2013，107：655 – 670.

［220］Black B S，Gilson R J. Venture capital and the structure of capital markets：Banks versus stock markets［J］. Venture of Financial Economics，1998，47：243 – 277.

［221］张新立. 非对称信息条件下风险投资契约机理研究［D］. 辽宁：大连理工大学，2008.

［222］晏文隽，郭菊娥. 风险投资主体对高新技术企业分阶段投资的时机选择［J］. 系统工程理论与实践，2008，8：38 – 43.

［223］Gompers，P. A.，Lerner，J. Venture capital distributions：Short-run and long-run reactions［J］. Journal of Finance，1998，53（6）：2161 – 2183.

［224］姚佐文. 高技术风险企业董事会的功能及风险资本家的作用［J］. 财贸研究，2005：117 – 118.

［225］鹿山，刘西林. 相机控制与风险资本最优退出决策［J］. 科学管理研究，2008，26（5）：94 – 97.

［226］汪炜，于博，宁宜希. 创投对中小板公司 IPO 折价的影响：监督认证，还是市场力量［J］. 经济评论，2014，1：141 – 150.

［227］Douglas Cumming，Michele Meoli，Silvio Vismara. Investors' choices between cash and voting rights：Evidence from dual-class equity crowd-funding［J］. Research Policy，2019，48（8）：103740.

［228］周其仁. 市场里的企业：一个人力资本与非人力资本的特别合约

[J]. 经济研究, 1996, 6: 71-79.

[229] 朱卫平. 以企业家为中心签约人的创业企业融资契约模型 [J]. 学术研究, 2005, 10: 40-47.

[230] Bertoni, F., Croce, A., & D'Adda, D. Venture capital investments and patenting activity of high-tech start-ups: A micro-econometric firm-level analysis [J]. Venture Capital: An International Journal of Entrepreneurial Finance, 2010, 12 (4): 307-326.

[231] Bertoni, F., Colombo, M. G., & Grilli, L. Venture capital financing and the growth of high-tech start-ups: Disentangling treatment from selection effects [J]. Research Policy, 2011, 40 (7): 1028-1043.

[232] Croce, A., Marti, J., & Murtinu, S. The impact of venture capital on the productivity growth of European entrepreneurial firms: 'Screening' or 'value added' effect? [J]. Journal of Business Venturing, 2013, 28 (4), 489-510.

[233] Scellato, G., & Ughetto, E. Real effects of private equity investments: Evidence from European buyouts [J]. Journal of Business Research, 2013, 66: 2642-2649.

[234] Park H D, Steensma H K. When does corporate venture capital add value for new ventures [J]. Strategic Management Journal, 2012, 33 (1): 1-22.

[235] 万坤扬. 公司风险投资对技术创新和价值创造的影响机制研究: 基于上市公司的实证分析 [D]. 浙江: 浙江大学, 2015.

[236] Maula, M., Autio, E., Murray, G. Corporate venture capitalists and independent venture capitalists: What do they know, Who do they know, and should entrepreneurs care? [J]. An International Journal of Entrepreneurial Finance, 2005, 7 (1): 3-21.

[237] 李姚矿, 陈德棉, 张玉臣. 论创业资本的退出战略 [J]. 科研管理, 2002 (6): 32-37.

[238] 詹浩勇, 王喻. 浅析风险资本退出对风险企业产权制度的影响机

制［J］. 经济与管理, 2003, 4: 25 – 26.

［239］Schmitz, P. W. The hold-up problem and incomplete contracts: a survey of recent topics in contract theory［J］. Bulletin of Economic Research 2001, 53 (1): 1 – 17.

［240］Bruno, B., Perotti, E. Entrepreneurs and new ideas［M］. Boston: Mimeo University of Toulouse and University of Amsterdam, 2003.

［241］曾蔚, 淤述明, 刘爱东等. 联合风险投资的价值溢出机理与案例分析［J］. 研究与发展管理, 2008 (4): 101 – 105.

［242］Hochberg, Y. V., Ljungqvist, A. & Lu, Y. Whom you know matters: Venture capital networks and investment performance［J］. The Journal of Finance, 2007, 62 (1): 251 – 301.

［243］Gompers, P. A. & Lerner, T. The money of invention: How venture capital creates new wealth［M］. Boston: Harvard Business Press, 2001.

［244］吴翠凤, 吴世农, 刘威. 风险投资介入创业企业偏好及其方式研究——基于中国创业板上市公司的经验数据［J］. 南开管理评论, 2014, 17 (5): 151 – 160.

［245］王曦, 党兴华. 本地偏好对退出绩效的影响研究——基于中国本土风险投资机构的经验检验［J］. 科研管理, 2014, 35 (2): 111 – 118.

［246］Guillaume Andrieu, Alexander Peter Groh. Entrepreneurs' financing choice between independent and bank-affiliated venture capital firms［J］. Journal of Corporate Finance, 2012, 18: 1143 – 1167.

［247］吴朝江, 曹崇延. 风险投资退出决策中的企业家激励机制［J］. 西北农林科技大学学报: 社会科学版, 2007, 7 (5): 56 – 63.

［248］王宗萍, 邹湘江. 基于财务控制权视角的风险投资退出方式研究［J］. 软科学, 2009, 23 (10): 23 – 26.

［249］李璐, 彭海城. 试论风险投资退出方式的相机抉择［J］. 西部金融, 2012, 10: 67 – 70.

［250］Murray, G. The second equity gap: exit problems for seed and early stage venture capitalists and their investee companies［J］. International Small

Business Journal, 1994, 12 (4): 59 – 76.

[251] 党兴华, 董建卫, 杨敏利. 风险投资机构网络位置影响成功退出的机理 [J]. 科研管理, 2012, 33 (10): 129 – 137.

[252] Sahlman, W. A. The structure and governance of venture-capital organizations [J]. Journal of financial economics, 1990, 27 (2): 473 – 521.

后　记

　　本书是在本人博士学位论文的基础上进行修改和拓展，是在西安财经大学学术著作出版的资助，以及教育部人文社会科学研究青年基金项目（18YJC630046）、陕西省社会科学基金项目（2018S21）、陕西省创新能力支撑计划项目（2020KRM132）、陕西省教育厅专项科研计划项目（18JK0288）的资助下完成的。

　　书稿得以顺利完成，首先应感谢导师党兴华教授，论文的设计、撰写及定稿过程中，自始至终都倾注着先生的心血。您对科研工作的热情和认真每每使人感动，对学术前沿的敏锐常常使人钦佩，使我坚定地认为"站在巨人的肩膀上，学以致用"是做学问的目标，扎扎实实、找到科研的乐趣是做学术的根本。更重要的是您为我们搭建了学习的平台，组织例会讨论、购买书籍资料、数据库，使我们得以在更高的层次上更有效率地学习。您以严谨的治学之道、宽厚仁慈的胸怀、积极乐观的生活态度，为我树立了一辈子学习的典范，您的教诲与鞭策将激励我在科学和教育的道路上积极进取，开拓创新。

　　感谢扈文秀、陈菊红、李随成、李秉祥、胡海青教授，在我博士课程学习、论文开题和论文答辩中给予的指导和建议，你们严谨求实的科学精神鞭策我踏实求学。感谢博士学位论文的盲审专家提出的质询问题和建议。感谢西北工业大学的杨乃定教授、西安交通大学的王能民教授、西安理工大学的陈菊红教授在博士学位论文答辩中提出的宝贵建议。这些问题和建议为我最终书稿的拓展和修改提供了帮助。

　　感谢同门创造了良好的学习氛围，提供了宝贵的建议。感谢风投团队的同门：杨敏利、董建卫、陈敏灵、王育晓、石琳、陈涛、罗吉、张晨、裴筱捷、薛超凯博士，还有一群年轻有活力的师弟师妹，学习过程中你们给予我极大的帮助，工作和生活中互相关心和理解。感谢所有与我互相勉励前行的同门。刘景东、孙永磊，同级的同学；刘立、蔡俊雅、肖瑶、魏龙、成泷等技创组的同门，在教研室、教工食堂、年终聚会都留下了我们一同欢笑的回忆。

感谢给予我支持与温暖的家人。父母自始至终的陪伴，一直无条件地支持，让我时时能在家庭、工作、学习中找到平衡，你们带给我无尽的欢乐，让我在人生的路上慢慢成长。

在研究和撰写著作的过程中，本书充分吸收、借鉴了国内外众多学者的研究成果，本书的研究思路和创新之处，源自他们研究成果的启发，在此特向这些先行者和同行们致以深深的谢意。感谢所有关心、帮助过我的人。

由于学术水平有限，书中不当之处在所难免，敬请业内专家、读者批评指正。

韩瑾

2019 年 9 月 6 日于西安财经大学商学院